张 挥——著

简练语文

教学主张与实践智慧

核心素养导向的课堂教学丛书

杨四耕 主编

华东师范大学出版社

·上海·

图书在版编目(CIP)数据

简练语文：教学主张与实践智慧/张挥著. —上海：华东师范大学出版社,2022
（核心素养导向的课堂教学丛书）
ISBN 978-7-5760-2681-8

Ⅰ.①简… Ⅱ.①张… Ⅲ.①中学语文课－课堂教学－教学研究 Ⅳ.①G633.302

中国版本图书馆 CIP 数据核字(2022)第 048569 号

核心素养导向的课堂教学丛书

简练语文：教学主张与实践智慧

丛书主编	杨四耕
著　者	张　挥
责任编辑	刘　佳
责任校对	郭　琳　时东明
装帧设计	卢晓红

出版发行　华东师范大学出版社
社　　址　上海市中山北路 3663 号　邮编 200062
网　　址　www.ecnupress.com.cn
电　　话　021-60821666　行政传真 021-62572105
客服电话　021-62865537　门市(邮购)电话 021-62869887
地　　址　上海市中山北路 3663 号华东师范大学校内先锋路口
网　　店　http://hdsdcbs.tmall.com

印 刷 者　浙江临安曙光印务有限公司
开　　本　787×1092　16 开
印　　张　17.5
字　　数　276 千字
版　　次　2022 年 9 月第 1 版
印　　次　2022 年 9 月第 1 次
书　　号　ISBN 978-7-5760-2681-8
定　　价　56.00 元

出版人　王　焰

（如发现本版图书有印订质量问题,请寄回本社客服中心调换或电话 021-62865537 联系）

丛书总序

洞见改革

回望轰轰烈烈的课堂教学改革，我们依然可以欢呼，仍然可以雀跃，但我们更需要理性的回望和深刻的反思。

不是么？我们的课堂教学改革虽然取得了卓著的成效，但也出现了不少观念的误识和实践的误区。我们能否真正面对与合理消解这些问题，将直接影响课堂教学改革的纵深推进。

维特根斯坦指出："洞见或透识隐藏于深处的棘手问题是艰难的，因为如果只是把握这一棘手问题的表层，它就会维持原状，仍然得不到解决。因此，必须把它'连根拔起'，使它彻底地暴露出来；这就要求我们开始以一种新的方式来思考。这一变化具有着决定意义，……难以确立的正是这种新的思维方式。一旦新的思维方式得以确立，旧的问题就会消失；实际上人们很难再意识到这些旧的问题。因为这些问题是与我们的表达方式相伴随的，一旦我们用一种新的形式来表达自己的观点，旧的问题就会连同旧的语言外套一起被抛弃。"面对核心素养时代，我们的课堂教学改革有必要确立新的思维方式，并借此洞悉困扰我们的"棘手问题"。

改革不是一种风潮，而是一种使命。当下，跟风式改革仍然盛行，如深度学习、项目学习、STEAM……见样学样，不停跟风，显现出一派繁荣景象。不少所谓的教学改革只是在形式上做文章，有教条主义的嫌疑；不少课堂深陷应试泥潭，既不教人文，亦无关精神，甚至连知识也谈不上，而是"扎扎实实"地搞成了教考，把考试当作课堂教学改革的使命。教育改革的真正使命是什么？我们应秉持怎样的立场推进课堂教学改革？2014 年，教育部颁布《关于全面深化课程改革　落实立德树人根本任务的意见》。这份文件指出：立德树人是课程改革的根本任务，核心素养培育是课程改革的核心价值。这便是我们的使命。使命需要执著，执著就是美德。细细品味维特根斯坦的这句话也许会有所助益:"当一切有意义的科学问题已被回答的时候,人生的诸问题仍然完全未被触及。"课堂教学改革的全部使命便是触及人生问题并给予某种实质性的回答,从而使"立德树人"落到实处。

改革不是一个口号,而是一种立场。层出不穷的口号、花样频出的概念,已然是当下学校变革的常态。不少学校把玩弄概念作为改革,把提口号当成改革,以学定教、先学后教、翻转课堂……热词涌起,名句不断。当我们把改革看成一个概念、一个口号的时候,我们已经远离了改革。改革是一种立场,一种有思考的尝试,一种为着根的事业而不断探索的精神。维特根斯坦说:"一种表述只有在生活之流中才有意义。"可以说,如果我们能把自己的立场安放在特定的概念或口号里,秉持有立场的变革,那将是对维特根斯坦的一种慰藉。

改革不是一张蓝图,而是一种责任。加拿大学者迈克尔·富兰说:"变革是一项旅程,而不是一张蓝图。"毫无疑问,改革需要蓝图,需要理性设计,但蓝图不是改革本身。奥托·魏宁格有一句令人心动的话:"逻辑与伦理在本质上是相同的。它们不是别的,而正是对自我的责任。"改革是一种责任,是一种对未来负责的精神。联合国教科文组织提出了 21 世纪教育的四大支柱:学会认知、学会做事、学会共处、学会生存。其中,学会认知是步入未来社会的通行证:观察、阅读、倾听、书写、交流、多样化表达、分析、综合、推理……学会做事是适应知识经济时代的必然选择:专注、善于发现问题、善于尝试、目标准确、身体力行、全力以赴、勇于面对现实、直面困难、不惧失败……学会共处是顺应全球化时代的需要:人际感受能力、人际理解力、人际想象力、风度与表达力、合作能力与协调能力、决策能力、沟通能力;懂得尊重、善于理解、换位思考、勇于担当、积极配合;而学会生存则是对做人品质的完善:适应能力、交往能力、管理能力、动手能力、创新能力、竞争能力;促进自我实现、丰富人格特质、担当与责任承诺、接受改变、适应改变、积极改变、引导改变……应该说,这些都是核心素养时代课堂教学改革的责任。

改革不是一场革命,而是一种态度。我们为什么需要改革?是因为有糟糕的现实摆在眼前,我们必须清除它。我们如何改革?通过雷厉风行的方式彻底改革吗?我们知道,对于理想化的东西,改革者很容易接受,并习惯于用理想的丰满来衡量现实的骨感,用理想的光滑来评判现实的粗糙。在理想观照下,现实是一无是处的,是必须摈弃的。正是基于这种认识,改革者很容易接受这样的观点:通过暴风骤雨式的"革命"来实现美好的改革目标。著名教学论专家王策三先生指出：任何教学改革都不是"一蹴而就的，也不是几年、十几年、几十年短期实现的，更不是以'革命'方式达成的"。改革是一种态度，一种持续改变现状的态度，一种朝向美好的态度，一种渐进探索的态度。

改革不是一个事件，而是一项旅程。吉纳·霍尔认为，变革的首要原则是把变革看作"是一个过程，而不是一次事件"。当我们把改革看成是一个事件，这意味着，改革可以在短期内取得成功；如此，改革尚未真正推进，我们便急着推出新的改革。面对一系列的政策性号召与行政命令，一些地方与学校常常是积极参与，往往在短时间内就会涌现出大量的改革成果，不少地方和学校还会举办各种各样的经验交流会。然而，在热闹的背后，却存在着虚假的繁荣：应付改革，鲁莽冒进现象时有发生。改革其实是一项旅程，一项迈向合理性的旅程，一项不断面对问题、思考问题、解决问题的旅程。课堂教学改革无法速成，只能渐进摸索；课堂教学改革也无法一次性完成，它永远在路上。

改革不是一条直线，而是一种智慧。对改革的简单化认识，缺少对改革形态丰富性、过程复杂性的理解，会让改革陷入迷茫。吉纳·霍尔说："变革，不是某位领导发表一次演讲，或在8月份为教师举行两天短期培训，或向学校提供新课程或新技术，就能一蹴而就、获得成功的。相反，变革是一个过程，在这个过程中，个人、组织机构逐渐理解了新事物、新方法，并且在运用它们时愈益熟练和有技巧。"无数经验证明，课堂教学改革是一个逐步推进的过程，而不是一条直线，其中往往包含着复杂性、随机性和偶然性，它需要理性和智慧。对此，迈克尔·富兰说：变革"好比一次有计划的旅程，和一伙叛变的水手在一只漏水的船上，驶进了没有海图的水域"。可见，课堂教学改革不是"种豆得豆、种瓜得瓜"的简单逻辑，而是一个多因子、多变量、多可能的复杂交织过程。没有"直接拿来"的理论与模式可以套用，改革需要我们自己的原创理论和实践智慧。

改革不是一个目的，而是一种创造。把改革作为目的，为改革而改革，这不是我们的应然取向。有人说："未来不是我们要去的地方，而是我们要创造的地方。"课堂教学改革，可以是突破陈规、大胆探索的思想观念，也可以是自强不息、锐意进取的精神状态，还可以是奋勇争先、不甘落后的使命感。华罗庚说："如果没有独创精神，不去探索更新的途径，只是跟着别人的脚印走路，也总会落伍别人一步；要想赶过别人，非有独创精力不可。"我们今天创造怎样的课堂，就意味着我们在培育怎样的未来。当我们创造知识型课堂的时候，我们就是在塑造复制与服从的未来；当我们创造素养型课堂的时候，我们就是在选择美好与灿烂的生活。教育的价值在于生命意义的提升，在于学习价值的锤炼，而不在于知识的牢固掌握和大量累积。雨果说："已经创造出来的东西比起有待创造的东西来说，是微不足道的。"的确，有待创造的东西只能靠学生在生命化实践和实际生活中去创造。因此，在某种意义上，改革不是一个固定目标，而是一个创造，一个基于实验的生命创造和素养提升过程。

改革不是一种形式，而是一种深度。虽然改革之声不断，但我们的课堂教学改革总体上并无实质性进展，"素质教育轰轰烈烈，应试教育扎扎实实"仍然是中小学课堂教学的主流表现。围绕着教材，问题学习、项目学习、单元教学、作业设计、听评课……都被冠以改革之名。联合国教科文组织在《学会生存》这一报告中曾警告说："教育具有开发创造精神和窒息创造精神这样双重的力量。"大量事实表明，以反复操练为表征的知识教育严重地窒息着年轻一代的创造精神，阻碍着社会进步。教育的核心价值不应该只是盯着知识，而应在于培养有智慧的人。唯有培养有智慧的人，我们才能足以应对不断变化的社会。二百多年前，德国就有如此教育宣言："教育的目的，不是培养人们适应传统的世界，不是着眼于实用性的知识和技能，而要去唤醒学生的力量，培养他们自我学习的主动性、抽象的归纳力和理解力，以便使他们在目前无法预料的种种未来局势中，自我做出有意义的选择。"当前，课堂教学改革最重要的一步，就是要从知识至上的泥潭中跳出来，义无反顾地迈向关注生长的素养时代。

总之，改革不是自负的概念翻新与宣示，而是崭新观念的建构与实践。面对核心素养时代，我们应少些"看客"，多些"创客"，不断洞悉隐藏于深处的棘手问题，在不断追问中创造属于我们自己的精神世界。这或许就是"核心素养导向的课堂教学丛书"之初衷。

杨四耕
2019年6月9日于上海市教育科学研究院

目录

前言　课堂，需要举重若轻　／1

第一章　简练语文之主张　／1

人有三观，教学亦有三观。教学的三观即课堂观、教材观、教师观，这三观决定了教学的品质和气象，构成了教师的精神长相，是根本意义上的教学思想和教学主张。简练语文以轻松、本真、简练的特点回应语文的三观。简练语文尚简，那是因为好的语文课是举重若轻，笨拙的语文课是举轻若重；那是因为纵有弱水三千，我独取一瓢。长文可以短教，大课可以小上，教学设计可以简练。少即是多，简练指向不简单。简练语文自命为简练，实则凝望于深蕴。只有立足简练，才能更深刻地窥之于精微。语文教学，简练以行。

1. 课堂应有的姿态　／2
2. 不期而遇的"泪"，就是课堂在众里千百度中寻找的"她"　／3
3. 语文我们教什么　／4
4. 人文性是学科的共性，而不仅仅只是语文的特性，更不是语文的部分特性　／5
5. 语文教学的"假"与"真"　／6
6. 即使是最合理的教，也不过是促成被教者发生"化学反应"而已　／8
7. 语文教材的编选，我们的原则和立场　／9
8. 语文课你最需要的也许只是放松　／15

第二章 简练语文之模样 / 17

　　简练是语文课堂教学的至道和终极追求。简练语文的教学设计汇聚了语文教师在课堂上驾驭和处理的高度、深度和机巧,是高超、娴熟的语文教学艺术的灵魂,是智慧语文课堂的必然选择和结果,也是语文教学的核心话题。简练语文是为"核心"而教的语文,是追求课堂简练样态和简练教学逻辑的语文。简练语文的精髓在"简",这个"简"囊括语文教学全要素:教学意旨为简,教学气质为简,教学风格为简,教学样态为简,教学思维为简,教学结构为简,教学手段为简,教学设计为简,甚至教学生活也为简。

1. 简练语文论纲 / 18
2. 简练语文体系 / 23
3. 简练语文策招 / 35

第三章 简练语文之实践 / 115

　　简练语文的实践一定是一场敬事素简、心向单纯的修行,一定是一场寻字觅句、上下求索的苦行,一定是一场游刃有余、从容淡处的践行。只要去浓缩的集约微案里透观简之骨相,简之精粹;去对比的一课两案里横平简之视角,简之独创;去还原的现场实录里深味简之样貌,简之本色。那么,你就会发现,这里有贯彻主张的坚定,追求极简的执着;有文本解读的微观,核心价值的挖掘;有入木三分的慧眼,取字立"骨"的贴合;有设计一体融通的机巧,课堂逻辑明确的交代;有举一纲提全目的直快,牵一发动全身的活脱。

1. 《在马克思墓前的讲话》教学微设计 / 116
2. 《立在地球边上放号》一课两案 / 117
3. 逐月赏读之旅 / 120

4. 统编版必修上"劳动之歌"单元群文教学设计 ／ 128
5. 初中语文整本书阅读的勾连意识和跳读策略 ／ 133
6. 刀刻一样的记忆上的简练语文 ／ 139

第四章　简练语文之借助　／ 153

简练的智慧和奥义在于借助,有借助的语文才能成为简练语文。信息时代,信息赋能,教学的借助离不开信息推送。信息推送智能化转向后,推送方式又从简单向高级纵深演进。故简练语文钟情于精准推送的助读应用,生成阅读社区促进表达、交流,让师生关系从告知传授过渡到研讨交流;依靠精准资源匹配兴趣、偏好,让学习方式从被动过渡到自助、个性;构建助读系统引发创生、研究,让学习过程从浅尝辄止过渡到深度学习。助读精准推送,是简练语文在信息化借助上的应答。

1. 信息推送教育应用透观 ／ 154
2. 助读推送:建构与研讨 ／ 160

第五章　简练语文之讲堂　／ 175

自带文才的语文说课,它的应为和当为？在直观透悟说课追求的现实道路和抵达方略之后,语文说课,如何说出你的精彩？日复一日,一招一式,庸于日常,我们在职业上是否易于轻忽行为和思维两方面习惯上的涵养？语文教师如何让这两种习养自化为优秀？作为倡导和推崇的整本书阅读、学习和指导,百人百口,众语喧哗,教师和学生如何作出智慧的选择和回应？挥吐锦绣壮逸兴,千卷诗书万里路。热议的语文话题发散着、外延着,未曾有过须臾的静止。娓娓道来、侃侃而谈,一切尽在简练语文大讲堂。

1. 语文说课，说出你的精彩 / 176
2. 优秀是一种习惯——与青年语文教师聊一聊教学习惯话题 / 181
3. 整本书阅读，我们的回应 / 192

第六章 简练语文之赏析 / 211

"内眼"的简练语文旨归于"立片言而居要，乃一篇之警策"，显功于"舍弃常规角度，另辟蹊径，采用迂回战术"，乐见于"教学步骤的精简，文本解读的练达"，"真正达到以一斑窥全豹，观一叶见满园的效果"；"外眼"的简练语文"没有指名道姓的麻烦与造作，也没有寒暄与客套，任何繁琐的细节都被省略"，"简约的口头语言再配以同样简单的肢体动作，体现了教师驾驭课堂简洁明快的教学风格"，"言辞干练，富有气场；课堂幽默，教学愉悦；蕴含启发，提问确切"。

1. 片言以统贯，举重而若轻 / 212
2. 信息读取、活动立意豁亮了游记散文教学的空间 / 217
3. 用"叙述担当"教水浒传，盘他；以"简练语文"劫生辰纲，智取 / 226
4. 简约而不简单 / 229
5. 听张挥老师的课堂 / 230

第七章 简练语文之审思 / 233

简练的本质说到底就是去粗取精，除繁披芜。我们面对的是一个多元而复杂的时代，与社会生活关系密切的语文，热点不断，议题层出不穷，这些热点和议题为思考提供了源源不断的素材，考验审辩和围观能力，磨砺和锻炼简练思维；为疫情下的公民成长和语文进步如何同时发生去审思居家"宅学"的内涵和方向；为高考命题技术和方式如何学理呈现去审思考试选拔的依循和省检；为高考命题质疑和完善如何思维提升去审思题目细节的斟酌和推敲；为当下读书观点、读书现象如何理性思辨去审思锐气批判的立场和洞见。

1. 加"力"蓄内功：给疫情期间学习语文的孩子的几个建议　／ 234
2. 守与变：高考语文北京卷的两个观照角度　／ 238
3. 置考生于一个三难选择的境地　／ 244
4. 当下读书观点、读书现象五批判　／ 246

后记　路穷而后寻路，寻路而后有简练之路　／ 258

前言

课堂，需要举重若轻[①]

如何把厚重的内容教得简便，把沉重的课堂变得轻灵？

苍鹰搏兔，贵在迅猛，飞鸢剪掠，美在轻盈。如何上好一节课，这个问题也许一千个教师会有一千个答案，可以讲出一千个道理。但我要说，大道至简，上好一节课，需要举重若轻。

举重若轻，就是把厚重的内容教得简便，把沉重的课堂变得轻灵。

因此，举重若轻不仅是技巧、策略，更是一种人生、一份气度、一道脱悟。

要举重若轻，就要卸下课前课后的千斤重负。你也许百事缠身，你也许牢骚满腹，你也许千愁万绪，但这些，请你在走进教室的那一刻选择性记忆断电！你眼前只有一方讲台，一群学生。这时你就会沉浸其中、宠辱皆忘、思如泉涌。如此，怎不身轻如燕呢？从教 30 多年，我常有种深刻的体会，每当我走进教室，看到一张张对知识如饥似渴的脸，顿觉情绪饱满、精神抖擞、激情四溢，这时，也就是我的课趣默横生、妙语连珠、行云流水的时候。

要举重若轻，就要看淡荣辱得失，去除私心杂念。不是说吗？宠辱不惊，看庭前花开花落；去留无意，望天空云卷云舒。少一份复杂，多一份单纯。一个心有戚戚，耿耿于怀，常相计较的人，心都很累，又如何能做到课堂的轻松？对于如何上好一节课的探询，我的回答总是心思单纯即可。其实，单纯就是自在，单纯就是减负，单纯就是聚焦，单纯就是超脱，单纯更是一种境界，单纯能让你举重若轻！

课堂是什么？课堂是交流。但首先是人的交流，其次才是课程内容的交流。当然，这个人应该是有血有肉的人，有情有感的人。好的课堂，轻松的课堂，就是

[①] 张挥.上好一节课，需"举重若轻"[J].中国教师，2013,(06)：78.

要从一开始就把学生当"人"而不是仅当"生"看,哪怕最初站在你面前的可能还只是一个稚气未脱的孩子!

有这么一个故事,发生在小学学校里。课堂上老师提问的时候,一名同学总是举手,可老师叫他起来的时候他却答不上来,引得下面的同学窃笑不已。

老师找到他问他为什么要这样,他说如果老师提问时他不举手,同学就会在课下叫他傻瓜。于是,这个老师就和他有了一个简单的约定:当他真会的时候就高高地举起左手,不会的时候就举起右手。渐渐地,这名同学越来越多地举起他骄傲的左手,越来越多、越来越好地回答出老师的课堂提问,这个原本极有可能在众多的嘲笑中沉沦的孩子由一个"差生"转变成了一个好学生。[①]

多么美丽的约定,多么富有诗情的教育创意,多么耐人寻味的教育情节!

对于这件事,我们通常也许会有自己"得意"的处理方法:

1. 给孩子讲些名人故事,或干脆送孩子一句名言:走自己的路,让别人说去吧。

2. 制止孩子们的行为,在班上宣布今后谁也不许嘲笑别人。

3. 告知孩子这是一种心理障碍,进行心理分析:要勇敢地迈出第一步。

……

但这一切都不如"约定"那么巧妙,那么轻松自然,那么震撼人心!那么体现人文关照、人文情怀,那么人性化,那么从意识深处表达对人的尊重!在这个故事里平等的意识是透彻骨髓的:所有的细节完全是在理解、协商、对等、民主中进行的。老师处理问题不露声色、了无痕迹,对孩子的心灵的保护、照顾达到潜移默化、润物无声的地步!

要举重若轻,你还得有简便的教学路径。什么是简便的教学路径呢?立片言而统贯,牵一发而动全身,举一纲而提全目。上《奥斯维辛没有什么新闻》这一课时,我另辟蹊径地抓住了标题中的"立骨"之词——"没有",从这一"小切口"切入,联系到"没有"的反面——"有"进行分析,由此统领并贯串全课,借助这两个词引导学生领会这篇新闻稿独特巧妙的立意,将课堂处理得简单而又快捷。

要举重若轻,还要有欢喜。因为为学是一片欢喜的境界。课要玩着上,玩着

---

① 张健鹏,胡足青. 虚掩的门[M]. 北京:当代世界出版社,2000:268.

玩着,你就把课上好了。很多失败的课,根本还是源于人的拘谨,不肯玩、不会玩。因此,课堂,你不妨卖个关子,抖个包袱,来段幽默。幽默不是浅薄,幽默恰恰是人生的大智慧,有了这样的大智慧,何愁课堂不能轻松?

还记得有一次上课,讲《咬文嚼字》一文,我设计了一个通过给文章拟副标题的方式来进行概括训练的活动。为激励学生积极响应,我幽默地对学生说:"你们的标题如果拟得好的话,我将把你们拟的副标题'发表'到——说到这,我故意停顿了一下,然后说——黑板上。"博得一个满堂哄笑。然后我在正标题的下面写了一个破折号,转过身,用手指着破折号的后面又对同学们说:"我在这里虚席以待!"结果又是一哂。整一个课堂好不快活!

要举重若轻,你还不要忘记学会借力!借力才轻松,与同伴互助你可以省力不少。鲁迅的《祝福》是篇经典课文,老调重弹,没有新意。但有一次我突然发现,小说里有个过场人物"阿牛"被人忽略,我从这里切入提出一个教学设计与备课组老师探讨,引发他们热烈的反响,火花四溅,极大地丰富了我最初的设想,最后,旧课新教,集众人之智慧,得教学之灵感。

课,无形无态,众里寻他,我选择——举重若轻。

(本文原载《中国教师》2013年第6期,有改动)

第一章

简练语文之主张

  人有三观,教学亦有三观。教学的三观即课堂观、教材观、教师观,这三观决定了教学的品质和气象,构成了教师的精神长相,是根本意义上的教学思想和教学主张。简练语文以轻松、本真、简练的特点回应语文的三观。简练语文尚简,那是因为好的语文课是举重若轻,笨拙的语文课是举轻若重;那是因为纵有弱水三千,我独取一瓢。长文可以短教,大课可以小上,教学设计可以简练。少即是多,简练指向不简单。简练语文自命为简练,实则凝望于深蕴。只有立足简练,才能更深刻地窥之于精微。语文教学,简练以行。

1. 课堂应有的姿态[①]

我们知道,人们会同意展示的课堂、表演的课堂是理想的、盛大的、教科书式的,却不认可日常的课堂也该是这样。那么,天天进行着的,常常让人感到不堪,不愿"语人"的日常课堂,"关起门"来说,实际是什么形态?应该是什么形态?完全还可以是什么形态?

也许它根本就是一个没有答案的究问。

但我却要说,无论是什么形态也不能是乏味的、无趣的。日常的课堂完全可以尝试欢喜,至少,不能让欢喜这个元素缺席。

有人反对,繁重的课业负担,巨大的升学压力,不期而来的教师职业倦怠,决定了常规课堂不约而同、无可奈何地走上了严肃、程式、沉重、焦虑、愁苦的方向,哪来的欢喜?要让作为日常的课堂欢喜,现实吗?怎么才能让课堂欢喜起来?

"凝视"的现实,最粗粝也最冷峻。

然而,我仍坚持,日常课堂若不能实现欢喜,则不是不能也,不为也!欢喜与升学并非天然的排斥,欢喜和压力也并无必然的矛盾。课堂可以"现实"并喜悦着,在这两者之间平衡,任何老师都能做到。

关键还是认识问题。课堂欢喜其实不难,大的不说,一个课堂你给学生卖个关子,抖个包袱,来段幽默,逗个玩笑,找个乐子总可以做到吧?这或许就能让课堂欢喜起来。但现在问题在于,我们有的老师根本就不想在课堂卖这么一个关子,认为那是多余的,无所谓的!意识深处已经认定当下的课堂没有欢喜的理由

[①] 张挥.课堂应有的姿态是欢喜[N].现代教育报,2018-12-3(4).

和可能。

你认为没有可能那就不可能,课堂态度即生活态度。对于老师来说,课堂欢喜是生活欢喜的重要来源,不会想到欢喜也就不会在课堂上制造欢喜。我们的老师在课堂上连一个玩笑都吝惜不赐,认为自己打不起那个精神,也没这个必要,其实,这是把成人的想法等同于孩子的想法,把自己的想法当成了学生的想法。在他看来,一个关子,很不起眼,不以为然,课堂内容才是他一门心思关注的,才是唯一的,一个关子又会对课堂有什么意义呢?于是乎,一任严肃进行到底,课堂的欢喜就这么溜走了。接下来,他会发现,生活的欢喜也没有了。

一个关子的意义,就是为师的全部意义。因为,这个关子里面有以儿童立场理解学生的认识,有以儿童为中心的课堂观,有你对儿童对象的尊重。一句话,有你的教育思想。我们的课堂为什么需要故意卖一个关子?因为欢喜是迎接的姿态,新知是"千禧万禧"的客人。因为我们面对的是一群孩子,为学就应该是一片欢喜的境界!

让课堂欢喜,因为它关涉教师幸福,语文课堂尤其如此。

(本文原载 2018 年 12 月 3 日《现代教育报》,有改动)

2. 不期而遇的"泪",就是课堂在众里千百度中寻找的"她"

一次下课,同事走到我面前不无惬意地对我说:"今天讲史铁生的《我与地坛》,也不怎么的,讲着讲着,一不小心,把前排的一位女同学的眼泪都给讲出来了。"我立马恭喜他:"这样的课我们都是求之不得,结果被你老弟给撞上了。"多年的教学经验告诉我,这样的情景的确可遇难求,只有把课上到某种境界才会出现。然而,话音刚落,这位老师连忙补充道:"还没完哟,我趁热打铁,立马抓住这个难得的机会,在这个学生身上进行了一番榨取,让她交流自己的感受。你想,如此感动,能不有很多东西吗?这不又一下帮助我顺利实现了教学目标吗?"听完,我心里一震,就问他,"那位学生说了很多吗?"他说,"很遗憾,不巧遇到一位羞涩的学生,站起来不好意思,没说什么。"我惋惜得不住地摇头:"什么不巧遇到,遇谁谁羞涩,换了你试试!你一把鼻涕一把泪大加感动的时候,有人像时下的某些记者一样追问你一句'为什么哭出鼻涕来了?'我看你不羞愧死了才怪呢。你只想到你的教学目标、你的教学任务的完成,却不顾及人家的感受,人家哭了你还往死里刨,你还有人性吗?能得到你想要的吗?"真是一个败笔,多此一举,败兴!流露有时是很个人化的东西,是不想让人知道的,哭有时是要躲着的!每个人的感动都会有自己独特的触发因素,这不必也没有办法去公开交流。

其实,最根本的,还是这位老师忘了,也许是不明白:感动流泪本身就是我们教学的目标所在,就是我们课堂上最渴望发生的一种事情。它就是课堂闪闪发光的"金子"。"金子"已然在手,你还意欲何求?

他说,这种情况依你那该怎么办?我说,很简单呀,什么也不需要,最好别管她,任她流泪呀,尽情地流呀,痛快地流吧,你假装没看见。你的课在你让学生流泪的那一刻就已经以最经典的方式走进了他们的心里。

课堂是什么?课堂是交流,课堂也是生活。但这个交流首先是人的交流,其次才是围绕课程的交流。教师在与学生交往过程中不仅要眼里有"人",还要心里有"人"。这个"人"是自然属性、社会属性等全方位意义上的人,不应该因为他在课堂,他是学生,就有所忽略。也不应该因为你要完成你的教学任务而有所淡化,有所压制。课堂不是那种言在此(访谈者)而意在彼(观众),醉翁之意不在酒的语言谈话节目。教师不是主持人,学生不是这类"掏心窝子"电视节目里的群众。课堂不能另有企图,应该是一种很单纯的行为,要自觉拒斥各种无意识夹杂的不纯动机。教学是为了什么?教学的根本还是为了尊重人,为了人的发展,充分照顾人性,绝不是为了教师自己教学过程中的"轻松"、"顺畅"和"好过"。我们上课不能为目标而目标,为预设而预设,为完成而完成。只有无私念的纯美才能使课堂触及灵魂,抵达人性。

课,无形无态。有时一个诡秘的微笑、一次愤怒的宣泄、一道悠长的叹息、一回激烈的驳辩……就成就了一个课堂经典。我痛快过,我切齿过,我泪奔过,我纵情过,我放任过……它就是我们课堂在众里千百度中寻找的"她",就是我们课堂的最高目标、终极目标。

3. 语文我们教什么

语文教学千头万绪,聚焦于核心的简练语文教什么?

一个是感性的东西：这是与其他学科如思政、历史课的区别。

一个是思维：这是语文课的根本。

我们应该上什么样的语文？上有感有思的语文！上情理并茂的语文！感性与理思，语文课的两根主线，两大主要任务，也是语文课的两条生命线，语文的"招数"都宜从这里派生、延展。

语文感性了，语文课就柔软了，入心了；语文课就有味了，就有趣了。感性既是语文课的教学目标，也是语文课的教学内容；既是语文课的教学追求，也是语文课的教学效果。

语文课要提升思维含量。语文课以语言现象为研究对象，然而别忘了，语言表达只是思维的结果，思维才是根本。事实上，思维上去了，语言也就自然上去了；思维上不去，抓语言也只是抓皮毛。语言成熟，背后一定是成熟思维在支撑。我们要训练产生好语言背后的那个思维。

我们通常觉得语言是语文教学的本分，就拼命训练语言。殊不知，只就语言训练语言是没用的。不问下为什么？抓表象忽略根本，任思维幼稚而不顾，一味盯着思维的结果，只能是舍本逐末、缘木求鱼。肯定学不好，即使学了也不能掌握和运用。因为你的思维还没有达到足够支持运用的地步。你只教了皮壳，皮壳再多也没用，不能丝丝渗透到思维的根子里。而当一个人思维深刻到了一定的程度时，语言运用的产生就是一个自然而然的过程。也就是说，你不学语言，但只要你的思维发展到了一个阶段，语言也会无师自通，自然产生，不教而达到教。

那么在这里，课堂的"说"就很重要，"说"是最好的思维体操。语文课堂要多创造和提供这种"说"的条件、情境和平台。

还有，感性的东西，在于感动。有感动才会有感性体验。既然是感性的东西，就要让人直观感受到。所以，语文课诵读、涵泳很重要。诵读，赋予文本以生命，是对文本的再创造；涵泳，增强课堂的直觉体验，丰富语文课滋味的咂摸。

4. 人文性是学科的共性，而不仅仅只是语文的特性，更不是语文的部分特性

有人说"具体来说'语'侧重于工具性，'文'侧重于人文性"，这又是一种似是

而非的观念。所有语文天然就具有人文性。文字在那,人文性就在那,不需要你人为去强调。不仅"文"侧重人文性,"语"也侧重人文性。不光"语",就是"数""理""化"也要侧重人文性。"人文"二字源自《周易》,"刚柔交错,天文也;文明以止,人文也。观乎天文,以察时变;观乎人文,以化成天下"①。人文的本义概指人类一切文明创造。人文肇始,以教化天下为目的。这就意味着,人文性根本就不是某个学科的特性,而是所有学科的共性,是教育的共性!当然也是政治、经济、军事、文化、艺术、建筑、卫生、医疗等所有社会领域各行各业的共性!是治国安邦的特性!这才是问题的根源所在。我们一些人文主张者特意强调语文的人文性,把它视之为语文的特性,于是多元解读、泛化语文、去知识化、去工具化等成为时尚,这才是把语文教成思政、历史课等的根本原因,这才是语文没有"语文味"的根源。什么是"语文味"?"语文味"绝不是语文的人文性的强调,而是语文教成了语文本身,回归了语文的本位,做了它该做的事。语文人文至上者恰恰相反。正因为人文至上者这种强调,才会出现从《项链》里"她也是个美丽动人的姑娘"抽出"也",从这个"也"字出发,推出另一个姑娘就是西方流行的灰姑娘这样光怪陆离所谓"多元"的对文本的过度解读,而忘了语文的本分,忘了一千个读者就有一千个哈姆雷特,而一千个哈姆雷特也只能是哈姆雷特,而不能是哈利波特这个根本道理!即便是一千个,这一千个哈姆雷特也有层次高下之分。我们的语文教育理念现在还存在很多糊涂的观念,而且这些糊涂的观念往往掌握在那些名声如雷贯耳的人手里,因而更有无数执迷不悟的信徒。这些声音常给语文教育带来迷惑。

这也提醒,作为主张、信仰的简练语文,需要始终保持一份理性的审视和反省。

我们倡导简练语文,并不意味着放弃独立思考。

5. 语文教学的"假"与"真"②

"假"的背后是语文教学的形式主义。

---

① 黄寿祺,张善文.周易译注(上下)[M].上海:上海古籍出版社,2010:147.
② 张挥.语文琐谈[J].中学语文,2020,(22):82—83.

为何语文教学"假"象丛生？首先要弄清为何语文教学"不真"。愚以为，一是真不了，真不下去。"真"是要有真功夫的，你没有，不自信，所以只能用声光电云这些表面的东西掩饰、掩藏，用信息轰炸，故而假。"假"的背后其实是语文教学的"真"形式主义。它具备形式主义从起因到本质的所有要元。"真"的背后是"深"。对于语文教学来说，就是文本解读的深度。一个语文教师教得好不好，真不真，关键就看文本解读能力高不高，有没有足够的文本解读能力支撑。没有深度，又要让人觉得深，那就只能假，就只能用些花哨替代真正的文本解读。二是认识问题，观念问题。用"非语文"替代语文，因而不真而假。这个假有一定的欺骗性，因为这本不是语文的，你认为是或强加给了语文而造成不真，那就不易察觉。如语文上成思政、历史、生物、班会课等等。上得再好，也不真。为何？因为这不是语文！不是课不好，关键是迷失了语文的根性、本性，没了根性、本性便没了真性。

要语文真，靠不表演，不过度磨课。仅靠 PPT、微课、慕课、"网红带货"等方式转变，这还只是表面。要从拒绝形式主义的认知高度来拒绝语文教学的"假"。犹如形式主义者务形式，其根源在于背离宗旨，立场走偏，在于"向上看不向下看"的自有逻辑。"假"语文，也有个只"向上看"的问题：看听课者，专家的"上"，不看学生的"下"。唯"讨好"听课者、专家备课，却忽略真正的教学对象学生。

假语文的"假"一如形式主义者的一面，还表现为"可视范围"错乱。故真语文的"真"要本质真，首先它要是语文，要弄清语文的边界，讲语文自己的东西。

那语文的本质是什么？有人认为是语言形式。但实际上语言只是外壳，是思维的外壳，语文的内核是里面的思维。语言幼稚的背后一定是思维的幼稚，而我们却常常因为语言幼稚了就去抓语言训练，结果总会发现自己教了"假语文"。因为你只就事论事了，因为你只抓到了表面，抓到了"外壳"。光抓语言本身那是舍本逐末，就表象论表象。语言的背后是思维，语言深刻一定是它的思维深刻。思维幼稚怎么能让语言流畅、生动、思辨、逻辑、优美？因此，思维训练才是语文教学的核心和根本。比如，不会"衬托"，我们就学习、赏析"衬托"，做"衬托"的练习，却不追问你是否有支持掌握衬托的对比思维。其实，"衬托"的运用是一个人对比思维形成、成熟必然且自然的结果，它会在对比思维成熟的人的笔下自然发生、自然流淌出来。然而你没想到这点，没意识到这点，就只盯着"衬托"本身，就"衬托"教"衬托"，其结果必然是假教假学。

其次是要实：语言实，场景实，接近阅读写作的真实；教学情感实，出发点、立场、愿望都实，还有训练实，就像《记梁任公先生的一次演讲》里描述梁任公先生上课的情形那样。形式主义的思想根源和哲学基础是唯心主义，置内容于不顾，把形式强调到了一种绝对化的程度。假语文也是如此。

当然，与形式主义稍有不同，在语文教学上，谁都不是不想真，只是无奈、无意中假了。

（本文原载《中学语文》2020 年第 22 期，有改动）

6. 即使是最合理的教，也不过是促成被教者发生"化学反应"而已

对学生来说，在语文学习中对文字不断地自我觉悟才是最好的语文老师，这是任何的教都不可代替的。因此，学习语文需要的是学生跟文字的接触和接触的时间，而不只是教和被教。即使是最合理的教，最大的效应也不过是促进被教者发生语文的"化学反应"，给被教一点刺激而已。语文的本质是经历而不是授受。语文教育最大的误解就是老想着"教"出人对语文的悟性，把人对语文的体悟想方设法地"教"出来。

我们的语文教育者有种潜意识情结，就是热衷于制造和渲染"教"的传奇，教育者们对这种传奇充满崇奉和敬仰，千方百计地去仿效和复现并传扬于江湖，使之亦幻亦真，让人深信不疑"教"的传说。其实，如果这样想了，这样做了，一系列的问题和困惑也就会接踵而至了。比如教的无效，教的焦虑，甚至教的愤恨等等。这是因为，语文教育承载不了教育的传奇。

以语文的文本深度解读为例。语文界倡导文本深度解读，文本深度解读也以屡屡突破思维的边界而被人们津津乐道，成为批量生产语文传奇的发酵池。然而，解读遇上"深度"就黄袍加身、无懈可击吗？如果细加剖析你会发现，深度解读与解读优越感、思想灌输往往相伴相随、一胞两胎、一体两面，而这种解读优越感、思想灌输，对于早已疲劳了传统解读，渴望思维突破而对思想征服没有免疫力的人们来说，隐含了另一种被深度解读小心包装起来的思维霸权。这就同时产生一

个悖论：就因为你是深度的解读，我就要折服在你的脚下吗？

语文教育中没有谁是"救世主"，大家都是同道人。"振臂一呼应者云集"的"教学英雄""意见领袖"毕竟是特例、个案，无法被简单复制。语文教育中也没有谁能炼制出包治百病的灵丹妙药，拥有解决一切问题的锦囊妙计。和简练语文的教学主张一样，我们需要始终保持着一份主张自省的清醒：一方面，在教学实践中要充分展现简练教学风格，发挥简练语文的育人力量和社会影响；另一方面，又要对简练语文的教学主张保持警惕，注意有所节制和克制，避免在单一风格的影响下产生狭隘和偏颇。也就是说，可以维护和致力简练语文教学主张的鲜明与独特，但在实践运用中也需要兼容和吸纳。

简练语文深知没有一个主张无可挑剔。因此，在树立简练主张自信的同时还需要强化简练主张反省，做到兼顾、理性、融合。

语文教育没有传奇也不需要传奇，作为主张的简练语文也是如此。

7. 语文教材的编选，我们的原则和立场[①]

——以《宇宙的边疆》入选人教版语文教材为例

《普通高中语文课程标准（2017 年版）》在"教材编写建议"中指出：教材要适应高中学生的认知特点和身心发展的需要，材料组织方式应充分考虑高中学生的言语经验，有利于开拓学生的学习视野，激活思维，发展核心素养。教材编写应注意语言材料的多重功能，便于体现文本在达成不同学习目标中的示范、积累、探究等不同功用。[②]

学科主张中不可或缺的是教材主张。简练语文的教材观如何？我们以《宇宙的边疆》入选人教版语文教材为例阐述教材编选的原则和立场。

《宇宙的边疆》是人教社课标版语文必修 3 第四单元里的一篇课文，然而却是一篇并不适合作教材的文章，是编选者爱屋及乌、只究其一不及其余的编选方式

---

① 张挥. 教材编选，我们的原则和立场——以《宇宙的边疆》入选人教版语文教材为例[J]. 中学语文，2014,（34）：59—61.

② 中华人民共和国教育部. 普通高中课程标准（2017 年版）[M]. 北京：人民教育出版社，2018：50.

导致了这篇文章的入选。其所反映出来的语文教材的编选取向颇具代表性和典型意义。现示之以例，究探深析，试论语文教材的选编原则和指导思想。

虽然编者选取这篇文章的真实意图我们很难断定，但从配套教参的"作者简介"中还是可以看出些端倪："卡尔·萨根（Carl Sagan，1934—1996），美国人，曾任美国康奈尔大学行星研究中心主任，被称为'大众天文学家'和'公众科学家'。他以对科学的热忱和个人巨大的影响力，引导几代年轻人走上探索科学之路。他对人类将无人航天器发送到太空起过重要的作用，在行星科学、生命的起源、外星智能的探索方面也有诸多成就。他主持过电视科学节目，出版了大量科普文章和书籍，其《伊甸园的飞龙》曾获得普利策奖，电视系列节目《宇宙》在全世界取得热烈反响。"[1]震撼，是我对这段"作者简介"的印象。由此，不难推测出这篇解说词进入编选者视野的原因，"《宇宙》在全世界取得热烈反响"，文章的作者及其作品在科普领域极具影响，你能强烈地感受到编选者这种"以人论文，以地位定教材"的编写倾向。这里蕴含着的一个简单的思维逻辑就是：名气大、影响大——文章就有代表性、可靠性——有代表性、可靠性就可以考虑选为教材。教材讲究代表性、可靠性，这毋庸置疑。但是教材不仅仅是经典的汇编，更不意味着你对教材的特殊性即文章作为教材的适切性就可以有所忽略。例如，这篇文章（在脱离解说画面后）适合多大年龄段的人阅读？这篇文章对所在单元的教学目标的落实典型不典型？读这篇文章需要什么知识背景？学生有没有这个知识背景？这篇文章具不具备作为教材在篇章、语言文字等方面的典范性？教材选择具体到篇要不要考虑学科之间、各册之间、章节之间、篇目之间的策应、统筹及逻辑关联？教材编选为怎样的语文教学观服务？我们的编写立场到底是什么？编者的还是学生的？成人的还是儿童的？课文的配图算不算课文的组成部分？配图选配的原则是什么等等。可以说，我们对此一直缺乏系统的研究，这也正是造成我们语文教材编选失误的根本原因。《宇宙的边疆》在上述方面都有欠当之处，遗憾的是居然还是入选了教材，而且没听到多少反对的声音，只出现了一种奇怪的集体缄默，尽管教师在教这篇文章过程中有可能感到无尽的痛苦和别扭。这大概是教师在当下制度

---

[1] 人民教育出版社课程教材研究所　中学语文课程教材研究开发中心.普通高中课程标准实验教科书语文3（必修）教师教学用书[M].北京：人民教育出版社，2008：119—120.

体系下的一种无奈和麻木的反应吧？教材是上面的事，与我无关，教师无法也不能改变什么，只能被动地接受，没有畅达的表达和发言的权利，只好用沉默、放弃对待。其实，教材编得好不好，谁说了算？最终还是用的人说了算。可是现在的情况是什么样呢？编的人不用，用的人不编(想想当年叶圣陶、夏丏尊等人和他们的国语教材)。教材好不好，一教就知道，可是有多少教材是广泛征求过了这种"教"的意见呢？"编"与"教"需要有更大的互动。当然，人们有理由相信编写者的水平和能力。但若总是高居"象牙之塔"，既难以深刻体会到"教"和"学"的感受和期望，也容易滋长想当然的成分，从而"误入歧途"而不自知。

《宇宙的边疆》是一篇优秀的解说词，但不是合适的语文课文。完全不该入选教材，其理由如下：

首先，文章的基本观点错误。作为科普文居然出现反科学、反哲学表述，且与地理学科有关宇宙观的认识和思想政治学科的哲学观点相悖。文章开篇第一句话"宇宙现在是这样，过去是这样，将来也永远是这样"很不可靠，在地理学和哲学上都站不住脚。这与高中地理教科书表述的宇宙观相冲突：宇宙具有两个特性，一是演化特性，有一个发生、发展和衰亡的过程，经历了一个温度由高到低，密度从小到大的演化过程；二是有限特性，即宇宙的空间范围不断扩展，时间上有始有终。"现代科学证实，宇宙是物质世界，不仅巨大无比，而且宇宙中所有的天体都有着产生、发展和消亡的历史。"[1]从空间角度讲，我们人类认识的宇宙范围是在扩大的，因为人类认识和探测宇宙的技术在提高。由于探测技术水平的局限，我们对宇宙的认识只是基于目前人类的探测水平，随着今后探测技术的提高，这个认识可能会发生变化。怎么能说宇宙将来也"永远"是这样的？而唯物辩证法的发展观认为，世界是永恒发展的，万物都时刻处在变化中，怎么会现在、过去、将来都是一样的？高中地理特别强调"用发展变化的眼光来观察宇宙，才能形成完整的科学宇宙观"[2]，语文提供与地理、思想政治学科如此悖反的表述，学科之间"打架"，如何让学生树立一个完整的科学宇宙观？这句话明显是解说者的一种煽情

---

[1] 人民教育出版社　课程教材研究所　地理课程教材研究开发中心.普通高中课程标准实验教科书地理(选修)1"宇宙与地球"[M].北京：人民教育出版社，2007：3.

[2] 人民教育出版社　课程教材研究所　地理课程教材研究开发中心.普通高中课程标准实验教科书地理(选修)1"宇宙与地球"[M].北京：人民教育出版社，2007：1.

说法，带有很强的个人主观感性色彩，不是严谨的解说。事实上，文章紧接着就描述了宇宙的形成和变化，与篇首自相矛盾。

其次，文本带有明显解说词痕迹，脱离画面后，作为单独的文本，多处呈现跳跃性和莫名其妙的东拉西扯，导致文本作为语文教材的典范性差。如"整个宇宙中的自然法则都是一样的。我们现在离地球 200 万光年"这句，"我们现在离地球 200 万光年"明显就与前后文脱节，不衔接，好像突如其来，"上不着村下不着店"。如果有画面在，"我们"就是指画面切换过来的内容，当然就好理解了，这句话的出现就很自然。但脱离了画面，却仍然保留原解说风格，那不莫名其妙才怪。编选者在这点上也许始料未及。还有"它的旋涡臂缓慢地转动着——每 2.5 亿年旋转一周。现在，我们离地球 4 万光年，我们正处于密集的银河中心。但是，假如我们希望找到地球的话，就必须将方向扭转到银河系的边远地带，扭转到接近遥远的旋涡臂边缘的模糊的地方"这句话，貌似形象实则无效。作为交代位置关系的表述，其实什么也没交代，因为相对关系没交代清楚："扭转到银河系的边远地带"，往哪个方向扭转？银河系有四条主要的旋涡臂，扭到哪条？人家是配合画面解说的，有图有画面这段话指向明确就没问题，但一旦脱离画面背景，仍然这样说，就不知所云，说了等于没说。事实是，太阳系位于银河系的对称平面附近，距离银河系中心约 33 000 光年，在银道面以北约 26 光年，银河系第三旋臂——猎户旋臂上。这段话要是配合画面解释就一清二楚了（如图 1.2.1）。

还有，未充分考虑文本脱离了解说背景，是翻译作品对文本表达粗糙随意，不规范、不统一之处未加严谨审核："它通过引力——跟使我呆在座椅上相同的物理学定律——将矮椭圆星系束缚在一起"，这是个典型的病句。这句话中的两个破折号显然是表解释说明的。如果这样，那等于说引力是定律！引力怎么会是定律？

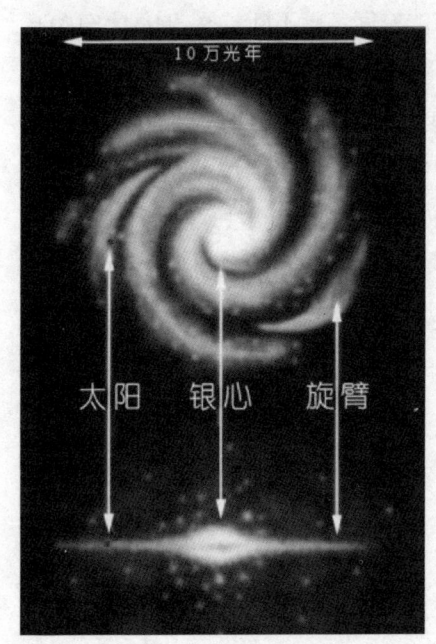

图 1.2.1　银河系悬臂

这句话实际应该改为：它通过引力——跟使我呆坐在椅子上相同的那个引力——将矮椭圆星系束缚在一起，才对。

又如："宇宙间有若干千亿（10^{11}）个星系。每个星系平均由 1 000 亿个恒星组成。在所有星系里，行星的数量跟恒星的总数大概一样多，即 $10^{11} \times 10^{11} = 10^{22}$"，"千亿"、"1 000 亿"，出现在同一个句子里面令人匪夷所思，不仅违反数字表述规定，而且人为带来理解的障碍、阅读的干扰。这句话里公式后面那个"10^{11}"实指的是前面提到的"1 000 亿"，同一个意思，同一个地方变换了不同的表示方式，就令人混乱了，尤其是在这样一个需要推理的地方。

第四，配图的随意、盲目，意图不明。配图的原则和作用是什么？"教科书配图根据功能不同一般可分为四种：装饰性配图、表征性配图、组织性配图、解释性配图。""美国教科书的配图功能有以下取向：1. 弱化配图的单纯装饰作用。2. 强化配图的表征和理解功能。"[①]相较于西方教科书，他们对配图的认识显然要比我们深化得多。从《宇宙的边疆》所配的三幅图来看，似乎完全忘了这是一篇相对艰深的科普文，仍按一般语文文本对待，采用装饰性配图。从这些配图中我们看到的只是装饰和审美意义，并未起到帮助理解的作用，以弥补文字表达的不足。而且从课文所配的三幅图来看，基本上都是游离文本的。如果硬要追溯配图的作用，似乎好像只是为一味刺激人们的想象而设，看看配图名："草帽星系"、"旋涡星系 NGC6872 和椭圆星系 IC4970 碰撞"、"火星荒凉的地表"。配图视那些艰深的文字于不顾，全然忘了所配图的合理性，该配的地方没配，不该配的配了。比如大家都觉得谈到银河旋涡臂的地方应该配一幅银河系全景图，方便理解，结果配的却是草帽星系图。张冠李戴，最后给人的印象就是，你不配图我还能明白，配了我反倒糊涂。"教科书配图并不是多多益善！无关信息的配图只会增加对学生的信息干扰！宁可不用也不能滥用无关配图。"[②]这个道理我想编选者应该洞悉了然。

最后，文本的单元提示里明确表述本单元的目标是：激发探求未知世界的兴趣。可是我要说，这篇貌似科普实则不普及的文本是难以实现这个目标的。不仅如此，这样的文本对孩子的兴趣、信心还是一种伤害，且杀伤力巨大。它会给孩子

---

① 何穗，王祖浩. 美国化学教科书的配图研究[J]. 化学教学，2008，(12).
② 何穗，王祖浩. 美国化学教科书的配图研究[J]. 化学教学，2008，(12).

在建立对科学的感情的过程中带来极大的困惑：普及性的东西都看不懂，那我还能探求科学吗？其实他们哪里知道，不是科普不普及，而是文本不合适。

我们不妨来归纳一下这篇课文的入选到底有几宗"罪"：

1. 对文章作为语文教材所需的篇章、语言的典范性失察。文本不顺畅，不规范。一篇顺畅的解说词不一定就是一篇顺畅的课文，借助画面产生的顺畅未必在脱离画面后仍然顺畅。人家是配合电视画面的解说，你硬在脱离画面的情况下，仍不加改造地保留原说法，这就必然造成语意的跳跃、不衔接、指向不明、不当省略、支离破碎甚至病句等情况发生，更何况还是翻译作品。优秀的解说词不一定当然就是优秀的教材。之所以这样一个简单的道理都没有想透，究其原因，不是编选者的学术水平不够，而是对于权威作品的一味尊奉使自己失去了应有的"警觉"。

2. 编选没有系统意识和逻辑意识，没有教材编写的全局观、整体观。《宇宙的边疆》与下一篇文章《一名物理学家的教育历程》和第五册的《宇宙的未来》在题材上有明显的雷同，都是宇宙话题、宏观世界，为什么不选篇微观世界的文章？从学科上看，高中地理有专门的有关宇宙的知识章节，这也雷同了。

3. 没有教育学、课程学、心理学的考量介入。也就是对立场的考量，你是按成人的思维还是按儿童（学生）的思维去考虑？《宇宙的边疆》对于有着科普传统的发达国家的学生来说是科普的，但这未必意味着对没有或缺少科普教育的中国的孩子也是如此。解说词在与背景画面配合时是浅易的、科普的，但这不意味着，脱离了画面后仍具有这个特点。编选者显然忽略了这些因素。我们可以大胆推测，编选者在编选这篇文本时是没有综合教育学、课程学、心理学的考量的。如该年段中国学生的身心、思维的成熟程度，知识背景，其他学科的相应情况。至少我们知道，文本涉及的有关除太阳之外其他恒星的演化规律内容，高中地理教材都是放到了选修教材里。

虽只是单篇论及《宇宙的边疆》入选教材的不当，但其呈现的形态，其所汇聚的编选信息却具有标本意义，值得我们教材的编选者反思。

（本文原载《中学语文》2014年第34期，有改动）

8. 语文课你最需要的也许只是放松①

我始终认为,一堂语文课让大家记住了一位老师,这节课就成功了一半;如果更进一步,还让大家记住了一群学生,那就成功了全部。我还始终固执一念于一些"境界很低"但却令人坚信不疑的语文教学"歪"理、课堂心得。比如,语文课要玩着上,玩着玩着,你就上好了。很多语文课没上好,实则源于拘谨,而拘谨又往往源于你不想玩、不敢玩、不肯玩、不会玩,一开始就"玩"定位为玩命。然而,一切让人身劳神疲的东西于语文来说都绝对是毒药,哪怕它有再大的价值!语文为学、为教都应该是一片欢喜境地。

现在有些喜欢耳提面命的"行家",上来就是一通深言奥义,年轻人听得一惊一乍,以为语文课的形态就是这样。于是"代代相传",我们的语文课就变得异常沉重,"玩"不起来。如果是这样,那就不仅是专业问题,该检讨的应该还有你的人生经验了。我经常说你平时为人怎样,你的语文课堂也会是怎样。课上是你课下的反映,是你为人的组成部分,有什么样的为人就会有什么样的课堂,教师的职涯是生涯的一部分。一个拘谨的人,他的语文课堂也一定是拘谨的,平时放不下的人,语文课堂也是放不下的。很多自觉课堂必须要严肃的老师,其实都是源于自己人生的局促,缺少一种游戏心态。老师一旦感觉不会上课了,便不知如何是好,很着急,一着急又是听课,又是评课,又是一通专业诊断,唯独不反究处世为人,故而收效甚微。原因很简单,他都没有转过弯来,人都还是绷得紧紧的,没想开,根本问题都没解决,语文课还能怎样?课上得不好,不顺,可能不是别的,恰恰是因为你上得太"正经"了。其实你还不如放松,人松弛了,不那么拘谨了,知道"就那么回事"了,猛然间你就会发现,课也就自然而然、不知不觉上好了。

我很看重直觉。虽然,直觉好的课不一定是好课,但好课首先要直觉好。可以肯定的是,那种要靠分析、靠课后"挖掘"出来才觉得好的课一定不是好课。现在时兴观课、议课,开始都觉得很新鲜,后来你会发现这里"深不可测",弄着弄着就把自己绕进去了,导致自己疲惫不堪。根本原因就是你把这个观课、议课搞得

---

① 张挥.语文琐谈[J].中学语文,2020,(22):82—83.

太紧张、太复杂、太精细！又是观又是评，看似不亦乐乎，实则舍本逐末，评来评去，离语文课的真相越来越远。因此，人家倡导磨课，我提出一个办法：摸课！怎么判断一堂公开课上得好不好？其实不用那么复杂。上完课，只要到自己的衣领下摸摸，看看有没有出汗，就知道了，是谓"摸课"。课上得那么累，那么笨，都上出汗来了，再好也有限，打铁才出汗呢。语文课要上得简练、轻松、不费劲。语文课的进行要讲究流畅性。语文教师要举重若轻，而不是举轻若重。

上好语文课，你最需要的也许只是一念——放松。

(本文原载《中学语文》2020年第22期，有改动)

第二章

简练语文之模样

　　简练是语文课堂教学的至道和终极追求。简练语文的教学设计汇聚了语文教师在课堂上驾驭和处理的高度、深度和机巧,是高超、娴熟的语文教学艺术的灵魂,是智慧语文课堂的必然选择和结果,也是语文教学的核心话题。简练语文是为"核心"而教的语文,是追求课堂简练样态和简练教学逻辑的语文。简练语文的精髓在"简",这个"简"囊括语文教学全要素:教学意旨为简,教学气质为简,教学风格为简,教学样态为简,教学思维为简,教学结构为简,教学手段为简,教学设计为简,甚至教学生活也为简。

1. 简练语文论纲

一、为什么是简练语文

你需要经常问自己：教了 30 多年的书，应该有自己的专业教学主张，那么你的教学主张是什么呢？

我上课，喜欢从小处着手，从小中读出大来，再长的文本也只读一字、一词、一句，长文短教，大课小上。于是，有所坚持，有所追求，渐成平日里一种自觉，沉淀下来，最后就有了我的简练语文。

简练语文的本质是指向教学设计的教学主张。教学设计对于语文学科来说太重要了，我特别主张教学需要设计，认为教学设计里藏着语文教师的最高智慧。我一直固执地认为，教学可以没主意，但不可没招数，上课一定要讲策略，语文课特别需要教学设计。

时隔 10 年，我还清楚地记得进京的那场试讲课，用一个"3"字讲《汉家寨》。以"3"为由头，组串教学内容：文中汉家寨地处三岔口，主要人物有三，主要章节为三，主要内容可概括为"景、人、魂"——又是一个三……依"3"为"寨"，一字立篇。抓住这个"3"字百川归海，简练教学，轻拾即出。上完这堂课我就悄然回家了。数月之后，当试讲校门前那棵秃兀的槐树又一次绿荫如盖时，我再次来到这所试讲学校。巧遇我的老师见我就开玩笑说："我们长辛店（学校所在地）现在改名了，不叫长辛店，叫汉家寨了。"我猛然意识到，诠释"坚守"版的"汉家寨"已经被他们接受了，我的课已留在了他们的心里。正是在这时我才恍然明白，什么叫入心的课。

因为这堂课，我更加坚定地做一个"简单"的教师。语文教学设计，我有了不变的信条，那就是——大道终归至简。

简练语文的底层逻辑和理论基础是什么？

1. 核心价值理论：语文学科教学有核心价值追求。有核心价值就有简练。简练是语文教学坚守核心素养导向，呼应"教在核心素养上"的必然结果。简练是核心素养、文本核心价值、教学核心价值"三核心"目标落实到语文教学中的必然选择。

《普通高中语文课程标准（2017年版）》提出学科核心素养理念：学科核心素养是学科育人价值的集中体现，是学生通过学科学习而逐步形成的正确价值观念、必备品格和关键能力。① 语文核心素养的提出必然要引发语文教学过程中，文本核心价值和核心教学价值的审视和斟酌。

语文核心素养，汇聚着语文教学最有"讲头"的部分。语文教学要奔"讲头"而去。而语文教学的根基是文本解读。文本解读越深，越通透，就越能接近和抵达核心和"讲头"，接近和抵达的趋引必然带来思维的凝练，凝练必然走向简练。故扣住核心的教学就是简练教学。因为你只讲核心，自然就简练了。

2. 极简主义哲学：作为艺术设计的极简主义是20世纪五六十年代由欧洲发展到全世界的一种艺术思潮。作为生活方式的极简主义是风靡于20世纪80年代的一种风尚潮流，包括欲望极简、精神极简、物质极简、表达极简、工作极简、生活极简。极简主义生活与其说是一种风尚潮流，不如说是人们在"互补意识"支配下产生的摆脱繁琐复杂、追求简单和自然的心理。以简洁和纯净来调节、转换精神空间，以期获得一种解脱。② 因此，极简主义不仅是一种生活方式，更是一种思想、思维哲学。而语文教学也是一种设计，通过简练语文可以回应设计的极简主义理念，展现语文教学设计的"少即是多"的魅力；语文与生活关系密切，通过简练语文可以回应生活的极简主义，引导我们的语文教学思考教什么，不教什么。没有谁喜欢繁复，生活如此，教学亦是如此，语文教学更是如此。因此，语文教学必须设计得简练，教得智慧！语文教学也要推崇"极简主义"。

---

① 中华人民共和国教育部. 普通高中课程标准（2017年版）[M]. 北京：人民教育出版社，2018：4.
② 戴丽. 绿色生活新方式——极简主义[J]. 节能与环保，2015，(06)：76—77.

3. 古人的思想智慧：中国古代的思想家把"简"上升到"道"的层面来认识，把它当作对世界的基本看法。老子的《道德经》说："万物之始，大道至简，衍化至繁。"大与简辩证统一，大道理极其简单，简单到一两句话就能说明白。简是对自然和社会深刻理解后获得的一种认识，减去了繁杂与重复，真正把握了事物的本质。因此，大道至简，既是世界观又是方法论。既是一种思想认识、生活态度，也是一种取舍选择、人生境界。教育亦然。教育的本质反映为对世界的认识，对事物发展规律的把握。语文教学无疑在世界观上需要尚简，在方法论上也需要尚简。

4. 简练思维：这是简练语文的思维基础。

(1) 梁漱溟《学问的8层境界》第五层境界——以简驭繁：[1]

你见到的意见越多，钻研得愈深，这时候零碎的知识，片段的见解都没有了；心里全是一贯的系统，整个的组织。如此，就可以算成功了。到了这时候，才能以简御繁，才可以学问多而不觉得多。

凡有系统的思想，在心里都很简单，仿佛只有一两句话。凡是大哲学家皆没有许多话说，总不过一两句。很复杂很沉重的宇宙，在他手心里是异常轻松的——所谓举重若轻。

学问家如说肩背上负着多沉重的学问，那是不对的；如说当初觉得有什么，现在才晓得原来没有什么，那就对了。道理越看得明透，越觉得无甚话可说，还是一点不说的好。心里明白，口里讲不出来。

反过来说，学问浅的人说话愈多，思想不清楚的人名词越多，让一个没有学问的人看见，真要把他吓坏了！其实道理明透了，名词便可用，可不用，或随意拾用。

(2) 人们提出的"全世界最棒的十种思维"，有三种思维都是简练思维：[2]

第7　拉哥尼亚思维

简练才是真正的丰富，只有最简单的东西才具有最大孕育性和想象空间，也才最符合"拉哥尼亚"思维法则。

---

[1] 梁漱溟. 学问的八层境界[J]. 教师博览，2014，(08)：56—57.
[2] 博文集萃[J]. 领导科学，2014，(27)：60—61.

第8 奥卡姆思维

舍弃一切复杂的表象，直指问题的本质。这种思维的可贵之处，是因为它直戳现实中的这么一种病态：今天的人们，往往自以为掌握了许多知识，而喜欢将事情往复杂处瞎鼓捣。

第9 费米思维

简单化才是最经济、最优化，费米思维一种最简单、最省力、最准确的思维法则，具有普遍的适用性。任何问题的复杂化，都是因为没有抓住最深刻的本质，没有揭示最基本规律与问题之间最短的联系，只是停留在表层的复杂性上，反而离解决问题越来越远。最简单的往往是最合理的。

简练语文，涵养高级思维，着意于语文四大核心素养目标中的"思维发展与提升"的落地。

5."种子"理论：语文教课，犹如心田播种。"种子"是会促发的事物，也一定是精炼的。教学"种子"说要求语文教学必须简练。

核心素养语义下的语文教学更需要简练。简练是在"核心"审视下的简练，这对语文来说太重要了。文本是无限丰富的，每个语文教师都会先面对一个取舍问题，简练就藏在取舍中，简练不仅是策略问题更是语文的现实问题，语文的现实需求。

语文教学需要适切，对适切的向趋产生简练的追求。就学科而言，语文学科的性质和语文教材的特点决定了语文学科比其他任何学科在教学内容的选择上多了一份灵活性和取舍空间。这就使得语文教学内容选择要面临更多的适宜性审查。相对其他学科，在教学全流程里，语文教学价值判定的作用和地位更加凸显。语文教材的序列性不强，从文选式教材到教学内容的确定还隔了一个挖掘和提取环节。这就要求语文教学必须突出主要的、核心的、实质的东西，使课堂聚焦、凝练，让教师们高屋建瓴、俯瞰总览、举重若轻地处理教材，把纷繁丰富的内容简单化。因此，语文简练的诉求会比任何学科都强烈。

另外，文本解读是语文教学的基础。文本解读具有多元和动态的特点，但并非所有的文本解读都具有教学意义和教学价值，教师需要智慧地选择，在这些选择中就会产生简练。

二、简练语文是什么

简练语文的本质是指向简练教学设计的教学主张。

作为本质的教学主张首先需要对定义和内涵作出回答。何谓简练语文？定义的努力总未获满意，只能采取解说方式作一个大概的描述：

简而言之，简练语文就是为"核心"而简练地教的语文。这个"核心"，过去指的是"双核"：文本的核心价值和教学核心价值，现在指的是语文学科的核心素养。所以简练语文是契合学科特点，呼应国家教育导向的。最初，简练语文从教学设计角度提出，就是借助、依据"切入"和"贯串"教学技术作为课程结构化手段来获取课堂聚焦和简练教学逻辑呈现的语文教学设计。后来扩展到语文全要素"简练"：教学意旨为简，教学气质为简，教学风格为简，教学样态为简，教学思维为简，教学结构为简，教学设计为简，甚至渗透到教学生活都为简。简练语文的精髓在"简"，这个"简"既是指教学的目标、内容、情境、选择、角度、策略、方法、手段等一应简练，还是指教学设计上的一体叠合、通贯谋划、协同立意的精简。

简练语文不是山头、门派，而是为凝练和突出简练语文教学主张、教学特色、教学风格的一种表达。

简练语文是草根主张。更多时候可能表现为实招、"绝技"、路数、点子、"看家本领"。

简练语文只是个名称，里面容纳的是语文教学简要方向结构化设计的思考和追求。

简练语文是对自己的课教在核心素养、文本核心价值和教学核心价值上的一种期望和努力。

简练是语文教学的至道和终极追求。简练语文的教学设计汇聚了语文教师课堂驾驭和处理的高度、深度和机巧。简练教语文是高超、娴熟地教语文的体现，是智慧语文课堂选择的必然结果，也是语文教学艺术的核心话题。

在语文课上讲什么比怎么讲重要。一篇文本，可讲的东西很多，教师要选择讲他认为最重要的东西。

一堂语文课要有一个下手的角度，要有个汇聚课堂内容和灵魂的凝点，这便是课堂的切入点。切入要从小处着手。小切入，大拓展。好的切入点应该能"立片言而统贯"、"举一纲而提全目"。因而课堂简练的关键在切入。

好的语文课是举重若轻，笨拙的语文课是举轻若重；好的语文课一定有巧妙的切入、简便的路径和牵一发而动全身的贯串。

好的语文课，教师只应该在学生的心里种下"种子"，而不是留下一堆花花草草，要让"种子"自己在学生心里扎根、发芽、生长、蔓延、结果。

语文课如作文，起承转合，讲究章法和波澜；课要有形，可作横侧观照；课要有味，可以兴观群怨。

纵有弱水三千，我独取一瓢饮。长文可以短教，大课可以小上，教学设计可以简练。

1. "简"只是集中、减省的策略和手段，不是目的本身，"简"的目的是丰富和伸张，引导思维朝广度和深度延展；"简"只是个簧垫，是要弹起语文抬高教学的；"简"只是个翘板，是要翘起连锁反应的；"简"是聚焦、收缩，收回是为了更有力地打出去的；"简"还是引动力，倒促你自觉和不自觉地产生提取动作、凝练行为的高级思维。

2. 简练语文不是要把语文教简单，过于在乎教学设计了，而是要倒逼、驱动你去更深刻地解读文本，因为简练，你要提出小切角度，凝练核心灵魂，精选讲课内容，因此，简练对文本解读提出了更高要求。

3. 简练语文的"简"是直奔"核心"后获得的"简"。在文本核心和教学核心语义下，"简"就是减，非核心内容的减。减到哪里去？减到"核心"的地方去；"简"就是聚焦，聚到"教点"上去。简练就是以一抵三，教一得三。

2. 简练语文体系

一、简练语文架构引论

一篇课文在教它之前，我们肯定要作出一系列的思维反应：文本的核心价值在哪里？灵魂是什么？句句经典，满目精华，你不可能面面俱到，哪些是学生需要学的？哪些是学生不需要学的？换句话说，哪些是隐性信息，哪些是显性信息？这都需要我们取舍、审视和分析。我们讲"型于骨架"，同样，课要有"型"就需要有

"课架",这就需要立"骨",那课的"主心骨"在哪儿？有了"主心骨"就有了"核心"和"教点","核心"和"教点"确定好了,怎么把这个"核心""教点"教出去？从哪里切入？怎样的路径才算简便？这又是个策略问题,你要谋划和考量。这一切都是语文教学的智慧。所以,语文教学在于"谋",这个"谋"显然是上好课的前提。只有经历这个思考过程,才有教出好课的基础。这样,课才能出新、出彩、出招、出巧。语文课要"谋定而后动"。

二、简练语文架构简说

简练语文为"谋定后动"而来,建构了自己的理论框架和逻辑体系。简练语文的框架、体系同时也是一个操作系统：

1. 逻辑起点：回应文本价值、教学价值和核心素养理念。

课文有文本的核心价值,这是简练教学提出的理论依据和逻辑起点。课文的核心价值,汇聚着教学最有"讲头"的部分,因而这个核心价值往往也就是上课的教学价值。语文教学坚守核心素养导向。简练教学就是树立教在核心价值上的理念,寻找、确立核心并以此作为教点,实施教学。

> 教《长恨歌》,人们肯定会教"恨"。但如果用文本的核心价值来审视,用简练教学设计来观照,这个"恨"就值得怀疑了。因为它体现不了《长恨歌》的文学价值,抵达不了《长恨歌》的意味所在。《长恨歌》的核心的教学价值,不在"恨"而在"长"上！因为用长诗描写现世爱情的篇幅委实不多,更多的是繁华散尽后的绵绵相思和悠悠长恨。重色误国之"恨",生死之隔之"恨",不稀罕,唯有加了这个"长"字,"长恨",此恨旷世之久,世上独有,才让人感动。所以这首诗别人教"恨",我独教一个"长"字。从这里切入进去,"长"在哪？"长"到怎么程度？怎么把这样一个"长"表现出来的？围绕核心追问下去,于是"长"里面藏着的诗歌最荡人心魄的铺垫,最细腻真切的刻画,最丝丝入扣的描绘,最神奇浪漫的想象也就是长诗的核心价值全"拽"出来了。牵一"长"而动全诗,这就是简练教学了。[①]

[①] 张挥.为适切的语文"教点"服务的文本挖掘和取舍[J].中学语文,2016,(07)：34—37.

为"核心"的简练语文特别强调提取兴趣这个"核心",反映核心的"教点"还要为兴趣作出安排。怎么有趣怎么讲,趣味之外有默会。

语文课的大忌就是为了灌输那点自认为有意义的内容而去消灭学生的兴趣。去兴趣等于去语文!我们很多无效的语文课堂根源缘于去兴趣。语文课堂无力的过程就是去兴趣的过程,兴趣即核心。

以霍金的《宇宙的未来》为例。《宇宙的未来》怎么教?教宇宙探索?教科学精神?教霍金的故事?或者按一贯的思路,教信息的提取和筛选?这些我都没有教。

笔者选择教"霍金式"的幽默。

这是我按兴趣选择"教点"的结果。虽然《宇宙的未来》是篇科普文,但我们往往忽略了里面除科学内容之外,还有股票,赌场,披萨饼等等,这是什么?这是一个全身不能动弹的人难以想象的对社会、对人生保持的观察、关注和热情,这是散发热度的文字。霍金在这篇文本里不仅讲科学,还表达了他对社会、对人生超出常人想象的思考和洞察。语文讲什么?讲兴趣,讲思维!兴趣、思维才是语文最根本的东西。一个人不解决思维幼稚就永远解决不了他语言的幼稚。同样,凡大智慧者必有大幽默,读懂了智者的幽默才是真正读到、读懂了智者的智慧和思想。现在,一个智者,一种幽默,一篇散发热度的文字就摆在你面前,你怎么办?那我就讲讲"霍金式"幽默!

幽默是教材的稀缺资源,非常难得,值得珍惜。回想一下,我们的中学语文课文有哪篇是轻松的?此时不教更待何时?它是兴趣所在,尽管它不是这个单元"钦定"的教学目标。

也许,你会说,这不是文本的本意呀,文本无意炫耀幽默呀。是不是偏离文本的"核心价值"呢?从传统的角度讲,肯定是。但你抓住了霍金的幽默,引发了学生的兴趣,自然导引了他对文本核心的关注。况且,幽默本身就是智慧,就是语言的精华,思维的精华,是语言的最高智慧。也就从根本上抵达了语文的核心。

同一个单元的课文,你不一定要同样的处理,因为从核心价值审视过去,它们是不同的,这时你的处理就应该不同。唯单元提示?还是唯核心价值、趣味价值？我选择：讲什么，唯文本核心价值、趣味价值！①

2. 技术方法：借助切入和贯串。

教学主张是要有思想、有技术的。从外在表现形式看，它应该是"有思想的技术"，而于内在精神上，则应是"有技术的思想"。② 教学主张需要教学技术的支撑。简练语文依靠切入和贯串的技术实现简练教学主张。"核心"和"教点"确定好了，怎么把这个"核心"、"教点"教出去？需要找到一个入口，犹如撕开塑料包装需要一个小剪口，有了这个小剪口再韧的塑料袋，也可以从剪口处一撕即开。入手即切入，切入即小剪口。简练语文从哪里切入？怎么切入？简练语义下的切入与一般人们倡导的切入有所不同。简练语文对切入有更多的借助和运用：切入不仅要小，要巧，还要能伸展，兼具贯串功能。所以，一般的切入只是入手角度，而简练语文的切入还赋予了入手和串联一举两得的结构化用意。好的简练语文的切入点应该是组织教学内容的线索，依靠它形成全课的串连，"立片言而统贯"。简练语文课的"教点"和"骨"字就要为这样的"切入"而确立，与其他简练要素一体融合。

《奥斯维辛没有什么新闻》：教"没有"还是"有"？

这个文本通常的处理都会是辅助式阅读：放些震撼性的画面或视频来帮助解决背景和理解问题。然后就切入主题，放出几个设问：没新闻为什么又要写新闻？诸如此类。

弃文本丰富的文字信息不顾，而去追求视频、多媒体的补充，追求表面的热闹和冲击。以眼球思维、视觉思维替代文字思维是我们这个时代语文教学的一个通病。多媒体不加选择地滥用，于是文字思维在视觉思维的替代下，逐渐萎缩，学生不会用文字来思维了。学生变成看图的一代，而不是阅读的一代，最后变得不会文字阅读了。

难道荣获"普利策奖"的文章还要靠多媒体来帮助理解，不能靠文字自己让读者明白？我以为没有多媒体的时代恰恰是阅读经典和经典阅读的时代。所以我主张弃用辅助手段的纯文字阅读。

我这节课就是这样做，还原文字阅读的本真，回归到文字阅读的本

---

① 张挥. 为适切的语文"教点"服务的文本挖掘和取舍[J]. 中学语文，2016，(07)：34—37.
② 冯卫东. 教学主张的分类——教学主张回答的几个"何"[J]. 福建教育，2019(19)：31—33.

义上来。

　　我在思考过程中,第一反应就是这篇文章不能当一般的新闻稿来处理,这篇文章的价值和魅力在于它的独特的视角和深厚的思想。作者反复强调"没有"两个字,它不诱发你作如下反追吗:既然这也"没有"那也"没有",那它"有"什么呢?这么一反追,你就有了"发现"了:它有的是集中营的罪证,有的是人们事经二十多年后依然震惊、害怕、恐惧的反应,有的是作者与参观者一样得到同样的感受,同样震惊,同样窒息,同样愤怒的人类良知,有的是奥斯维辛"阳光明媚、绿树成荫",也许"忘却的救世主快要降临了吧"的淡忘的担心,"没有"和"有"一头搭着现在,一头搭着过去。"没有"的是现在,"有"的是过去,没有"新"闻是要说它有"旧"闻!故而我们就能明白作者反复强调"没有"的用心,不是故弄玄虚,说"没有"是要引导人们对"有"的关注。这堂课我就从"没有"的反面"有"切入。

　　讲清楚"没有"和"有"文章中的这两个立骨之词并把它作为"教点",实际上就把握住了文章的关键,也就能领会文章写作的巧妙和用心了。①

　　简练语文的贯串就是依靠"切入"产生的线索生成推进缘起,把课堂的步骤、环节、板块串联起来。有了这样的贯串,能让教学上下承启、环环相扣,能交代课堂推进的理由。由于贯串与"骨"字呼应,与"切入"一体叠合、协同互促,最得简便的教学路径,必致教学牵一发而动全身,举一纲提全目,还能形成课堂的内生推力,呈现课堂的教学逻辑,使教学内容充分结构化,从而在设计上实现教学简练。

　　《最后一课》是一篇表现被占领地区人民对自己的语言和国家幡然醒悟的小说。"觉醒"既是小说要表现的主题和内容,也是阅读的牵引,能牵带出文本解读的方方面面。简练教学想到的是以"觉醒"作为教学的立足点和聚焦点。立"觉醒"一词为"骨"字,从"觉醒"切入,又用"觉醒"贯串,派生出5个层层铺垫、环环相扣的教学环节:觉醒有谁——觉醒什么——觉醒程度——觉醒驱动——觉醒启示搭建课架,串联教学内容,最大限度地发挥连带效应,呈现教学的推进逻辑。让学生只要读懂

---

① 张挥.为适切的语文"教点"服务的文本挖掘和取舍[J].中学语文,2016,(07):34—37.

了"觉醒"就读懂了小说。①

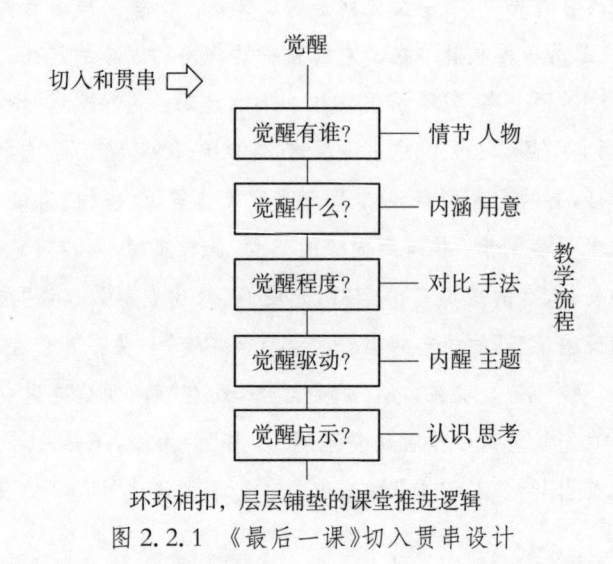

```
                           觉醒
                            │
         切入和贯串 ⇨    ┌───────┐
                      │觉醒有谁?│── 情节 人物
                      └───────┘
                      ┌───────┐
                      │觉醒什么?│── 内涵 用意
                      └───────┘                    教
                      ┌───────┐                    学
                      │觉醒程度?│── 对比 手法       流
                      └───────┘                    程
                      ┌───────┐
                      │觉醒驱动?│── 内醒 主题
                      └───────┘
                      ┌───────┐
                      │觉醒启示?│── 认识 思考
                      └───────┘
```

环环相扣，层层铺垫的课堂推进逻辑

图 2.2.1 《最后一课》切入贯串设计

3. 组织、推进策略：片言以统贯。

所谓片言统贯，即借助"片言"也就是"骨"字、"主词"，把教学内容统贯起来，由这个微小语言单位、微小角度的"片言"统摄全课内容。这也意味着课堂由一个很小的口子切入，不仅切进去，而且还要由它把教学内容带出来，串起来，最终指向、汇聚到教学核心。这是一个很高的教学智慧。有了片言统贯，就有了简练课堂的组织方式和推进方式。

《边城》教学设计，依照"片言统贯"的原则，我把"片言"最终确定在文中反复出现的一个词"莫不"上面。"莫不"是概莫如此的意思，它就是作者要表现的内容本身和核心。"莫不"又是文本内容的串连。它是个理想，指向希望，深深地渗透了作者的期冀，呼应、解释"人性皆善"的"皆"字。"莫不"又是程度上很、非常的意思，背后寄托着作者的热切。"莫不"还是作者期望读者读到的东西。因此，这么长的一篇小说，我就讲"莫不"两个字，用"莫不"贯串全课：边城的鼓声"莫不"动人——边城

---

① 张挥.我的简练教学之路[J].中国教工,2019,(04)：42—43.

里的动物"莫不"关情——边城里的人也"莫不"有情——边城其实就是一方"莫不"的世界！立"莫不"片言，统贯《边城》长文。①

4. 课堂结构：一字立骨树课架。

简练倚仗教学内容的结构化。只教核心价值的简练语文，反映在教学设计的结构上面，就是一字立骨。简练需要塑形。课要有"型"就需要有"课架"，这就需要立"骨"，一堂课要有一个主心骨，要靠这个主心骨立起课的架构，汇聚课的精气神。那文章的"主心骨"在哪儿？核心价值就是课堂的主心骨。一字立骨中的"骨"字是课堂的"主词"、"核心词"的形象说法，未必仅指一个字而已。它可以是课文中的一个字、一个词、一个句、一个片段，也可以是个借托，如对于课文有特定含义或指向的一个数字。这个数字可能不是内容本身，它只是个由头，用它牵一发动全身，举一纲而提全目，尽精微致广大。简练语文的课突出"骨"字，围绕"骨"字，思路清晰，不枝不蔓，课堂呈高度集中、聚焦状态，进而呈现出一种简练清爽的形貌。

我们说"一字立骨"得语文简练教学，但这不意味任意哪个字都能立"骨"，都能立得起来。"一字立骨"不是文字上的简单压缩，不能为"一字立骨"而"一字立骨"。立哪个字是有选择的，也就是说，"骨"字提取的背后还有个考量和取舍问题。

再从取舍角度考察《长恨歌》的立"骨"之字："恨"还是"长"？

前面说了，《长恨歌》如果用"一字立骨"来审视，这个"字"应该立在哪儿？包括编者大多数人下意识的反应都是"恨"这个字。于是大家都讲这个"恨"。由"恨"出发自然就引发了"讽喻说"与"爱情说"的以意逆志，但逆来逆去，索然无味，组织不起课堂。为什么？不是说这个"恨"不是文本的精华，这个文本不适合以意逆志。而是说，这个字如果是在语文的核心价值和隐性信息的前提下来考查的话，你会醒悟这个"恨"是不适合"一字立骨"的，因为它不是教学价值所在。"骨"字的选择落在长诗的表现力的检视上，就是"长"而不是"恨"。

先从显性信息和隐性信息角度看，"恨"其实还是显性信息："庭前望

---

① 张挥. 我的简练教学之路[J]. 中国教工，2019，(04)：42—43.

月伤心色,夜雨闻铃肠断声","恨"显而易见,明摆在那,谁都明白;"黄埃散漫风萧索,云栈萦纡登剑阁"这里的沉重的遗憾,融情于景的写法,学生是能感受的,也会关注的;"君王掩面救不得,回看血泪相和流""芙蓉如面柳如眉,对此如何不泪垂"……这些一看就懂。而"长"却比较隐,难以引起注意:"悠悠生死别经年,魂魄不曾来入梦""上穷碧落下黄泉,两处茫茫皆不见""昭阳殿里恩爱绝,蓬莱宫中日月长"……这里蕴含的天人永隔,绵绵无期,追天究地,两界寻觅,以致误生错觉梦幻的"长"恨要细细体味才能得到。

再从长诗的指向和重心来看,也是"长",是"此恨绵绵无绝期"的"长"。前半部分写"爱","爱"之极,既是为"恨"作铺垫,更是为"恨"之"长"作铺垫。因为,唯有"爱"之极才有"恨"之长,无此"极爱"何来"长恨"?至于后半部分则是直接写恨"长"了。所以通篇应该是落在"长"字上。而这我们常常不假思索地忽略。《长恨歌》是一首好诗,但是好诗不好教,逆志不好逆,吃力不讨好,学生不爱听。因为我们教在了"恨"字上,我们所教的,也是学生所不需要的。我们教到学生不稀罕的地方,学生知悉的地方去了。

因为这个"长"里有无穷无尽的挖掘,综上述,"骨"字应该为"长"而不是"恨"。[①]

5. 实现路径:取舍、挖掘。

课文内容无限丰富,句句经典,满目精华,你不可能面面俱到,即便就是核心,哪些是学生需要学的?哪些是学生不需要学的?换句话说,哪些是隐性信息,哪些是显性信息?需要甄别。简练教学要讲课文最有价值的部分,最有讲头的部分。要获得最有价值的核心,就需要取舍。因此,在某种意义上,简练教学就是有取舍的教学,简练教学艺术就是取舍艺术。简练语文教学设计要敢于取舍,善于取舍,巧妙取舍。

简练语文是为核心价值而教的语文,核心价值的确定格外重要,它是简练设计达成的前提,然而这个核心价值不是自来的,也不是教科书或某个什么权威封

[①] 张挥. 为适切的语文"教点"服务的文本挖掘和取舍[J]. 中学语文,2016,(07):34—37.

赐的,渴盼你的文本发现。简练语文的核心价值是为你的教学服务的独一无二的核心价值,就是说,这个核心价值,是"我的"核心价值,只有眼光独到、匠心独运、别出心裁的人才能获得;能成为简练要素"骨"字、切入、贯串等的来源的,都不会显见于文本,既隐含、暗藏、深蕴又微小、边角、不起眼,没有明示,无迹可寻,只有大美不言、富矿待挖,需要探求、审辨、斟酌、比较才能提取出来。这一切决定了简练语文实现的路径在于文本和教学内容的取舍和挖掘,要求简练语文要把更多的工夫用在教前的思考和忖度上。

以李密的《陈情表》为例:教"情"还是教"陈"?

《陈情表》一般都会讲"情"也就是"孝道"。"孝道"是文本的核心价值吗?当然是!是最适切的核心价值吗?很值得怀疑!起码我认为这个"孝"不是至纯至真的"孝",是作者搬出来用来做挡箭牌的"孝",是带有功利的"孝",是一个包装了的手段。我们大多数人忽略了这点,包括教材的编者。在"孝"字面前,哪怕你有再多的理由,说得再好,只要你把它与功利绑在一起,沾上另外的目的动机,我看也是不能容忍的,是不真实的(难道李密前朝为官的时候就没有尽孝的问题吗?)。所以文本的"讲点",最有价值的地方就不应该是这个"孝"字。事实上大家都讲"孝",作者陈这个"孝"情,不可谓不动人,但学生就是不感动,你不能怪学生。《陈情表》是篇陈腐气息很浓的文章。里面还残留了很多古代的奴性文化,如"生当陨首,死当结草"。通篇是个人私遇的倾诉,境界和层次都不高,而且没有担当精神,终究是逃避,当然很难引起学生的共鸣。教学实践上,我就否定掉了教参"钦赐"的"孝"这个"核心"。《陈情表》没了"孝"那还讲什么呀?怎样避开这个尴尬?这就要文本分析了。我们注意到没有?作者陈"情"之后,它的效果很好!最后晋武帝给足了作者面子。这给我们一个提醒,就是它陈的"情"不怎么样,但"陈"的实际效果很好!为什么好呢?这么一追问,文本的"教点"和价值就出来了——那就是作者面对困境时高超的"突围"技术。所以,笔者就抓住这个点切入进去,课的设计,课的核心,课的思路就都有了——我就讲"突围"两字,看一个孝子的"突围"!"围"在哪里?一是"臣欲奉诏奔驰,则刘病日笃,欲苟顺私情,则告诉不许;臣之进退,实为狼狈";二是"是以区区不能废远"。如何"突围"？一用一个"消"字突围，消除皇帝的猜忌；二用一个"情"字突围，打"悲情牌"，示苦、示弱、示不得已、示难舍等；三用一个"理"字突围，这个"理"是合情合理的"理"，这个"理"是两尽其美，先孝后忠的安排、提议，"是臣尽节于陛下之日长，抱养刘之日短也"。消、情、理，"三枪"齐发，可谓"三枪"拍案惊奇，因而收到奇效。以一"突围"切入，追溯下去，一字立骨，片言统贯，字词、内容、主旨、技巧等都带出来了。最后得出"突围"的方法：情理并发、两尽其美（折中）、委婉得体。最后小结：一个孝子的"突围"，"突"出了对祖母的孝情，"突"出委婉得体的表达，"突"出了"说服"、"劝说"的艺术。不是说文言字词教学和篇章教学不好融合吗？我用一个"突围"把两者融合起来了，什么都带出来了，从这个"突围"挖掘出了文本的"劝说"艺术的核心价值。既绕开了这个功利的"孝"，避免了在这个地方纠结，又呈现了文本确实存在的语文核心价值。"突围"这个"核心"就是为我的教学的"核心"了。[①]

《念奴娇·赤壁怀古》"初"字以为要的挖掘

《念奴娇·赤壁怀古》的名句"小乔初嫁了"写成"初"而不是"出"，就注定了"初"字是你要挖掘的那个字。

为什么这么说？

对于周瑜，如果说"赤壁之战"代表功业，"小乔"代表风流，"初嫁"就代表了他年少得意、青春风流。那这个"初"字就蕴含了无限的赏读空间：

1. "初"字彰显周瑜的得意风流。越是说周瑜的得意风流即越是突出周瑜的人生、功业的顺利，则越强烈反衬词人自己的人生崎岖，功业无就，年老志衰，悲慨徒生：言美女"初"嫁实要衬自己"终"郁。"初"字里有苏词"借古说今"一字寄托的寓意。

2. 不管"初"字是否"确实"，苏词却是一任意气抒发。原因就在"初嫁"，只借助耳，至于事实追究，只以"人道是"一语化过。"初"字里有苏

---

① 张挥.为适切的语文"教点"服务的文本挖掘和取舍[J].中学语文，2016,（07）：34—37.

词"借题发挥"强化主旨的挖掘。

3. "初"字在这里除"刚刚"外还聊附"新添"的意思。有了这个"新添","成婚"又"打胜仗",英雄还加美人。词人让功业有成、美人得归、豪气冲天、风流万千等人生所有得意之事集于周瑜一身,全力表现周瑜的喜上添喜,志得意满。"初"因而就在周瑜与诗人之间制造了巨大的落差,形成了鲜明的反衬。"锦"上添"初","初"与"锦"相遇,便胜过人间无数。"初"字便可以作烘托、渲染、反衬手法无以复加的玩品。

4. 赤壁之战,小乔已嫁。小乔"初"嫁了实为"出"嫁了,作者肯定是知道的,但为了这个反衬不惜把小乔的婚姻推迟到赤壁之战时,还有谁比得过苏轼这样的潇洒随意?"初"字可以作词人性格放达、任意、洒脱的欣赏。

由"初"字出发,你可以拽出词的借古说今、烘托渲染、挥洒随意等,尽得苏词的要点精髓,还有哪个字比得过这个"初"字?

讲《念奴娇·赤壁怀古》,一个"初"字就够了。因为这个"初"字有你想要讲的所有讲点。

"初"仅一字而已,但"初"字愧不了你的教学设计。

6. 外显样态:举重若轻。

简练语文属于大知闲闲、大言炎炎式的追求。简练语文着意厚重、内涵的目标,却又借助精巧、简便、单纯的途径实现。简练语文小切入大展拓,举一纲提全目,牵一发动全身,片言统贯,气定神闲,大道至简,表现出一种四两拨千斤的教学大略和气象。与之对接的是大度、从容的思维,与之相承的是轻拿、放松的状态,与之匹配的是自由、创造的姿势。故深纳智慧、策略之道的简练语文也必是形态上举重若轻的语文。这里的"重"指的是厚重的教学内容,这里的"轻"指的是轻松的教学方式。举重若轻涵括了简练语文的风范,是简练语文的样态标志。举重若轻不仅关涉样表,而且还关涉内质,透露不出举重若轻气度的语文不是简练语文。

《林教头风雪山神庙》是经典名著《水浒》中最为令人击节称赏的篇章之一,情节安排肌理绵密。草蛇灰线疑影重重,精巧处令人拍案叫绝,堪称鬼斧神工。其艺术表现摇曳多姿、精彩纷呈。有人说:林冲写得好,店小二写得好,"火"写得好,"雪"写得好……但纵有弱水三千,我独取一瓢饮,单只赏其中的一个"火"和一个"雪"字。

如何让学生对读书感兴趣、多读书这个问题一直困扰着我,听了张挥老师的课,我找到了答案。张老师运用勾连和跳读策略,引导学生掌握名著阅读方法,让学生知道书是可以这样读的。张老师以《西游记》为例,只用"下海"、"入地"、"上天"三个关键词撩拨和激发,就一下子让学生想起许多情节,找到自己感兴趣的阅读点,从而帮助学生梳理和牢记了《西游记》的主要内容;只扣一个关键词"信仰"就让学生一下明白了红色名著的真髓,让学生抓住了《红岩》整本书阅读的核心。手段很轻,达成的却是学生的阅读方法乃至人生观、价值观的形成,具有很强的指导意义。张老师的课举重若轻。(北京市中小学教师开放型教学实践活动教师评课)

三、简练语文架构自省

我对简练语文教学主张始终保持着一份清醒。我时常问自己:简练语文教学主张的缺陷与不足是什么?

考量简练语文教学主张,我以为有如下几个方面:理论的升华和凝练还比较弱,系统的理论支撑不够,解释力不足。体系还只是单薄的架构,不够丰厚。简练的普适性,与现今课程理念、新教材理念的对接与应用还没有充分展开。经验性的东西多,案例多,规律总结少。简练语文的学理妥帖性、逻辑自洽性和学科解释力还有待提升。

我已经意识到简练语文更适合经典文本的教学处理。经典文本的观照角度多,解读的空间大,简练有施展空间,其他文本怎么办? 其他课型如活动课、综合实践活动如何落实简练语文主张?

简练语文需要调适、嬗变和超越:让简练语文从教学走向教育。由教学技术上的简练语文走向教育教学的简练语文。

简练语文努力的方向:

1. 简练语义下的文本解读的技术描述:文本解读是简练语文设计的基础。讲好简练语文文本解读这个"故事"至为关键。

2. 简练语文的"学":简练语文的主张主要还是回答怎么"教"和"教"的立场。

对于学生怎么学没有直接回应。当前，育人方式变革的呼声很高，课堂教学正在经历着一场比较艰难的转型——朝着更注重学习、更注重学习研究和"以学定教"的方向嬗变。简练语文要更多地研究简练地"学"。

3. 核心素养下的文本和教学价值研究：我们知道，文本的核心价值不等于教学的核心价值。语文核心素养也不等于文本和教学的核心价值。核心素养背景下的文本价值和教学价值要重新定义。它们之间到底应该建立起一个怎样的认知模型？这是与时俱进的简练语文必须回答的命题。

3. 简练语文策招

一、简练语文的文本解读与"教点"的挖掘

简练语文是建立在文本深度解读基础上结构化教学设计的一种主张。因此，简练语文实施的前提和条件就是文本的深度解读。文本的核心价值、教学的核心价值也就是"教点"需要通过深度的文本解读发现和挖掘。简练语文的"骨"字、切入、贯串等要素也需要通过文本的深度解读才能获取。简练语文高度依赖文本解读。没有高质量的文本解读就没有文本把握上的高屋建瓴、居高临下、云淡风轻，也就不会有简练语文要素提取的思路和角度。

反过来，文本解读在简练目标的任务驱动下也会进步，形成双向互动。简练需要筛选、取舍，投入更多的思考，解读就需要浓缩、提炼。这间接引导我们去重新发现文本，洞悉文本。简练促使你去探寻、接近核心价值，思考最核心的东西，最终你抵达简练了，也就追寻到了文本最核心的地方去了。

基于此，服务于简练语文教学需要，以凝练简练语文要素为目的的文本解读与"教点"挖掘，除遵循一般课程理念和阅读规律外，还应特别突出和强调如下操作要点：

1. 发现眼光。
2. 核心素养、大概念思想，全局思维，结构化思维。
3. 文本深读、细读。关注细节、线索。
4. 从小处着手。关注不经意之处，从寻常里读出不寻常。
5. 关注文本中那些能起总摄、提领、牵带作用的阅读元素。

在这里我们以《笔闲意不闲的阿牛》《中学语文课本中"饭局文学"赏读》和《肃读〈我与地坛〉》为例,在实操层面具体示范简练语文的文本解读和"教点"挖掘。

解读示例一:为获取小巧教学切入口的文本解读

笔闲意不闲的阿牛[①]

一说到鲁迅《祝福》中的"阿牛",肯定会有很多人一脸茫然:"阿牛"是谁?确切地说"阿牛"是鲁四老爷与四婶的儿子,是小说的过场人物。小说在祥林嫂被抢后有这么一句:"这一天是四婶自己煮饭,他们的儿子阿牛烧火。"最后又提到:"冬至的祭祖时节,她做的更出力,看四婶装好祭品,和阿牛将桌子抬到堂屋中央,她便坦然的去拿酒杯和筷子。"这两处描写仅是一般的交代,而且都在不起眼、不经意的地方,对小说的主线和情节都没有直接影响和关联。难怪若是一掠而过的话就会把它给"忽略"了。但这显然是一处非常典型的"闲笔"。

那么什么是"闲笔"呢?童庆炳给出了一个完整的概述:"所谓'闲笔'是指叙事文学作品人物和事件主要线索外穿插进去的部分,它的主要功能是调整叙述节奏,扩大叙述空间,延伸叙述时间。丰富文学叙事的内容,不但可以加强叙事的情趣,而且可以增强叙事的真实感和诗意感,所以说'闲笔不闲'。"[②]

照此说法,鲁迅应该是写闲笔的高手,他也喜欢用。对于鲁迅来说,闲笔是信手拈来中的笔底乾坤,我们在他很多作品里领略过——

《从百草园到三味书屋》开头那句"现在是早已卖给朱文公的子孙了"和结尾处说的"后来,为要钱用,卖给一个有钱的同窗了。他的父亲是开锡箔店的;听说现在自己已经做了店主,而且快要升到绅士的地位了"的题外话;《社戏》里"即使偶尔吵闹起来,打了太公,一村的老老小小,也绝没有一个会想出'犯上'这两个字来,而他们也百分之九十九不识字"中"他们也百分之九十九不识字"和"犯上"的两处额外说明;《阿Q

[①] 张挥. 笔"闲"意不"闲"的阿牛——也说《祝福》中的闲笔[J]. 语文学习,2011,(05):39—41+3.
[②] 童庆炳等. 现代学术视野中的中华古代文论[M]. 北京:北京出版社,2002.

正传》首章序中,为阿Q作传所作的一番考究等等:无不是大义深藏独隐,匠心旁逸斜出;信笔随手,言外有旨,延伸展拓,借题发挥。

阿牛的安插一如鲁迅闲笔的风格。那么,作者制造这么一个人物的"大义"与"匠心"又何在呢?

一、阿牛加强了对阿毛的提示和对比

阿牛的出现能让我们想起祥林嫂的儿子阿毛。他们有太多相似的地方:都很乖巧、听话、懂事,都一样小小年纪就学会了给家人帮忙,一个帮妈妈烧火、搬桌子,一个帮妈妈剥豆子。因此,阿牛对阿毛有很强的提示性。相似的生命却有着截然不同的境遇,阿牛的设置加强了这种联想和对比。尤其值得让你想象的是,有着失子之痛的祥林嫂整天要面对着像阿毛一样的阿牛,心里该承受着怎样的煎熬?所以,有了这个人物,就可以扩大小说的叙述空间,同时还能调节叙事,使故事更具真实感和情景性。阿牛虽是个过场人物,与小说的主线,人物的命运、走向没有直接关系,但却是不可或缺的,它是作者的一个用心和机巧。阿牛的名字、脾气、表现无不提醒读者:他身上有着阿毛的影子。幸福的孩子都是一样,不幸的孩子各不相同。这无形中增添了小说的悲剧意味。

二、阿牛是个形象化的注脚

阿牛是在什么情况下出现的?是在祥林嫂被婆婆抢走后。在此之后,才有了四婶的下灶,阿牛的烧火。全家能动员的力量都被调动起来了,上下忙得不亦乐乎。这说明什么?说明鲁家离不开祥林嫂!没了祥林嫂一家就弄得一团糟。故此,阿牛的设置和相关情节的交代就为后面鲁四老爷再次接纳祥林嫂埋下一个伏笔,作了一个铺垫,也为四爷接纳祥林嫂的真正原因添了一个形象化的注脚,对小说揭露鲁四老爷的本质起到了解释的作用。

三、阿牛作为小孩以无邪映衬着大人的可恶

细心的读者会发现,《祝福》里的大人几乎都是作者鄙视厌恶或批判的对象:鲁四老爷、四婶、柳妈……甚至包括祥林嫂本人!唯有两个小孩例外,那就是阿牛和阿毛。他们不但没有受到谴责,甚或还透露出作者难得一见的喜爱之情。你尽可以在脑海里浮现这样的"电影":吃力烧火的阿牛,把自己弄得灰头土脸、满头大汗;听话的阿毛一双嫩手专心剥着毛豆……这分明是两个可爱的形象!为什么在小说里会有这种态度上的区别?是"即事成篇,别无寓意"吗?那么惜墨如金的作者,会随便弄出一个阿牛来挥霍这种无谓的安排吗?其实,根本上说,就是因为小孩是无邪的!而大人就不同,大人都是带着观念的人,所以作者反感。制造阿牛,有了两个小孩的无邪就更加能凸显大人的可恶,就更加能鲜明地表明小说的指向和主旨,印证小说的用意:作者塑造形象着意于人身上的那些观念和意识。

四、阿牛让我们看到传统观念代代相传的生动情景

四婶宁可让儿子帮自己去抬那旧式沉重的桌子。这不是在渲染孩子的听话和可爱,更不是什么漫无边际的"冗笔"。这里照见的是四婶对"忌讳"的重视和想阻止祥林嫂沾边的坚决态度,烘托出来的是她执行习俗的"认真"和虔诚。阿牛与其说是起到帮衬四婶搬家具的作用,不如说是帮衬四婶再现了一个精神杀人的过程。而且你还能挖掘:如此濡染着鲁家"家风"而又"听话"的阿牛将来难保不会是下一个鲁四老爷。这就还让我们直观地看到了传统观念是如何代代相传、潜移默化的!

貌似游离的阿牛竟有如此的玩味和深刻,你不能不惊叹鲁迅"闲笔"技巧的高超。由此看来,《祝福》是不读到字穷处不足以完全领会其神髓的。

其实,在《祝福》里,像这样的"闲人"何止一个阿牛?小说中的短工、小叔子、大伯、庙祝等何尝不是?

顺着这个思路,你会惊奇地发现"阿牛式"的笔法在小说中还能找出很多。不光有"闲人",还有"闲话"。祥林嫂姓什么的交代就又是一例:"大家都叫她祥林嫂;没问她姓什么,但中人是卫家山人,既说是邻居,那大概也就姓卫了。"顺手的一提却让人们知道了祥林嫂其实是有姓的,并且祥林嫂姓什么对于人们来说是无所谓的!然而这个看似的"闲话"却不同寻常。你想,既然祥林嫂姓卫,可是人们却为何不沿用惯例,像柳妈、卫老婆子那样而称祥林嫂为"卫嫂"?为何"没问她姓什么"?不仅如此,小说竟还要两次强调鲁镇人仍然叫她祥林嫂。

这是故意的龃龉!其潜台词是:祥林嫂姓什么并不重要,重要的是

她是祥林的人！我们都知道，"祥林嫂"是个带有很鲜明的夫权色彩和印记的称呼，意谓着祥林嫂走到哪里都是亡夫祥林的人。这里，祥林嫂没有了自己，只有夫权的信息和烙印。因此祥林嫂姓什么的交代就有了特别的意义。祥林嫂的称呼为什么有别于其他人？说到底就是因为祥林嫂死了丈夫！人们也许是无意识产生的一种称呼习惯，然而正是这种无意识透露出夫权的传统。祥林嫂姓卫，丈夫祥林死了却还被呼之祥林嫂，鲁迅就是要让你把这些东西联系起来，予以提醒和揭示，让你看到围绕在祥林嫂周边无处不在又如影随形的夫权的文化氛围。

真可谓是于无痕处起云烟，笔落"闲"处意不"闲"！

纵观鲁迅的闲笔，特点鲜明，风格殊异，不妨总结如下：

1. 以闲笔示人，暗藏机巧和用心。用不经意作掩护的深蕴，看似漫不经心实则在后面埋伏了极巧妙的布置和安排。

2. 精简的丰富。寓丰富于简单里。简单的勾画，简单的交代，简单的提及，着墨不多，往往一笔带过，容易让读者忽略，但一旦注意到了就会令你探索不已，欲罢不能，越琢磨越能源源不断地挖掘出其中的深意。

3. 故意省略而达到的集中和聚焦。比如鲁迅小说笔下的人物总没有具体的名姓，这其实就是一种省略。有意省掉多余的交代以使你把注意力更多地放到人物的行为和本质上，以达到获取类型的目的。

4. 闲笔中有"闲人"，也有"闲事"、"闲话"、"闲谈"等；有顺手一提，也有休止、打岔、插说等，形式多样，手法多端。

总之，读闲笔，一定要读鲁迅。读《祝福》，读鲁四老爷，更读阿牛。

(本文原载《语文学习》2011年第5期，有改动)

有了这样的文本解读，《祝福》小角度切入的简练教学设计还有困难吗？

解读示例二：大概念、大单元视角的文本解读
中学语文课本中"饭局文学"赏读[①]

文人喜写饭局，这从人教版高中语文教材的篇章中可知。课文里著

---

① 张挥. 中学语文课本中的"饭局文学"赏读[J]. 语文建设,2012,(19):58—60.

名的饭局略算过来就有8个之多,即:鸿门宴、兰亭会、秦赵渑池之会、贾母宴黛玉、陆虞侯饭间密谋、王勃滕王阁躬逢胜饯、白居易添酒回灯重开宴、苏轼赤壁泛舟举酒属客等,以前还有一个群英会。为何文人钟情于饭局?也许有人会说,那是势之所成,那场饭局本来就等在那儿,那就是历史和事实呀。看似如此,又不尽然。君不见,很多时候,文章本意是要写对局,写争斗,写算计,写礼仪,写江湖,写其他事的,但写着写着,就来了这么一个饭局,结果情形顿时改变,最后,文章的精华全落在了这里。文章反倒因饭局而生辉,饭局成了文章的核心,文章最精彩的部分。这就不是用自然而成、顺理成章能解释得了的。因此,我们就不能简单拿顺势来赏读了。显然,饭局是作者着意为之,某种意义上说就是冲饭局而来的。这样,又有人要问了,那到底为何要这样写呢?追究起来,个中原因,无关美味,无关舌尖,无关味蕾,无外乎还是写作的需要!写作上什么需要?写场合、场面、场景的需要!因为,这些饭局关涉着场合,暗扣着场面,支撑着场景。饭局能成为聚集众人的由头,能呈现多方立体的态势,能非常容易地产生氛围。那么,要托举场面,要串联大众,要制造氛围,要写群体形象,饭局就必不可少,就是最佳选择。更何况宴饮相聚本来就是古代相对单一的物质生活中,最常见、最频繁的一种生活方式。

以《群英会蒋干中计》中的"群英会"为例:表面觥筹交错、大笑畅饮,背后却是阴谋算计、明争暗斗、示形诈敌、虚实变易、颠杨倒柳、亦醉亦醒。一场群英会直把周瑜、蒋干等一干三国人物刻画得淋漓尽致,笔法惊呈三挫三愕,起落有致;铺叙承应,层次分明。

再比如《廉颇蔺相如列传》中的秦赵渑池之会。只觉眼前针尖麦芒、紧张激烈;惊心动魄、张力十足。其人物意态词锋,神形兼备;擒纵攻守,披沥无遗。然而别忘了,如此丰富的内容其实也是安排在一场简单的宴席中干脆利落地完成的。

细观这些饭局,你还会有一些有趣的发现:

一、饭局几乎都不上菜,越著名的饭局越看不到菜!而且,只论酒不言菜或重酒轻菜。饭局本身交代都极其简省。

比如,陆虞侯饭间密谋那段,极尽谲异吊诡之能事:藏头露尾、若隐若现;扑朔迷离、悬念不断。然而,整场饭局,除了叫酒、上汤之外,绝不见一盘菜肴,甚至连菜的影子都没有。反倒是林冲在庙里自吃的时候还特意不忘道明下酒菜是一盘熟牛肉。

再如,鸿门宴径说"即日因留沛公与饮",饭局就开场了;兰亭会只云"一觞一咏,亦足以畅叙幽情"就解怀欢饮了;"渑池之会"一句"秦王饮酒酣"就把款宴轻轻带出了;贾府但言"贾珠之妻李氏捧饭,熙凤安箸,王夫人进羹"就把饭席布下了;王勃谦语"童子何知,躬逢胜饯"就把"盛筵"幸承了。此外,有关饭局本身你还能得到其他信息吗?你还见得到席间一盘美味吗?

按理,吃饭上菜,天经地义。为何会这样呢?

席间无菜,那是因为菜是个累赘,交代多了反而干扰叙事。菜无关情节,无关内容。只说开宴,不提也暗扣着菜,所以只需虚位支应。

不过,饭局对菜如此吝啬,对上酒却是念念不忘,不惜泼墨重提。鸿门宴有"卮酒"、兰亭会有"觞酒"、渑池会有"竟酒"、《琵琶行》开宴有"添酒"、苏轼泛舟属客有"举酒"、《滕王阁序》王勃更有"气凌彭泽之樽"。

酒为什么反倒成了逢宴必上的一道程序和元素呢?大家都知道酒的作用,酒能提神,酒能助兴,酒能解闷,酒能使人放达,酒能使人陶醉,酒能使人乱迷,酒能使真情毕露,酒能活跃气氛,酒是最好的调节剂等等。这样想来,就好理解文学里席间少不了酒的原因了。因为场面就需要这个。于是,饭宴始终,充溢着浓浓的酒香。觥筹交错,不仅让你享受了酒的醇美,宴饮的雅趣,还处处提示着饭局。

这样看来,说到底,重酒轻菜还是取舍的需要,舍菜上酒的奥秘实是文学取舍的艺术。

还记得吗?我们曾亲赴过一场乾坤扭转奠定历史走向的著名饭局,那就是鸿门宴。按理这么一场著名的饭局该上多少让人垂涎欲滴、眼花缭乱、经久难忘的佳肴呀。然而从头到尾、自始至终你看到一道菜没有?没有!一道菜没上却能让你吃得杀机四伏、惊心动魄、跌宕起伏、津津有味,这是何等高超的写作艺术!为什么一场饭局连一道菜都吝惜不给呢?不是小气,是人家"吃"的根本不是菜而是场面。饭局只是一个"幌子",一个托架。托起一个对局,借你这张饭桌唱大戏而已。因为着眼点在场面上,所以,有饭局的指向即可,将菜一概略去。这就是取舍!舍弃一切无关的,突出要表现的。舍弃了菜成就了宴,这就是"饭局文学"!这样看来,某种意义上说,"饭局文学"给我们的启示就是:写作即取舍,取舍即写作!

再如贾母对林黛玉的宴请。这餐饭也不知菜为何物,整一个段落,直接提到饭局的就"寂然饭毕"四个字。然而,却吃出了黛玉周围"敛声屏气,恭肃严整"的氛围,吃出了贾母在贾府享受着无上供奉的地位,吃出了膏粱锦绣之家繁文缛节的礼仪,吃尽了文学的美味!

二、这些饭局基本都集中在中国古典名著上,汇聚、凝结着中国古代文学最经典的手法

上述饭局基本都出现在古代名著上。为什么古人特别喜欢饭局?这与中国古代文学的特性密不可分。古代文学喜渲染、烘托、虚实、详略、正侧、对比、抑扬、悬念、埋伏、蓄势等,其中,诸如烘云托月、草蛇灰线、铺垫暗示、伏笔照应、点面结合等等是古代文学创造出来的一些最为经典的表现手法。而宴席最能容纳,是这些手法一逞能事的好载体、好舞台。

贾母宴请林黛玉,这餐饭不仅吃出了赞叹,吃出了玩味,吃出了高超,而且,如此描写还为后面以她为中心继续展现贾府的奢侈荣华作了一个绝好的铺垫。对于铺垫暗示技巧而言,顺手而得,化迹无形,臻于至致。

《林教头风雪山神庙》中的陆虞侯酒店饭间密谋,用饭局作托架,不仅表现了这伙人鬼鬼祟祟,说话偷偷摸摸,手段卑鄙阴险的一言一语,还能搭上这个场景里非常重要、不可或缺的角色——店小二夫妇。这样,就让小说的侧面描写、语言描写得到尽致的落实和发挥:一切都无需直接说出来,不必平铺直叙,只借店小二夫妻的观察,从店小二妻子的耳朵听去,侧面得出。以此产生似隐似现、曲折起伏的效果,从而扣人心弦。在这里,一场饭局就是一个江湖,这是对饭局何等巧妙的依托!真是令人击节称道。

且这种饭间格局还非常有利于烘托做贼心虚、交头接耳、窃窃私语、疑团重重等表现，从而堆叠起悬念，蓄积起文势，推动着情节。同时又跟后文林冲庙外偷听一节的真真切切、一字不漏形成强烈对比和照应，各自服务着所在部分的写作目的。更有在"偷听"方面，因饭局是公开场合，有顾忌，听得含糊不清而"略"，还有庙外为激起林冲的冲天怒火和说话人无所顾忌听得句句切实而"详"，产生详略得当效应……真可谓万般手段汇聚饭桌！

一场密谋小聚，集对比、照应、悬念、铺垫、渲染、烘托、蓄势、正侧、详略等手法于一席，世间还能见到这样"丰盛"的饭局吗？

三、饭局都是文章最精彩、最耐人寻味、最津津乐道的部分，而且有的还成了文章故事的关节点、紧要点

谁能想象，《鸿门宴》要是没有了项王与沛公留饮，这场戏要怎么开演，人物的较量又将如何施展？《廉颇蔺相如列传》要是没有了渑池会，传记如何去呈现"无韵之离骚"的叙述，又如何去树立和丰满蔺相如智勇兼备的形象？《林黛玉进贾府》要是没有了贾母宴请林黛玉，读者还能怎么看出这个簪缨世家的钟鸣鼎食，宝塔尖顶人物的无上威仪，又如何端详贾府上下的典型环境？《林教头风雪山神庙》要是没有了陆虞侯一伙闪进酒店吃过那蹊跷万端的饭菜，又如何能绵密细致勾连小说前后，推动故事情节？

苏轼的《赤壁赋》一言以蔽之，其核心结构就是主客问答，其核心抒发就是超脱与放达。而这都离不开酒宴。喝酒吃饭就此成为行文的必然选择。因为酒宴刚好能满足上述这两者的需要。酒可聚人说话，主客问答的格局便有了；酒可助兴忘忧，于是，积郁的情绪可如江水东去之宣泄。"举酒属客"便是这篇辞赋的关节和要点。

《林教头风雪山神庙》的密谋饭局是埋伏，是为后面揭示谜底作的准备；是暗示，暗示着来者不善，暗示暗流涌动，暗示即将掀起冲天巨澜。所以也是小说至关重要的节点：首先，就为读者由于替林冲的命运担心、揪心，捏着一把汗而产生阅读的紧张形成小说的吸引作出了贡献；第二，它把小说很多丰富的内容都串连起来、照应起来。没有这个饭局，后面

人物的走向势必迷茫无知;第三,为后面的情节安排做了很好的铺垫。店小二和林冲为防范陆谦而各自所作准备的情节得以展开,用林冲在此间"先急后缓"的表现来突显他"隐忍"性格的意图就得以附寄。第四,还为小说重要人物陆谦令人印象深刻的出场提供了足够宽大的场所和舞台。最后,也为设置店小二夫妇这两个小人物的形象找到了理由和作用。这样的饭局怎能不让人叹为小说的紧要和关键?

故说,饭局,对于生活,是大事,是"性也";对于文学,是味道,是赏读的切口。

有了这样的大概念的文本解读,开展围绕"饭局"专题的群文简练教学还会有问题吗?

(本文原载《语文建设》2012年第19期,有改动)

解读示例三:为核心价值挖掘和提取的文本解读

肃读《我与地坛》[①]

《我与地坛》是作者生命经历中最艰难一段的忠实记录。不仅如此,在这里,还融入了作者对人生的大量的独特的思索和体验。剧痛之后归于沉静,躁急之后趋于平息,一切都看得那么透亮、澄澈。无意作高深,却句句是禅悟和玄机;只想展示自己的卑微、脆弱,却让人感到生命的韧性和伟大;不为夸饰、炫耀(像是只讲给自己听),完全专注于坦剖和自责。舒缓的拾掇,把你带进入一个感情世界,不经意中便跟你交流了他的悲哀、遗憾、追悔……

文章实际由两个相对独立的部分组成。前一个部分(1—7段)主要说"我与地坛",后一个部分(8—17段)则主要是说"我与母亲",但仍与地坛保持着一种远远的呼应关系。作者一路缓缓道来,似乎不在讲述自己的故事,而只着意于故事所引发的思考。故往往是在每段的开头才有那么隐约的寥寥的交代:"它等待我出生,然后又等待我活到最狂妄的年龄上忽地让我残废了双腿"、"自从那个下午我无意中进了这园子,就再没

[①] 张挥.肃读《我与地坛》[N].新课程报·语文导刊,2006-09-12(5).

长久地离开过它"、"两条腿残废后的最初几年,我找不到工作,找不到去路,忽然间几乎什么都找不到了,我就摇了轮椅总是到它那儿去,仅为着那儿是可以逃避一个世界的另一个世界"、"剩下的就是怎样活的问题了"……尽管一笔带过,却提示了文章的思路顺序,同时,又成为之后大片意绪发散的出发点,使得散漫的意绪拢了起来,叙述上获得了"边叙边议"的效果。在这种方式下,作者的议论汩汩而出。后半部分的"我与母亲"则像是一种"意识的流动"。疏落的结构,"触发点"成为串连的线索,反复穿插、切换在回忆与现实之间,由一个意绪带出另一个意绪,但所有的意绪都始终指向母亲,从而把一些看似琐碎的思想片段贯穿成一个浑然的整体。作者几乎是以一种遥想的方式寄托他的心境。

　　作为人生絮谈,本文写得尤其沉静、真切、朴实、细腻。始终以不紧不慢的语气述说他对生命的冥想,哪怕是说到最痛楚的时候,也不流露情绪上的起伏,让你看到成熟的稳重。直如自语的交谈,显示出他毫无保留地坦荡和诚挚:"我真想告诫所有长大了的男孩子,千万不要跟母亲来这套倔强,羞涩就更不必,我已经懂了可我已经来不及了。"作者在展示观察和体验的同时,也展示了他的惊人的细腻和文人气质,这种细腻来自于他的探索思考的执着和专注,似乎他只一心于解读,一刻不停地全神贯注地想他的事情:"譬如冬天雪地上孩子的脚印,总让人猜想他们是谁,曾在哪儿做过些什么,然后又都到哪儿去了"、"譬如秋风忽至,再有一场早霜,落叶或飘摇歌舞或坦然安卧,满园中播散着熨帖而微苦的味道"……这种细腻还表现在他那种特殊心理下的敏感和从母亲那里获得的感应:"有一回我坐在矮树丛中,树丛很密,我看见她没有找到我;她一个人在园子里走。走过我的身旁,走过我经常呆的一些地方,步履茫然又急迫。"

　　通篇没有什么惊世之语,但往往在拙朴的细诉中不时涌出一个个隽永深长、意味无穷的语句:"味道甚至是难于记忆的,只有你又闻到它你才能记起它的全部情感和意蕴"、"这园中不单是处处都有过我的车辙,有过我的车辙的地方也都有过母亲的脚印"……

　　故阅读建议:

1. 倾听一个孤独的伤残者的内心独白，感受作者自卑绝望、抑郁怅惘的心境和从中禅悟人生、重获启示的心路历程。

2. 体验在从容、沉静的叙谈表面包含绵绵思绪和丰富哲理的叙述方式。

3. 从"地坛"的意蕴入手把握文章的寄托。"地坛"是作者的一个"缘"，更是一个不散的"情结"。在文章里，地坛的意义，不仅在它与作者朝夕相处，"同呼吸共命运"，成为他生活的一个组成部分，更是他的"精神家园"。这里容载了他的生命感受。理解了"地坛"的寓意即理解了作者的情感的全部。作者赋予了这个"园子"以特殊的意味："在满园弥漫的沉静光芒中，一个人更容易看到时间，并看见自己的身影"，地坛象征着他的情绪心境，寄托了他关于天地岁月的理解。

4. 通过解读母亲来解读文章的人生启示。事实上，作者获得对人生的启示，走出自私、狭隘的阴影是从他观察体验母亲开始的。母亲是一面镜子，照出自己的冷漠的心理，母亲是一种力量，给了他生命的韧性。从这点出发，你既理解了作者写作的用意，也明白了启示的内涵：文章是献给母亲的颂歌。

5. 把握、领会文章中表意含蓄的重点语句。文章中的这些语句包含了无限丰富的信息，也让人玩味。"地坛离我家很近。或者说我家离地坛很近"，这不是饶舌，而是作者卑微心态的写照；"她心里太苦了，上帝看她受不住了，就召她回去"，既有哀痛，也有赞美，更有祈祷和祝愿！

（本文原载 2006 年 9 月 12 日《新课程报·语文导刊》，有改动）

有了这样的文本解读，《我与地坛》教在"核心"上的简练教学设计不是呼之欲出吗？

二、简练语文的备课

简练语文以轻松的课堂形态示人，别产生一种错觉，以为简练语文的过程也是简单的。恰恰相反，由于简练需要挖掘、凝练、探寻、发现、甄别等，在简练的每一个环节上都会有痛苦的打磨，获得的背后异常艰辛，其实一点也不简单。从简练语文的文本解读就可见一斑。简练语文，结果是简，过程实繁。

不简单才会有简练。简练之义本身就是化繁为简。

如何化繁为简？简练语文主张借助。尤其是备课环节。唯有借助才得简练。借助既是手段、方法，也是简练的本义、应有之义，是简练语文的精髓之一。故简练语文的备课突出一个"借"字，靠借助让语文备课简单。

如何借助？

1. 引任务群和群文教学理念备课。

从引参考文章备课说开去——

2020年9月开学王俊鸣老师在他的"谈文说艺"公共号上推送了一篇推文《〈立在地球边上放号〉简说——献给新教师新学年的一点小礼物》（以下简称《简说》）。[①]

虽然王老师谦虚地称推文为"小礼物"，然而，这对我们的备课来说不啻一份大礼，为什么这么说？

仅凭上述文字，你就足以备出一堂简练清晰而又精到的课。

这里，我们演绎一下用《简说》备课的过程，就能证明这点。

备课前，我们肯定要反复地这样问自己：文本的核心价值是什么？教学的核心价值是什么？这样一个文本我们到底教什么？教点在哪里？

那么，《立在地球边上放号》的文本的核心价值是什么？

王老师的《简说》很精当地告诉了我们——1. 中国新诗的代表性作品。2. 它以崭新的内容和形式，表达了"五四"时期狂飙突进的时代精神。3. 一个"力"字统领全篇，完美而清晰。

再问教学的核心价值。也就是这样一个文本，教什么？有哪些教学价值？哪些可教、该教，哪些不需要教，也就是合理的教点是什么？

《简说》为我们做了这样的挖掘——(1)这首感情激荡、一气呵成，如火山爆发喷涌而出的诗歌到底有没有逻辑和层次？是不是仅仅只是情绪的无章法地任意宣泄？(2)在贬抑这首诗为"干嚎"的语义下，如何对这首诗进行审美？(3)全篇颂赞的"力"的领会。

[①] 下文提到的核心观点见：王俊鸣.《立在地球边上放号》简说——献给新教师新学年的一点小礼物［EB/OL］.（2020 - 09 - 03）［2021 - 8 - 09］. https://mp. weixin. qq. com/s/DYDgIU6y2Tcog31eGrU4sQ.

每一个挖掘都是有挑战、又诱人的教学追求。

在此思考的基础上,我们不难借助《简说》开列出一份教学清单:

① 诵读　　　　　　　　　　√

② 诗句理解

　　题目　　　　　　　　　×

　　前四句　　　　　　　　×

　　五六句　　　　　　　　√

　　第七句　　　　　　　　√

③ 全篇颂赞的"力"的领会　　√

④ 诗歌的逻辑、思路、层次　　×

⑤ 诗歌的时代精神　　　　　√

⑥ 诗歌的主题　　　　　　　√

⑦ 诗歌狂飙突进的风格　　　√

对着这份教学清单我们不妨做一下备课前的功课——审视、研判:哪些可教?该教?哪些容易解决?哪些有障碍?突破点在哪?

依照《简说》的解说,你很容易获得审视、研判的取舍结论(见上勾叉):"题目、前四句的理解"和"诗歌的逻辑、思路、层次"不容易解决,不仅有学习障碍,而且是突破点,甚至,它们在教学上还能起到"片言统贯"、"牵一发而动全身"的作用,因此,它们无疑是本课的教点。

有了上述思考,一节简练、切中要害的课还难备吗?

这又自然引出了另外一个话题——任务群来了,核心素养语义的语文备课,该怎么做?

通过借助《简说》备课的演绎展示,我们能得到什么启示?

(1)与有真知灼见的文章"遇见"。真正有用的人和文章总是寂寞的,热闹的东西基本是没用的东西,要找那种"有用"的文章来备课。

(2)顺势转化,练成借靠一篇文章就能转成一个教学设计,备好一堂课的功夫。

(3)一字立骨对于课堂是个太好的东西,任务型教学设计也需要一字立骨。

(4)按照自己理解的新概念教你的新教材。

（5）任务群教学之类的概念并不优越，不管它被神吹到什么地步，始终保持自己的教学定力，再有"优越感"的任务群教学也只是教教材的方法，而且只是地位与之相等的许多方法中可选的一个，不是教材本身。不具有教材的地位，不是非用不可。

由此，提出我的任务群教学观：

（1）任务群教学，目前无论谁都没有真正给它下过一个定义，都是自话自说，以自己的理解解释这个概念。综述目前主流说法，"任务群"有以下三个含义：第一，专指"文学阅读与写作"、"当代文化参与"、"跨媒介阅读与交流"、"思辨性阅读与表达"等18个语文素养点。第二，群文教学。把单元里的文本找到一个关联群来教学。第三，在进行单篇教学时，设计一组带情境的问题或做一群任务。但这个说法，跟过去的问题设计的"大问题"本质上差不多。这三个"任务群"的含义往往又是混说的。

（2）主张：能"群"多少是多少，"群"一个也是"群"，两个也是"群"，能"群"一个就一个，能"群"两个就两个。把握一个原则，不为"群"而"群"，不勉强"群"，牵强"群"。有多大的本事做多大的事。

（3）单篇教学里也可以"群"，也算"群"。不要神化"任务群"，实际不可能像培训专家说的那样，"任务群"有太多的想象、想当然的成分。

（4）一般是群不好的，永远都是小众手段。不会因你推广、培训而走入寻常百姓家。

（5）任务群教学可以用，有它的价值，不是一无是处。很能锻炼人，能练教学功夫。

具体以统编版必修上第一、二单元的备课为例。

基于以上任务群观，尝试必修上第一、二单元的备课，备课审视的结论和策略如下：

第一单元：基于对经典的致敬、有挑战性、能训练人、能练教学功夫等因素的考虑，全部单篇教学，单讲，重讲。任务群教学采用上述第三种含义理解。

第二单元：大单元整体设计，任务群教学，合讲，群讲，轻讲。任务群教学采用上述第二种含义理解。

教学上总想去靠单元主题，对于这两个单元恐怕尤为不合适。统编教材的单元主题设定基本没有教学上的参考意义。它是教材编写者设定的主题,但不完全就是教学主题,大部分沦为教材组元找的一个理由和借口,是说给教材自身听的,没有考虑文本本身和教学。(一篇课文在事先没告诉你在哪个单元之前,你能准确判断它在哪个单元吗?没告诉你主题前,你能判定它属于哪个主题吗?)

接下来思考"群"和"怎么群"。无外乎如下:

① 教材单元和单元主题　　×
② 文本内容　　　　　　　√
③ 考试检测　　　　　　　√
④ 教学方法和手段　　　　√

依据客观分析,作出以上判定。

为什么这么判定?我们常常被单元主题带偏。总想往单元主题上靠。不管什么情况,不管适切不适切。刻意"群",硬"群"。

必修上第一单元是"青春"主题,于是讲什么都离不开"青春",都要往这里拽,不管牵不牵强。作品写到了"青春",不见得作品的落点、主题和表现就是"青春"。单元主题不等于具体每篇作品的主题。单元主题只是组元的线索和依据,仅是组元理由的一个说法。统编教材很多单元提炼出来的主题是没有内容意义、教学意义的,而且也不是具体的单篇课文的文本核心和教学核心。你不会往那个方向去教,教《沁园春·长沙》你去教"青春",会很偏,很怪,很没感觉。《哦,香雪》写了几个小女孩就是写"青春"吗?试想一下,在没接触到统编教材必修上之前,我把第一单元7篇课文给你,提炼它们的共性,你会想到"青春"两个字吗?

任务群教学,对学生的要求是很高,但课前的铺垫和准备是要很充分的。因此,备课你要评估一下,我的教学现状是什么?我有没有学生的条件?有没有这个准备的时间?要清楚任务群教学的要求和特点。任务群教学落点在学生学习的自我发现上,促学特点突出。内容学习是素养层次要求,任务是综合的,驱动是追求效应的。

考虑简练语文的介入任务群教学简练语文备课的思路、步骤:(1)找单元课文的共性和串线,提炼能笼罩、统贯本单元所有篇目的核词(非单元自定的人文主题),以此确定单元的大概念和教学切入点。(2)设计、开列在本单元确立的核词和大概念下指向某种语文核心素养的训练和学习的任务清单。陈列任务若干(有指向宏观的、有指向细节的；有层次、有梯度；结构化）。③以任务单为中心，围绕任务单，按照包含环节、步骤、用时等要元的思路，将任务单设计转化成单元的教学安排，然后开展单元的群文教学。

2. 借助文本解读资源备课。

借助文本解读的专业文章（这样的论文可以从中国知网搜索到）的观点和分析，启发教学设计，提出问题、思路，生成教学环节，最后完成教案化"转译"。以借汪洋老师的文本解读文章《作者到底有没有同情菲利普夫妇？——关于〈我的叔叔于勒〉解读争议的思考》[①]（以下简称《作》文）备《一封信里读乾坤——〈我的叔叔于勒〉小角度切入简练教学设计》为例（对应比较横线内容体会"转译"）：

一封信里读乾坤
——《我的叔叔于勒》小角度切入简练教学

教学目标

1. 小角度切入，小处细读，从一封信里读小说的布局谋篇、用意主旨。

2. 欣赏小说的讽刺艺术。

3. 领会文本细读的方法。

教学过程

一、引出

1. 小说中有几封信？一封信里读乾坤，这封信会是哪封信？

2. 这样一封信，我们怎么读？我们读什么？能读出什么？

3. 有人说这封信矛盾重重、漏洞百出——可谓满纸荒唐言，你同意吗？

二、细读于勒的第二封信

1. 读破绽、读荒唐。

【借助解说】本教学环节的备课受益于《作》文对小说情节于勒第二封信的精彩分析。

---

① 下文提到的"《作》文的主要观点"皆见：汪洋. 作者到底有没有同情菲利普夫妇？——关于《我的叔叔于勒》解读争议的思考[J]. 语文教学研究，2015，(2)：8—11. (说明：大量引用作者文章观点只在对本节"借助文本解读资源备课"的操作做直观对比呈现。)

《作》文的主要观点如下：

首先，于勒抛开"买卖也好"的店铺不管理，而远去南美"作长期的旅行"，这是违反常理的。其次，"作长期旅行"与给家人写信并不冲突，为什么"也许要好几年不给你写信"？再次，为什么不趁"长期旅行"回家一趟呢？最后信中说"我发了财就回哈佛尔的"，这更是<u>完全露出了马脚</u>——于勒已经破产了，写信时的于勒已经再次贫穷。

<u>这封短短的信充满了显而易见的矛盾，分明是于勒的破产宣言书、与亲人诀别书。</u>

为什么我们细细品味就能发现这封信的矛盾和破绽，而菲利普一家却十年都没有发现呢？<u>只能说明菲利普夫妇想钱想疯了，想钱想昏了。</u>利令智昏，是他们对于勒财富的贪婪蒙蔽了他们的双眼，让他们失去了<u>正常的应有的理智</u>。

我们还可以设想，看过这封信的人中<u>一定有人能看出这封信的破绽，一定在私下嘲笑菲利普夫妇</u>。这封"福音书"真是绝妙而无情的讽刺。

讨论1：

（1）<u>有什么破绽？何以荒唐？</u>

（2）一封信为何要留破绽、暗示？是写作不严谨，考虑不周吗？难道是为写破绽而写破绽吗？

讨论2：

（3）小说显然是写了菲利普夫妇没有发现破绽的。那问题就来了：菲利普夫妇到底是真没发现还是装着没发现？依据？<u>这么明显的破绽，菲利普夫妇为什么没有发现？</u>

设想拟写：

假设读了这封信的邻居私下在一起见面了，他们会说些什么？你能为他们拟写一段对话吗？（<u>看过这封信的人</u>心里会怎么想？你能虚拟一个人物角色——他是菲利普的邻居，从合理的角度，写一段他与菲利普的对话，然后再为这个邻居的对话配上潜台词或画外音吗?）

交流拟写：

为什么会让人产生这么设想拟写的念头？合理性解释？

深究思考：

现在你再体会一下，那这封"福音书"会在小说里成为什么？

小结：

从破绽里我们能读出什么？当我们读破绽的时候实际是在读什么？

<u>看过这封信的人中一定有人能看出这封信的破绽，一定在私下嘲笑菲利普夫妇。这封"福音书"真是绝妙而无情的讽刺。</u>

2. 读于勒。

【借助解说】本教学环节的备课受益于《作》文对小说人物于勒和菲利普夫妇的精彩分析。

《作》文的主要观点如下：

于勒的第二封信表明，经过岁月坎坷的<u>于勒变得更自尊了</u>。他不希望哥哥知道他的现状，他希望在家人的心中他是一个成功的人。于勒在信中表明自己要发财后才回家，这说明此时的<u>于勒已经是一个独立而自强的人了</u>。

金子般珍贵的回头浪子却被亲哥哥亲嫂嫂像躲瘟神一样躲避。苦海无边，回头无岸，是<u>冷酷</u>。

讨论1：

你能读出于勒的什么？你能从信里获取有关于勒的哪些信息：

(1) <u>信里能透露出于勒的什么？</u>

(2) <u>于勒在信里有哪些暗示？</u>

(3) 相较于最开始的介绍，<u>于勒有哪些变化？</u>

交流获取：

提示：于勒在信中显然是说了谎的。<u>他为什么要说谎？说谎是基于什么心理？去南美之前，小说是怎么交代于勒的形象的？</u>

明确：(1)经过岁月坎坷的于勒变得更自尊了。(2)于勒已经是一个独立而自强的人了。信中的透露和暗示——可谓一把辛酸泪。于勒变了！

讨论2：

（1）面对这样的于勒，菲利普夫妇选择的态度是什么？接纳吗？

（2）联系小说相关情节和内容，把于勒的变化与菲利普夫妇的躲避反应联系起来思考，你又能从中读出什么？

讨论3：

当我们在读于勒的信的时候，实际是在读什么？

明确：还是在读讽刺！

三、顺读延伸——读其他地方的讽刺

【借助解说】本教学环节的备课受益于《作》文对小说讽刺用意的精彩分析。

《作》文的主要观点如下：

从第10段到文末有四组对比在鞭挞菲利普夫妇。一是用对于勒称呼的对比来鞭挞菲利普夫妇眼中只有钱；二是用盼于勒与躲于勒的对比来鞭挞菲利普夫妇盼的不是于勒这个亲人，而是他的财产；三是孩子与成人的对比，以若瑟夫的纯真、善良、慷慨来鞭挞菲利普夫妇的势利、刻薄、虚伪。四是船长与菲利普夫妇的对比，以船长的古道热肠来鞭挞菲利普夫妇的冷酷绝情。

"你们要不要我请你们吃牡蛎？""我请你们"这样的客套礼貌用语是父亲模仿绅士、有钱人的姿态。穷人模仿富人本身就很可笑滑稽，在亲人面前模仿就更令人作呕了。

从第10段到文末有大量的细节在讽刺和鞭挞菲利普夫妇。例如，菲利普在惊慌失措的心理状态下，仍然能装模作样地以上流社会的谈话方式与船长聊天，在迂回中掩人耳目，打听买牡蛎的老水手是否真是于勒……

讨论：

（1）四组对比里的讽刺。

小说中有四组对比，是哪四组？你从四组对比里能读出什么？

（2）请家人吃牡蛎情节里的讽刺。

"你们要不要我请你们吃牡蛎？"

"我请你们"里面有什么意味?

(3)打听于勒里的讽刺。

菲利普是怎样打听老水手是否是于勒的?

小结:

小说充满了鞭挞和讽刺。

四、反向延伸——读同情

【借助解说】本教学环节的备课受益于《作》文对小说作者的态度的精彩分析。

《作》文的主要观点如下:

第1段的主要信息是菲利普一家5口只有菲利普一人工作。工作极其辛苦,但仅能糊口("刚刚够生活罢了")。第2段则具体描写菲利普一家的贫困。"我母亲对我们的拮据生活感到非常痛苦",这一家人为贫穷所折磨,以至于"我母亲非常痛苦"。"有人请吃饭是从来不敢答应的,以免回请",这说明他们的生活开支仅能维持温饱,比温饱的标准稍稍高一点的"请吃饭",他们都不能承受,即便只是一次——"从来不敢答应"。这一句也表明菲利普夫妇并没有因贫穷而丢掉人品。

课文1、2段主要传达出这样的信息:菲利普夫妇很贫穷,但不贪便宜,不失善良。作者的同情也就在这样的传达中自然地表现出来了。

正是菲利普夫妇对于勒的亲情与他们固有的善良、宽容使于勒成为他们"全家的恐怖"。

按当时惯例把于勒打发到美洲自谋生路,也是对于勒的一种教育。这也体现菲利普夫妇作为兄长的责任心。

于勒赔偿哥哥的损失理所当然,这本无须感动。可是菲利普夫妇却"深切感动",甚至还把于勒美化为"正直、有良心的人"。这不是更说明了他们的善良宽容吗?因为,只有善良宽容的人才会被理所应当的事感动,才会美化他人。若瑟夫用嘲讽的语气来表现这一心理,这是很自然的过程。作者这样写只是为了追求艺术的真实,并不是要嘲讽菲利普夫妇。

一言蔽之,1到9段中的12年前的菲利普夫妇贫穷痛苦却不失善良宽容,作者在叙述描写中给予了深深的同情。

讨论:

小说仅仅只是一味地讽刺吗?有同情吗?作者对菲利普夫妇到底有没有同情?

研读:

(1) 1、2 段。

"刚刚够生活罢了"

"我母亲对我们的拮据生活感到非常痛苦"

"有人请吃饭是从来不敢答应的,以免回请"

这些情节传达出什么样的信息?

(2) 5、6 段。

"全家的恐怖"

菲利普夫妇对于勒是否无丝毫亲情?

(3) 7、8 段。

人们按照当时的惯例,把他送上从勒阿弗尔到纽约的商船,打发他到美洲去。

把于勒打发到美洲去自谋生路是否纯然是绝情?

他赚了点儿钱,并且希望能够赔偿我父亲的损失。这封信使我们家里人深切感动。

怎么理解菲利普一家的这个反应?

小结:

小说 1 到 9 段中的 12 年前的菲利普夫妇贫穷痛苦却不失善良宽容,作者在叙述描写中给予了深深的同情。

五、追究延伸——读原因

【借助解说】本教学环节的备课受益于《作》文对小说写作意图的精彩分析。

《作》文的主要观点如下:

课文 1 到 9 段对菲利普夫妇贫穷的描写以及第 10 段到文末的一些细节表明,是十多年以来的生存压力与他们固有的劣根性慢慢吞噬了菲利普夫妇原本的善良宽容,扭曲了菲利普夫妇的人性。

"别叫这个小子又回来吃咱们""早晚会回来重新拖累我们的",菲利普夫人的话表明,他们躲避于勒就是在躲避更贫困的生活。

<u>12年的持续贫困和痛苦以及他们固有的人性弱点,使贫穷痛苦却不失善良宽容的菲利普夫妇慢慢变成冷酷无情、势利、贪婪的小人。</u>

讨论1:

作者对菲利普夫妇的态度<u>为什么会经历一个从同情到鞭挞、讽刺的变化过程呢?</u>

研读:

"别叫这个小子又回来吃咱们!"

"早晚会回来重新拖累我们的"

<u>菲利普夫人的话表明什么?</u>

讨论2:

<u>有原因为什么还要无情地讽刺?</u>

六、进一步追究延伸——读主旨

【借助解说】本教学环节的备课受益于《作》文对小说主旨、人物安排和叙述角度的精彩分析。

《作》文的主要观点如下:

是什么把贫穷痛苦却不失善良宽容的菲利普夫妇变成冷酷无情、势利、贪婪的小人呢?作者对菲利普夫妇的态度为什么会经历一个从同情到鞭挞的变化过程呢?<u>小说的主旨就隐含在对这两个问题的思考中。</u>

联系被教材编者删掉的原著开头和结尾,我们就会发现,作者之所以对菲利普夫妇的态度经历了一个从同情到鞭挞的过程,是因为作者认为,<u>面对贫穷、弱者与亲情,菲利普夫妇的做法是卑下的,若瑟夫同情弱者的行为才是崇高的。</u>

本文故事的叙述者是儿童若瑟夫,<u>小说所有的故事都是儿童的所见所想。</u>

作者用若瑟夫这个形象来表明自己的人生态度:<u>面对生存压力、弱者与亲情,人类可以崇高。小说的主旨就是通过若瑟夫这个形象来鞭挞</u>

菲利普夫妇之类的人,以此呼唤失落的人性,表现自己一贯来的人道主义精神。

讨论1:

小说删节部分你能读到什么?

研读:

"这是我的叔叔,父亲的弟弟,我的亲叔叔。"

这句话反映出了什么?若瑟夫与父母有什么不同?作者对一家人的态度是一样的吗?若瑟夫在小说里的意义?

明确:若瑟夫是作者的代言和寄托。

讨论2:

你现在能明白作者态度变化的原因吗?

参考:小说的主旨就是通过若瑟夫这个形象来鞭挞菲利普夫妇之类的人,以此呼唤失落的人性,表现自己一贯来的人道主义精神。

七、总结交流

这堂课给你什么启发?

一封信里的乾坤,一封信里的细读。一文细读天地宽,一文细读兴味长。文本需要细读。

3. 借助含有创意元素的素材备课。

我们都有这样一种备课体验:备课的顺利与否往往跟自己可及、可用的备课素材、教学资源的多寡有关。这些素材、资源不仅能给你提供备课所需的资料还常给你带来思路启发。信息时代,有备课素材、教学资源价值的信息海量过载,而且无所不在。注意筛选、收集和挖掘,定会让你有意外的收获和惊喜,定会在"书到用时"给你一臂助力。因此,简练语文提出化繁为简的备课策招:平时就做教学的有心人,保持一双发现的眼睛,注意随时捡拾素材、资源,尤其是那些本身蕴含创意元素具有发散潜质的素材、资源,养成一遇有素材、资源即收集的习惯。这样备起课来你就会左右逢源,如鱼得水。备课就会是一个得心应手、游刃有余的过程,就会变成一件轻松愉快,还富有灵感创意的事情,简练语文的备课就不愁不能简单下来。

案例：

有一段时间网络流行戏拟朋友圈的创意。有人把这种创意与名著元素嫁接，创造了"假如某某名著有朋友圈"体，掀起一股"戏拟名著朋友圈"热。热门帖计有"十点读书"公共号发布的《假如〈西游记〉有朋友圈……》，"思而锐教育"公共号发布的《假如四大名著可以发朋友圈，那么画风应该是这样的》等。[①] 我敏锐地发现这些帖子不仅形式前卫、幽默、搞笑而且本身还蕴含丰富可挖掘的阅读元素，引入相当于获得时新、娱乐、形象、寄寓等元素的名著通俗解读，有作为简练语文名著阅读指导备课的创意素材的特质。只要在戏拟名著朋友圈里的信息上发问，就可以瞬间生成名著阅读导引设计。于是有心收集起来备用。后来想用简练语文理念备名著阅读思维指导课，这个素材就用上了。

"戏拟名著朋友圈"入课设想

受"戏拟名著朋友圈"创意的启发，引"戏拟名著朋友圈"入课。取其中一幅戏拟名著朋友圈截图，设问：请解释这幅朋友圈截图里某个表情、图标、留言的含义(是不是可以借此就饶有趣味、不露声色地把名著相关情节内容和学生读名著的储备连拽出来了？是不是不着痕迹就布下一个任务驱动，促使学生去梳理名著，表达名著了？)。

具体案例可在网上查询，这样一来，名著情节的梳理是不是用这种有趣的方式导引出来了？小说的深味是不是也带出来了？小引巧入，轻拿重放，言此意彼，目标掩护。光一幅图片就可以有无穷无尽的阅读和教学挖掘。这不就是理想的简练语文吗？

头脑风暴一下，想想看，这些戏拟名著朋友圈截图素材你可以作怎样的教学借助？

三、简练语文的教学设计

教学设计是指教师在课堂教学之前，根据教学目的要求，预先设计教学程序，

[①] 下文引用截图皆出自这两则公共号推文。

确定教学方法,选择教学内容,确定组织形式及师生沟通方式等事项的活动。简单通俗地讲,教学设计就是你教课前的一个系统考虑和谋划。因此,教学设计不等于备课。备课倾向于准备、收集,是过程;教学设计是在考量,落在谋划上,是备课的结果。没有考量、谋划的设计那不叫设计,那还在过程上,充其量只能算是粗略地备课。

所有教学设计都需要解决三大问题:你要将学生带到哪里去(教学目标的设置)? 如何到达那里(教学策略的选择)? 如何判断学生是否到达那里(教学结果的测量和评价)? 在这三个问题中,设置教学目标是核心和关键。[1]

认清楚了教学设计的本质就能更好地理解教学设计最核心的东西,从而抓住核心和关键,去除旁枝和芜杂,聚集精力,直奔要害,抵达简练语文教学设计。

策招层面的简练语文教学设计该如何进行?

简练语文的教学设计也要体现化繁为简理念,突出两个基干。这两个基干就是为什么教和怎么教。

以高中语文社科类、科普类文本的简练教学设计具体说明:[2]

1. 为什么教?

人教社课标版高中语文教科书有大量社科类、科普类散文,由于这类文章是非着意于文学的作品,所以文学性不强,文学元素少。在语文界极力推崇人文性(实际窄化为文学性)的环境下,一线教师对这类文章的处理往往采取放任、不作为的态度。要么草草交代一下,要么直接跳过,不做任何安排。美其名曰:选择处理。当然,有目的地、选择性地对教材进行重组正是新课程倡导的一种理念,但如果只是因为"不好处理、无法处理、不知如何处理"而放弃,则是理念不到位、理解出现偏差的问题了。教材中这类文章几乎篇篇都是精品,里面展示了教材编写者先进的语文教育思想,包含了编写者明确的编写意图,弃之可惜。这既辜负了编写者的用心,也未能明了编写的目的,更暴露了教者对教材处理的乏术。

社科类、科普类散文在教材中的占比实际很大,但不知怎么给人的印象却是"少量"。篇幅大,我们就面临一个应对的问题。比例这么大肯定包含编写者深远

---

[1] 吴红耘,皮连生.试论语文教学设计中的目标分类及其教学含义[J].教育研究与实验,2011,(03):14—18.
[2] 张挥.浅谈对人教社社科类、科普类文本的教学处理[J].中学语文,2015,(13):33—35.

的意图,因而无法回避,必须引起我们的重视。

社科、科普类文章可以说散见在人教社课标版教材各册中,梳理一遍,略作不完全统计,具体情况如下:

第一册有《飞向太空的航程》。

第三册有《动物游戏之谜》、《宇宙的边疆》、《一名物理学家的教育历程》。

第四册有《父母与孩子之间的爱》。

第五册有《咬文嚼字》、《说"木叶"》、《谈中国诗》、《中国建筑的特征》、《作为生物的社会》、《宇宙的未来》。

总计有11篇之多,比例确实不小,选修教材里就更多。看来,我们教材的编写者在编写这类文章上还是很着力的。推测编写者的意图:编写者肯定是认为我们的语文教学不是单纯的文学教学,培养文学家,而是把语文看作是一门工具学科,更广地考虑培养学生语言表达和应用能力。故而除纯文学作品外,编者还遴选了贴近现实生活和语言实际应用的文章。因此,教不教这类文章,不仅是选择问题,更主要的还是语文观念问题,实际关涉着我们如何给语文教学定位。

另外,联系我们中高考的实际,这类选文与高考试题中科技文阅读(多文本阅读)材料在性质上有相同或相似之处。而且,相比较考试里的科技文阅读材料来说,我们的教材文本更为厚重。文质兼美,自然科学与人文、社会科学交叉融合,互相渗透,切入、切取的角度更加丰富。因而当我们在为命题选科遍地寻觅素材的时候,放着现有的课文视若无睹,弃之不顾,这是不合逻辑的。在我看来,教材要比阅读题里的选文要经典,要更经得起推敲。从这方面讲,处理这类文章,还有实用性和现实意义。

2. 怎么教?

基于上述考虑,对这类文本,我一般是把它当作"信息筛选和提取"的材料来处理,又因文章有别而各略有所异。

这样处理的理由是:

语文教学,作为一门学科,应有学科的边界。我们教学不因选文的性质而改变它的教学属性,无论你是什么选文,你还是要在选文里教出语文的东西,你的教学最终还是要回到语文教学的本身上来。

也就是说,不能因为选文是谈生物的,你就把它教成生物课;选文是讲天文地理的,就教成地理课;选文是说建筑的,就教成建筑课。这种思路既不是语文的,也不是适切的。这样做,还会使教师和学生适应、应对不了。教师又因适应、应对不了而选择放弃教这类课文。语文不能逢什么就教什么。这样,语文就成了一个"杂家",就没有了作为一门学科的边界,也就没有了我们学科的尊严。

语文教学最终还是要落到语文本身上来。也就是说,语文要落到教语言形式或者说言语形式上来。

而选择从"信息筛选和提取"的角度处理这类文本,就"海阔天空"了。

首先,"信息筛选和提取"是这类文本最有阅读价值的地方,这是一个好的教点。

其次,"信息筛选和提取"是语言基本应用能力,是语文因素,语文的领地。教它其实就是教到了语文本身上,结果不会因文本的性质不同而不同。

不管你的文本是生物的还是宇宙的,是太空的还是建筑的,只要你是语文教材的选文,我就教"信息筛选和提取",它是语文最重要的能力和素养,这就做到了教语文的核心了,那就教到语文了。

还有,这类选文有个共同的特点:文学的因素较少,文学性不强,而语言的信息性很突出,逻辑性强。这是"信息筛选和提取"的最好素材。单纯从文学角度切入来设计课堂是勉强的,会比较困难。但从"信息筛选和提取"上切入,就会顺畅切合得很多。

另外,"信息筛选和提取",这个思路比较方便组织课堂,可以作教学的灵活设计。

3. 处理的思路、流程和步骤。

以《作为生物的社会》为例。[①]

教学目标

1. 训练学生快速扫读、筛选、提取信息的能力。
2. 感受科普文语言形象、谨严、幽默、风趣的特点。

教学步骤

一、入题:析题引入

今天我们来学习一篇科普论文《作为生物的社会》,这是一篇有趣而

[①] 张挥. 浅谈对人教社社科类、科普类文本的教学处理[J]. 中学语文,2015,(13):33—35.

又耐人玩味的文章。首先题目就很有意思。同学们能不能告诉我,题目有几个名词?(生物和社会)哪个才是最关键的名词?(社会)"社会"因为它是句子的中心词。"社会"这个名词,我们说到它,一般总是局限说人类,对吧?可是作者却把它扩大到整个生物,你看角度独特吧?还有更独特的地方,作者居然将我们日常生活中常见的不起眼的一些小生物的行为与万物之灵的人类做了对比,加之语言幽默风趣,文中渗透着对人、小虫、小鸟的隐喻,富有启发。尤其是文章信息量大,字里行间贯注着一种探寻求索的精神,表达了作者的一种独到见解,是一篇训练我们的"信息筛选和提取"能力的极佳教材。

想不想借这篇文章来检测一下自己的信息筛选、提取能力?

二、快速阅读,筛选、提取信息

既然如此,那我们就来共同完成一项活动,这项活动就叫作"听题抢答"。

1. 活动激趣:这个"听题抢答"的题就来自文本信息,我把文本信息转化为题目,同学们听题目然后根据你对文本的理解作出或对或错的判断和回答。能否回答就看你能不能准确捕捉到文本信息。别小看了这个"听题抢答",它能看出一个人的语言阅读能力,还能检查出一个人的思维敏捷性。

2. 活动布置:

(1) 交代活动规则,如:举手发言要求,如竞赛规则,如激励措施等。

(2) 听题抢答(对还是错?在哪儿?)

题设略。

(3) 总结揭示:抢答胜出者一定有胜出的原因,现在请抢答的胜出者谈提取、筛选信息的经验和体会。

教师揭示:其实抢答不是我们的最终目的,通过抢答,我们快速地贯通了文本,把握了文章的大意、观点和主要信息。你看,抢答之后,文章的特点不是清楚地呈现在我们面前吗?

三、形成对文本语言特点的印象

刚才我们在筛选、提取文本信息的时候,你对文章的语言和表达产生了什么印象?

师生交流,明确。

形成板书:准确、形象生动、风趣幽默、严谨

四、提升拓展

《作为生物的社会》是一篇逻辑性、专业性很强的论文,按理强调准确、严谨是可以理解的,可文章分明还又说得风趣幽默、形象生动,这又为何呢?有什么好处呢?

交流、讨论。

明确:易于理解、增强可读性。

如此,对我们的写作有什么启发呢?

交流、讨论。

明确:抽象的论述需要幽默、风趣来调节,需要形象来生动。

五、收课

教学设计说明:

1. 按这种方式和流程上课的实际效果可能会比展示这堂课的设计更好,因为作为一个以"活动"为主的课堂,现场总比"旁白""介绍"要生动得多。就好比观看一场演出要比介绍这场演出效果好得多一样。

2. 这种主要是学生活动的课堂,课堂的激趣、规则、组织调动很重要。

3. 抢答只是一种形式,落脚点应该是信息的筛选和提取,因此,抢答的题目的设计很关键、很重要,要把题目设计到有信息的筛选和提取分析活动的地方上去。

4. 特色文本的区别处理

当然这类文本的处理不是死板一块,因文章特色不同而应各有所异。例如:《中国建筑的特征》可以利用文本中北京四合院的插图,引导学生完成"中国建筑的特征"的信息梳理。由于是由插图导引过去,还可以让学生加深对文字的理解,产生更直观的效果。

《宇宙的未来》里"霍金式的幽默"可以利用。我们教材里的幽默文本太稀缺了,不利用实在是可惜。这个文本可以从霍金的幽默的角度切入,讲文本最有价

值的东西。

附：《宇宙的未来》幽默欣赏角度教学设计[①]

一、教学目标

1. 欣赏体味论文幽默风趣、形象生动的说明语言；

2. 交流、分享幽默语言，尝试写作幽默语句。

二、教学步骤

1. 开题：《宇宙的未来》是一篇论文，但我长文短教。只提取文中的部分语句来学习，请同学们跟着课堂的思路一步一步往下走。

2. 提取文中幽默语句，判断意图。

(1) 提取、圈划幽默风趣语句。

(2) 提示：圈出了语句，根据它们的特点，你能猜测我要干什么吗？为什么要圈点这些语句？

明确：提取幽默句作欣赏。

3. 点评幽默语句。

(1) 这些幽默风趣的语句夹杂在精深的论文里，起到调节、形象的作用，你对这些语句是怎么理解的？能不能选择最喜欢、最有把握的一句，作一些点评？

(2) 如何点评？老师先作一个示范：

虽然它使我百思不解，为何世界的终结会使人愿意用股票来换钱，假定你在世界末日什么也带不走的话。

点评：与说明内容无关，顺手幽默，挖苦讽刺。

所有为世界末日设定的日期都无声无息地过去了。但是这些预言家经常为他们显然的失败找借口解释。……只有数完了名单审判日才降临到那些不列在名单上的人。幸运的是，数人名看来要花很长的时间。

点评：非常直观地揭露了预言家的伎俩的本质；讽刺挖苦这些预言家的狡辩。

[①] 张挥.浅谈对人教社社科类、科普类文本的教学处理[J].中学语文,2015,(13)：33—35.

如果暴涨理论是正确的,则宇宙实际上是处在刀锋上。所以我正是继承那些巫师或预言者的良好传统,两方下赌注,以保万无一失。

点评:①形象生动地表达了自己的观点:宇宙到底是坍缩还是暴涨自己也不能确定,两种可能都存在。②借自嘲实则嘲讽了那些靠模棱两可立足的预言家。可谓一举两得,一箭双雕,语言充满大智慧。③让你觉得,作者不仅关注的是科学,里面还包含很强的社会观察和体悟,包含丰富的思想性。谈宇宙不远离社会,让你感觉文本的生活气息非常浓郁。

(3) 学生点评。

交流评价。

(4) 还原幽默:这些幽默语句一般的说法是怎样的?想想,哪种表达更乏味?

交流讨论。

4. 拓展延伸:介绍交流自己听到的、读到的幽默表达。

你听到、读到过什么特别幽默风趣的表达吗?能不能拿出来,与大家一起分享?

教师示例。

学生交流、表达。

5. 总结、启示:领会幽默表达的作用和里面蕴含的思想、智慧。

幽默是仅仅闹着玩的、笑笑的吗?在文中这些幽默风趣的语句有什么作用?

明确:调节——不显枯燥。

形象生动。

笑有时也是一种批判讽刺力量。

凡有大智慧者必有大幽默,读懂了智者的幽默才是真正读到了、读懂了智者的智慧和思想。

(以上章节案例和设计综合了原载《中学语文》2015年第13期论文写成,网络有转载)

简练语文教学设计的两个基干"为什么教"主要是思考教学内容的核心概念

是什么。确定本堂课的"核心"并回答确立的理由，想清楚适切的教学目标。"怎么教"主要是思考教学的策略、把教学内容教出来的办法。美国"州际新教师评估和支持联盟"（INTASC）致力于对美国教师的评价。1993年，INTASC提出了新教师评价十大标准，即 INTASC 标准。标准框架的第四条"教师内容"：教师清楚掌握学科结构、教学内容的核心概念，熟练运用教学工具，为学生创建能理解的学习体验，设计能让学生理解和掌握的、有意义的教学内容；第八条"教学策略"即为：教师运用各种教学策略，鼓励学生深入理解知识内容及内容间的联系，并培养学习者应用知识的技能。[1] 因此，为什么是这个核心概念、如何教这个核心概念的思考是简练语文教学设计里面的重中之重。

为什么教一定要想明白，想通透；怎么教，要突出策招，简练语文就是讲策略的语文。

以张若虚的《春江花月夜》教学设计解说为例：

简练语文教学设计倡导走简便的教学路径。

《春江花月夜》是人教社课标版选修教材《中国古代诗歌散文欣赏》里面的一篇课文。我对这册选修教材的基本认识概括起来有三点：第一,这册选修教材的核心概念是什么？古代诗歌散文欣赏,是"欣赏"两个字！这说明比之于必修,学习层次更高,教学层次更高。第二,单元组篇。单元的定位是教学切入的角度。每个单元都有一个落点,这个落点是教学切入的依据。意味你不能像必修那样面面俱到。纵有弱水三千,我独取一瓢饮。第三,体例、序列：示例赏析——自主赏析——拓展赏析。自成一个体系。我们要在这个体系里来观照每一课的地位和处理方式,备课要有整体观念,不能割裂、孤立地处理。

基于上述内容,有如下的教学设计和考虑：我在想,诗歌教学的立足点是什么？读！这节课的基本方法就有了。这首诗的灵魂是什么？最大价值在哪里？最值得讲的地方在哪里？对照单元角度,应该讲它的什么？赏月！这节课的核心概念也就是立"骨"之词就有了,课堂的内容就有了。接下来就是如何围绕"读"和"月"做文章了。怎么教这两个字？

---

[1] 姚春霞.美国 INTASC 教师评价标准及其启示[J].教育测量与评价,2019,(5)：25—31.

要想教学策略。

读，虽然简单，也有人不屑，但却是实实在在的方法，本真的东西。在中国传统语文教学中，朗读是一个非常重要的教学手段，所谓"三分文章七分读"，通过朗读，可以把文字的蕴含准确地表达出来，把静态的语句变得立体而富有生命，从而激发学生的兴趣，引起情绪上的共鸣。

既然是"读"，那我要思考的就是如何"读"出教学效益，"读"出简练语文的教学思想。围绕这个来设计对应的教学步骤、教学环节。实现简练语文的教学主张。"读"，一定不能是电脑读，名家读。电脑读，名家读，精彩永远是电脑的，名家的。"读"的效应不会产生在学生中。而且名家的朗读是专业性的，其技巧的高度还容易引发学生听而畏读的反应，扼杀学生读的兴趣和热情。最后是课堂表面有光鲜，里面有伤害。在这里我落实以学生为主的课堂观。安排学生读：片段读，全文读，单读，齐读，翻来覆去地读。在读里感受、体味。教师也参与进去，给学生"读"的鼓励。坚持自己朗读，搞地道的本色语文，乡土语文，"柴火灶"语文。同时我这个"读"又贯注了诗意的领略和体味，是探寻和赏析很好的引子和铺垫。

我想，简单地读进去，读出不简单来。"读"就不简单了。

再说"月"，赏月，不是为赏月而赏月。月是诗歌中最优美动人的意象，月在诗里还是多情之月、千里相思之月、永恒时空之月、游子乡愁之月。它是"缘景明情"的最好的对象。编者把这首诗放在"赏析示例"里，其意图再明显不过了。因此，我设计"赏月"这个教学环节，就特别注意贯注"缘景明情"的单元定位和角度，突出"示例赏析"的功能：我的"发现之旅——逐月之旅"就是一个"由景逐情"的过程。对于这首脍炙人口的诗来说，这个赏析角度是口幽深的古井，赏鉴之空间无穷。异彩纷呈，眼花缭乱，弱水三千，只取一瓢。我从学生真切体验出发，突出真实体验，进而取之，浅而求之，只求一得。

另外，我在所有的教学环节中特别贯注"教师示例"的环节，这是我的课的一个惯常做法，也是实现教师"讲"给学生听的一个手段。

这堂课的"高招"就是本色教书。那种寄希望高招想法的人，其实本身就陷入了"技术主义"、"技术至上"的泥潭。总之,这堂课,我就是要实现这么一个目标:本色、本真教语文,简简单单教语文。

再以《〈琵琶行〉"小切入,大课堂"简练教学设计》为例:

《琵琶行》"小切入,大课堂"简练教学设计

教学设想

从"小切入,大课堂"的角度出发,抓住诗歌的灵魂句(核心概念)"同是天涯沦落人,相逢何必曾相识",聚焦一句成整课,带出全诗的内容、意味和延伸拓展。以此切入并组织课堂,片言而统贯,收"举一纲提全目"、"牵一发动全身"之效。

目标定位

领会诗歌天涯沦落的"共鸣"情感,学习鉴赏"共鸣"的内涵意味。深度讨论"共鸣共情"话题。

教学步骤

一、教学赏析前的预热、准备

如白居易的故事(身世遭遇)介绍、各种方式(如选择你喜欢的诗句或感觉最能读好的诗句局部诵读,交流诵读感受等)的反复诵读(提倡教师参与诵读并随文点释)。

二、诗歌赏析

1. 诗意理解。

问题设计:

如果一首诗有聚集灵魂的句子,你愿意把这首诗的灵魂句给谁?

交流明确:同是天涯沦落人,相逢何必曾相识。(浮出课堂切入点、聚焦点)

问题设计:

(1)"沦落人"的含义是什么?(为主题揭示做准备)在诗中的含义?为什么诗人要视自己和琵琶女为沦落人?你觉得他们是沦落人吗?哪些地方让你感受到了这点?(强调回归文本,用文本内容支持自己的观点,以此带动文本理解)

(2)"同是"指谁与谁?"天涯"在这里具体指哪里?琵琶女的天涯是

第二章 简练语文之模样　　69

什么？在哪段？你能根据课文的交代给我转述一下吗？那作者的天涯呢？具体的天涯是什么？这个天涯还有别的含义吗？

交流明确。

(3)"天涯"不同,为什么作者却说是"同是"？同在哪？（从而展开对《琵琶行》所记叙的人物命运的分析理解）

(4)相逢何必曾相识,作者这么说,就意味作者不认为"相逢"就是"相识",说明作者认为"相逢"和"相识"是不同的。"相逢"和"相识"有什么不同？（辨别词义及促进对诗篇中人物情节的理解）

诗人在这里有意区别"相逢"与"相识",意味诗人要强调什么？那在诗中,你能否引用具体的诗句给我解释一下,这"相逢"和"相识"有什么不同？

我要说,就这首诗而言,这里的"相逢"就是人生的一种意外的遭逢,一见如故的相知,你会同意吗？

交流、讨论。

现实生活中"相逢"和"相识"有哪些情形？有哪些佳话？《琵琶行》中的人物又是哪一种情形？（引发联想、想象的鉴赏活动）

交流、分享。

"相逢"与"相识"之间,诗人用了一个"何必"和一个"曾",这表达了诗人的什么态度？为什么是这种态度？为什么他会想到"何必"呢？他的心路历程如何？是什么心路历程让他产生这样的想法？是什么因素让诗人发出"何必"的感叹的？（对接诗人的背景知识,学习知人论世）

课堂上由此展开对诗中人物命运的理解、全诗构思立意的赏析,进而领悟"共鸣"的含义。（共鸣：一是人与人,或人与物的共同的命运为基础。二是人与人或人与物有相类似的全部或部分经历。三是触发感情的偶然条件。四是最少有一方对另一方产生了审美激动）

2. 深入研讨。（理解基础上的深化及表达训练）

问题设计：

就诗的感慨我写出几句话来,你能选择其中你认可的一句根据你对诗的理解和感受,给我稍作点解释吗？（既是深化理解又是一种口头表

达的训练）

提供语句：

（1）在别人的故事里洗尽悲哀。

（2）心在共鸣，情在交融，找到了心底里那个掩藏最深的自我。

（3）失意人的共同语言。

（4）《琵琶行》，我为××而打动。

……

师生交流、讨论。

三、收束，下课。

新课程倡导大单元教学。《普通高中语文课程标准（2017年版）》提出：重视以学科大概念为核心，使课程内容结构化，以主题为引领，使课程内容情境化，促进学科核心素养的落实。[①] 简练语文排除芜杂，突出基干，直奔要害，着力思考为什么教和怎么教来开展教学设计的策招如何同样适用于大单元、大概念下的语文教学设计。

这里再示例统编高中语文必修下第四单元"信息时代的语文生活"的教学设计。

"信息时代的语文生活"单元是一个与时代、社会和生活联系紧密的活动单元，"活"的活动单元是这个单元的显著特点。本单元的教学设计和处理，用平台思维、代表性标准来选定活动的媒介，用统整、勾串的方法构思活动的组织、编排方案，在纵深方向上增加活动的思维、体验的含量，用顺势、借助策略实现活动更多的语文教学价值挖掘。在此基础上提出基于活动任务统整、改造的整体方案。

作为"活"的活动课程的"信息时代的语文生活"单元的教学设计与处理[②]

开设语文活动单元是统编语文初高中新教材体例上的一个显著特点，是尊重语文课程"综合性"、"实践性"两大特征，完成语文学习方式实践转向的一个具体体现，也是呼应新时期育人方式变革学科上的一种安排。作为课程的语文活动是集诸多语文核心素养而涵养之的有效方式。《普通高中语文课程标准（2017版）》要求"引导学生在真实的语言运

---

① 中华人民共和国教育部.《普通高中课程标准（2017年版）》[M].北京：人民教育出版社，2018：4.

② 张挥，管然荣."信息时代的语文生活"单元教学认知与实施[J].语文建设，2021，(07)：9—13.

用情境中,通过自主的语言实践活动,积累言语经验,把握祖国语言文字的特点和运用规律,加深对祖国语言文字的理解与热爱,培养运用祖国语言文字的能力"。① 作为语文课程改革体系支撑的"课程内容情境化"和"自主的语言实践活动",语文活动皆能承应之:新课程特别强调真实情境的学习,语文活动恰好最能提供和容载真实情境的真实任务、真实问题、真实场景、真实过程等要素。实践是活动的本色。在真正意义上的语文活动中,学习的实践性和自主特性彰显。

"育人方式变革是当前基础教育改革的一个焦点和重点问题。育人方式变革集中体现在从知识本位走向素养本位、从以教为主转向以学为主、从学科'割裂'走向学科'统整'、从'坐而论道'转向'学科实践'四个方面的变化上"。② 就语文课型来说,相对于其他课型,活动课是克服语文教学"坐而论道"顽疾的有效手段,是最有可能抵达四个变革目标终点的一种综合解决方案。

一、语文活动及"信息时代的语文生活"活动单元特点探究

语文活动有一些基本特性。第一,语文活动天然带有综合性。这个综合性首先指定义。活动既是内容也是形式也是手段,也是教学的组织方式,还可能是一个牵连纽带,连带起多种教学追求,其属性是综合的。其次,它对学习的综合。活动里有求知、体验、经历、操作、训练、习养等,因一项活动而致多种获得。再次,活动下的主题可以实现综合立意,多任务布设。既然活动对于课程的意义就在于它的综合性,那么,活动课就要追求综合效应。第二,活动的本质是实践,但不止于实践。它也有知识目标,只不过它不以陈述性知识而以程序性知识为落点。实践也不等于完成任务、获取成果。过程性体验、感受也是重要目标。因此要重视经历过程,弱化诊断测评,以免与过程性目标形成冲突。第三,活动即参与。参与就要有挑战性,就要有思维含量,以形成吸引,诱发兴趣。

语文活动的上述基本属性决定了活动课设计有三个要点:第一,专

---

① 中华人民共和国教育部.《普通高中课程标准(2017年版)》[M].北京:人民教育出版社,2018:1.
② 余文森.育人方式变革的四个体现[J].基础教育课程,2021,(Z1):18—20.

题设计。活动是本于专题,立足专题,围绕专题,借助专题的。因此,这个专题不能是一般意义的大问题,需要具有综合性、体验性、参与性、开放性、可讨论性,尤其要有思维含量。活动不能是思维架空的简单的流程过场和操作。第二,任务、成果的设计。活动以任务完成和成果获取为外显形态。学习情境营造体现在任务、成果中。任务、成果需要包含过程体验和程序性知识学习的设计。第三,策略设计。单元语文活动既然指向综合和实践,就有一个活动的组织、编排问题,要有结构化组织、编排的策略思考。

"信息时代的语文生活"是统编高中语文必修教材三个语文综合实践活动单元之一。它所属的任务群是"跨媒介阅读与交流"。考察本单元的性质、教学定位和目标要求,从教学设计和处理角度审视,本单元除活动单元典型属性外,还表现出四个区别于一般活动单元的个性特点:第一,本单元的三个活动目标"认识多媒介"、"善用多媒介"、"辨识媒介信息"递次提出,互为因应,自成体系。前者是后者基础,后者要在前者基础上生发。这提示教学设计需要有统整和贯通意识。第二,本单元是一个与时代、社会和生活联系紧密的单元,具有与时俱进的时代性和趋势变化的动态性特点。时代性与动态性既是指作为活动背景的时代和社会正处在发展、变化、更新当中,也指作为工具和载体的平台、媒介本身也处在发展、变化、更新当中。这也意味这个单元的教学内容和侧重点的选定有紧密跟进和顺应社会时代的要求,具有相对的不固定性。"活"的活动单元是这个单元的显著特点。单元教学要依据当下媒介阅读、交流的趋势和走向选择贴合的教学内容。第三,本单元的"信息"、"媒介"两大核心要素面临语文性和是否生活密接审查。"信息"、"媒介"可以跟语文学习、学生生活发生联系,但并非必然的联系。"信息"包罗万象,指向多义;"媒介"体系驳杂,类属日众。落点还有"媒"或是"介"之辩,存在大量的非语文地带,以及语文教学价值大小的判定问题。无论什么语文活动,这个活动首先姓语文,活动的旨归是语文,这个单元不是传媒的专业学习。活动的内容和方式当然需要从语文学习角度、生活进入角度、核心素养涵养的角度去审视、比照。审视、比照的结果,就是单元教学内容必然有取舍和侧重考量,必然有核心内容和非核心内容的区分。综合看,关键词"阅读与交流"是本单元的核心。因此,"阅读与交流"才是这个单元的语文本质。"阅读"对象的"信息"在这里特指数字信息;作为"交流"工具的"媒介"应该在学生的生活范围里。只有这样追本溯源才能认清、洞察这个单元的本质,切中单元的要害。第四,本单元的"社会生活"、"信息"和"媒介"三大要素,包蕴无限,给我们展示了极大的语文学习拓展空间,必然也应该引发更多的语文教学价值的挖掘,当然还应该有更多的语文学习拓展的追求,比如说,写的介入。

二、"信息时代的语文生活"单元教学设计、处理分析

基于语文活动的基本规律和本单元的特点分析,本单元的教学设计和处理应有四大遵循和考量。

1. 用平台思维、代表性标准选定活动的媒介。

当今社会是个信息化社会。信息载体和媒介不停融合演进,发布和推送技术不断更新迭代。尤其是疫情期间网络谣言的迭出、放大,抖音、快手的一夜爆火,特朗普推特治国乱象及社交媒体被禁等一系列强刺激事件,更是极大地促进了人们对信息和媒介的认知和反思。"我们处在信息的功能不断被赋予、价值不断被发现、服务不断被定义、边界不断被突破、版图不断被扩大的时代","智慧信息不仅改变人们传播、使用、生产信息的观念、行为、习惯,更重塑了人们的生活社交方式、业态规制、认知途径,同时还引领着社会的趋势和走向"。[①] 另外,随着信息推送和数字合成技术的进步,近来数字信息媒介有高度融合趋势,融合各种数字媒介的平台应运而生,产生了一种新的信息表达方式——融媒体。融媒体集文字、图片、动画、声频(相当于广播)、视频(相当于电视)、功能小程序等多种表达、呈现形式于一身,并且出现了很多应用:常见的如偏文字的网络推文、美篇,偏视频的抖音、快手,偏声音的语音播报、听书等。它们都表现出鲜明独具的媒介表达、传播特性。因此与信息相关的语文学习活动不可能脱离这一背景。作为语文活动所要了解和认识的媒介就

---

① 张挥,邹宇松.信息推送教育应用探析[J].中国教育信息化,2019,(10):94—96.

应该坚持平台、融合、精专、代表、跟进、贴近的选取原则和思路。精选有代表性、跟进信息发展趋势、切合学生实际的活动媒介。具体解说如下：

先说平台和融合。"信息生活单元"教学设计要树立平台意识。本单元的活动和媒介众聚，一一实践耗时耗力太多，需要策略集约。这就需要有一个能承载和集合这些活动和媒介的"容器"，这个"容器"就是平台。平台就是活动的附着和集合的载体。活动需要这样的平台。平台意识的含义有两个：一是用一个平台承载、集约、融合单元的所有活动，二是让平台本身兼有媒介性质，既是集合平台又是媒介平台，合二为一。集约了，融合了，活动教学设计就实现简练了，这就是平台的作用。

再说精专。精专就是精选和集中。媒介虽然变，但再变也是媒介，万变不离其宗。本性的东西也当然不因它是数字媒介而有不同。媒介众多，不断地产生也不断地迭代、淘汰，形式也在不断创新。什么媒介都了解熟悉，是不可能的，不要也不能面面俱到。有些媒介特点不经过深入体验也是了解不到的。因此，只能了解熟悉共性特征和核心媒介。精选的意思是要选取那种能高度集合本质特点的媒介，这种媒介如融媒体，就可以实现各种媒介的集中体验，且集合了媒介的典型特性，对它的了解可以达到对一般媒介传播和表达特点一通百通的了解效果。另外要精选那种能承载语文性和语文价值多的媒介，以体现语文学习。集中，意味专一，要精减活动媒介数量，少至一个最好，从而实现活动简练、集约。这个单元的活动设计应该走精专之路。

再次是代表。代表就是选用有代表性的头部平台和核心媒介。代表的含义还应包括这个用来了解和熟悉的媒介是官方、权威、主流的媒介，是当下使用频率最高的媒介，是深度介入了学生生活乃至生活必备的媒介，是使用上无专业或技术要求的媒介，是能面向全体学生，无进入门槛的媒介。这样能够防止活动导致学生客观分层，无形中带来教学歧视。

跟进就是媒介的选择应该紧跟时代和媒介发展趋势，动态调整要了解熟悉的对象。

贴近就是要符合学生学习和生活实际。了解、熟悉媒介的活动能够指向学生信息生活质量的改善。本单元活动的目标定位表述为"培养信息素养，更好地适应信息时代的生活"，这句话有两层意思，重点却是在后者。"培养信息素养"的最终落点是"为了更好地适应信息时代的生活"。因此，这个活动必须要能切入学生当下、普遍、常态的生活。这才是关键，才对应宗旨和归宿。

总之，选用上要极力避免如下媒介：第一，学生接触不多、不熟悉的媒介；第二，曾经主流现在已经退出主流，远离学生生活或事实已被逐渐淘汰或淡忘的偏门小众媒介；第三，专业性很强的媒介。比如：纸媒、广播、电视等。

对照选用原则，用是否适合做平台、与学生密接度、是否有门槛等几个尺度考察观照常见媒介，选用特性透析如下：

纸媒：有很高门槛；学生接触少，不常用。不适合做融合平台。

广播：有门槛；已渐渐远离人们视线；学生兴趣不大。不适合做融合平台。

电视：有较高门槛；不太常用。不适合做融合平台。

社交媒体QQ、微博、微信及微信群：已成为人们生活方式的组成部分，集合了很多功能小程序，适合做融合平台。

自媒体公共号：个人网络信息发布、推送平台；与生活密接；可推送融媒体、推文、短视频等；融媒体、网络推文可集文字、图片、声音、视频还有诸如接龙、投票、调查等各种工具于一身。适合做活动集约平台。

综上所述，不难发现，微信及微信群、自媒体公共号可作活动融合平台，融媒体、网络推文是优选媒介。本单元活动一般应该排除纸媒、广播、电视等媒介。

2. 用统整、勾串的方法构思活动的组织、编排方案。

先说统整。这是教材的单元活动内容决定的。教材里"信息生活单元"三大板块可以提炼出四个具体的学习活动，统整、改造分析如下：

第一，围绕新闻获取的途径、得知的最初渠道、希望进一步了解的首选媒介等项目开展"身边人获取信息习惯"的调查：借助"调查"这项综合活动任务驱动，了解、体会不同媒体特点以及传播特点。这项活动顺利实施的关键是要能提供顺手使用、可有效接触的调查工具及调查分析模型。信息工具的使用本身也是信息学习的一个部分。调查工具主要考虑被调查者对工具接触的方便程度。调查方案里的各种媒介推送及分析模型制定的活动蕴含依据不同媒介对应调整语言表达形式和信息加工的语文学习挖掘。不过，信息获取方式和渠道受到智能精准推送影响，人们的信息选择很大程度是大数据算法、兴趣探测技术推荐的结果。个人信息来源是头部信息平台依据你的个人画像匹配推送而来的。信息来源渠道更多跟个人的兴趣、偏好有关，已经没有多少指向、趋势的分析价值。这个调查设计落后信息的发展趋势。这个调查可以改选为用哪个头部信息平台或自媒体的调查。目前头部信息平台有新华社、人民日报、今日头条、视频号、著名自媒体等。

第二，用不同媒介发布推送一则招聘启事。借这项任务完成启事的内容、表达、形式与不同媒介的适应调整，以此达到体味、探讨不同媒介语言表达特点的目的。这与第一项活动重叠，不同之处只是调整的对象：一个是调查一个是启事。因此，可以顺势统整融合。需要指出的是，这项活动之所以选择招聘启事，暗藏一举两得顺势双向完成实用文体学习的用心。但这个用心比较牵强和别扭，甚至有可能学得混乱，且没有考虑信息推送开启了利用技术改变信息传播方式的因素，宜加以改造。

第三，引入融媒体元素和手段为校园戏剧节设计一个宣传推广方案。这里也是暗藏了同步实现诸如拟写方案宣传语、解说短片内容、准备短片画外音文稿、撰写脚本、拟写标题等语文元素学习的用心，还有不做标题党等信息素养涵养的目标布设。这项活动的不足之处就是语文元素琐碎，还夹杂大量属于部门协调、场地条件选定、美术编辑、版面设计、资料搜集等非语文性质的元素。表面单纯但实则繁杂，且靠戏剧节宣传方案搭建的学习场景与学生较为疏离，不切学生的实际，完成这样的活动看似美妙，学生、老师却有难以承受之重。从方案角度说，这个活动又可以跟第一个活动写调查方案整合。这样可以简化语文教学价值不大的驳杂部分，单纯语文的学习目标，滤掉非语文因素，解决不可承受之重、不切学生的实际等问题。

第四，通过一组带成果任务的小活动完成信息辨识的深度体验和理性思考，分享真实经验、讨论可靠方法、梳理实用资料、总结理性认识。这个活动也暗藏分工合作、信息素养和价值观目标。这个活动"梳理可靠信息源"部分也可以跟第一个活动"信息来源调查"合二为一。而"信息辨识"部分又可以跟第三个活动的"编写戏剧节宣传推广方案"合并。

综上，四个任务的核心要点，无外乎涉及信息调查及分析、多媒体文案撰写和推送、信息辨析加工、资源收集梳理分享等内容，完全可以统整起来用一个大活动包含，在一个融合平台上呈现，并且仅在这个平台上体验多种媒介传播、表达的特点。

再说综合和勾串。活动具有综合性，综合要靠编排、组织，一线连串是活动结构化的最好策略。本单元的丰富内涵更是提供了综合性突显的更多可能。分析本单元活动内容、要素构成、勾串态势，推敲活动编排、组织的策略路线，图示综合连串整体方案如表2.3.1。

3. 在纵深方向上增加活动的思维、体验含量。

目前我们的学习大多是"提纯"了的学习。学习的背景、环境和条件是被简化、典型化、理想化、假定化了的，滤掉了一些虽然现实会出现但却干扰"方便"教学的因素。因而学习场景不可能有现实那样"严峻"和复杂。这就导致学习带有"坐而论道"的色彩，需要提高思维含量去抵抗。活动单元的开设可以克服教学的这个不足和局限。前提就是活动要全力以赴，全部开通，全负荷运转。这就必然要增加学习的另一种难度和挑战。所谓活动要增加思维、过程、体验含量，就是为了应对这种难度和挑战。意指将活动放入复杂现实情境、具体真实任务中，不忘让讨论伴随，让学习者直接面临，深入细致地参与、感受、体认、思考。若如此，那么学习的原生态和现实感就会扑面而来，思维的挑战是伴随和跟进的，需要你全身心投入，调动全部脑力去应对，时时要思考，步步要面对。就本项活动来说，呼应这一要求，就是要适时介入有关信息和媒介的话题讨论，让活动引发思考，把活动引向纵深，做真做细，把现实生活中不打折扣、包含细节的、复杂而真实的情境"全倾入"语文活动中，让活动在专精细处体验，在垂直领域纵深挖掘。

表 2.3.1 "信息时代的语文生活"单元整体设计方案

活动要素实的学习点的组织、编排					活动任务	
程序性知识	过程体验	素养涵养	语文训练	思维增进	延伸挖据	一线连串综合方案
社交媒体调查、统计小程序工具知识	信息来源、渠道的小程序调查、统计	个人信息、隐私的保护		调查统计数据分析	调查、统计模型设计	
热搜的概念、机制知识	热搜体认	信息过载的应对	热搜信息资源化	热搜"热"的思考		
头部信息平台知识	新华网等查看	养成从头部信息平台获取信息的习惯	素材积累和利用	信息的精准推送思考		认识多媒介
热榜搜索知识	信息的搜索、分享	通过媒介关注社会	听 说 转述			善用多媒介 辨识媒介信息
新闻六要素知识	新闻信息的编写	信息传播伦理	信息提取			
新闻特征辨认知识	热搜的"热点"辨识	是非观、价值观的培育	信息的筛选、提取	舆情发酵的启示和思考	实用写作	
	新闻热点的体认	信息真伪的辨识;正气弘扬	观点的阐述	新闻衍生值的体认		从一则热搜信息认识新闻与媒介
网络"围观"流程、方式知识	热搜事件的"围观"参与	"围观""吃瓜"礼仪	评论、劝说	引申话题的辩论	特定表达形式的写作	
"留言"的语言特征知识				网络"围观"现象的思考		
自媒体知识						
新闻写作知识	现场新闻速写	新闻伦理	新闻写作	快速构思	快讯写作	

第二章 简练语文之模样 79

续表

程序性知识	过程体验	素养涵养	语文训练	思维增进	延伸挖掘	活动任务	一线连串综合方案
融媒体知识	资料、素材的搜集，取舍，制作、加工	知识产权意识	文字素材的筛选、梳理；访谈说话	如何面对镜头协地说话的交流讨论；条理表达、信息提炼	短视频录制		
网络推文知识							
信息梳理知识	方法经验的梳理、总结	总结习惯的养成		语文学习习惯讨论	经验梳理、总结、习惯的养成	认识多媒介 善用多媒介 辨识媒介信息	用融媒体编写"语文考试经验谈"推文
资源超链接搬运工知识	考试资源搜集、超链接清单编排	信息的辨识、分享；信息伦理	信息分类	数字资源合视取资路径思考；网络推文语体讨论			
总结性文案写作知识	文案的编写	媒介使用自律	实用文写作	推文案优化讨论	激励修饰语写作		
融媒体编排知识	推文的多媒体编排	信息伦理		融媒体传播优势思考；推送策略思考			
推文的发布、推送知识	推文的发布、推送	信息伦理				认识多媒介 善用媒介 辨识媒介信息	疫情推文的编辑、阅读与写作
文选及编辑知识	编选准备、拟定主题、前言撰写	了解和掌握主流、权威头部信息平台；通过可靠平台获取信息	实用文写作	调查数据分析	信息受众模型设计；前言写作		
资源超链接搬运工知识	推文搜集、阅读、筛选	信息的审辨	素材的积累；信息的阅读、筛选	推文的真假、价值及甄别方法讨论			

续表

程序性知识	过程体验	活动要落实的学习点的组织、编排					活动任务	一线连串综合方案
^	^	素养涵养	语文训练	思维增进	延伸挖据	^	^	^
编辑流程知识	推文清单分类、分栏目编排	信息伦理	信息的分类 栏目标题的撰写	推文选编的智慧、策略思考	推荐语写作		
发布、推送知识	推文清单发布、推送	信息伦理		推送的策略思考			
资源生成流程知识	推文清单再编辑、再丰富	信息伦理	信息的组织、加工	信息的滚动循环生成的思考	留言的管理、利用		

第二章 简练语文之模样 81

4. 用顺势、借助策略实现活动更多的语文教学价值挖掘。

这实际就是活动增量和延伸。语文教学价值挖掘是本单元的丰富内容决定的。本单元活动延伸的空间和地带极为宽阔，顺势的方向路线众多。不借机利用，不作突破，白白浪费，甚为可惜。例如，本单元没作写作安排，而活动处处都有写作的开掘点，可以向说、思、辩、写等方向延伸。当然延伸也要注意几个原则：第一，顺势。自然派生，不牵强，不勉强。第二，融合。统一和包含在活动的一线连串的体系中，与主体活动融合，成为有机的一个整体。第三，备选。不是必须，是可选项。性质是锦上添花。因而不能喧宾夺主，更不能冲淡主线。

三、基于单元活动任务统整、改造的三个具体方案及点评

鉴于以上分析，将"信息时代的语文生活"单元任务统整改造成三个具体方案，分别为：从一则热搜信息体认新闻与媒介，用融媒体编写"语文考试方法经验谈"推文，编辑、阅读与写作疫情推文。

方案一： 从一则热搜信息体认新闻、媒介

1. 承载借重平台。

微信学习群；一条热搜新闻推文。

2. 方案步骤。

(1) 调查信息获取的来源、渠道。了解"热搜"知识和机制。要求建微信学习群，借助微信调查小程序和群工具。

(2) 分享一条列入热搜的社会新闻。设计这个环节是为了让学生了解熟悉热搜机制，抵抗信息过载，掌握快速获取重要信息的方法。

(3) 转发这条热搜新闻。这个环节是让学生体验数字信息生产、传播过程及其特点；同时借设条件转发的要求顺势了解熟悉新闻的何时、何地、何事、何人、何故、何果六要素。

(4) 体认新闻信息特点。借追问热搜新闻引发关注的原因，剖析新闻"发热"的助推元素，了解、体认新闻特点。

(5) 体认"新闻与我"。一是新闻与舆情。讨论网络"围观"、"吃瓜"现象及启示，体认"围观"舆情的性质和影响力。二是新闻与伦理。讨论话题："围观"改变世界。既然"围观"的力量如此大，那我们该怎样"吃

瓜"？自媒体时代,我们需要怎样的信息伦理？

（6）评论这条热搜新闻。通过新闻评论区"留言"体认"围观"的正确姿态、过程和信息伦理。

（7）辩论这条热搜新闻的衍生话题。衍生话题：以德报怨还是以直报怨？同步要求落实现场记录、辩论表达等语文要素的学习。

（8）顺写新闻。任务设计：把刚才进行的这节活动课按新闻六要素要求作一个报道。

（9）收束总结。问题设计：我们在这一节课上开展了哪些活动？

本活动案例从小角度切入，一线连串听、说、转、识、选、评、辩、写等具体的八个子活动，借此使学生深度了解体认以新闻为代表的信息及媒介特点，涵养媒介素养，延伸语文学习，具有较高的思维含量。过程完全还原现实情境，活动按真实步骤进行，细节模拟逼真，学生体验具体、细致。

方案二： 用融媒体编写"语文考试方法经验谈"推文

1. 承载平台。

融媒体。

2. 活动环节及要求。

（1）搜集、取舍、制作、加工素材。录制"经验谈"短视频。

（2）梳理、总结方法经验。

（3）搜集考试资源，编排超链接清单。了解主流助学信息源及媒体。掌握超链接搬运工知识。

（4）编写文案。体现推文语言、形式、传播的特点，要求添加激励语等修饰元素。

（5）推文的多媒体编排。要求文字、图片、声频、视频等多种表达方式综合呈现。

（6）推文的发布推送。

方案三： 疫情推文的编辑、阅读与写作

1. 承载平台。

推文清单和头条自媒体"简练语文"平台。

2. 活动流程。

（1）开展推文需求及受众调查，拟定推文的主题和方向，确定推文选择标准，形成推文清单前言。

（2）设置推文清单栏目。

（3）按下列流程开展活动：采用超链接搬运工策略，收集疫情推文超链接（重点关注新华社、人民日报客户端、头条号客户端）——按栏目分类编选推文——为推文写推荐语——形成推文清单——在头条自媒体"简练语文"上发布、推送推文清单——收集推文阅读的留言、意见——给推文清单补充推文和阅读感言，充实推文清单和推荐语。

本活动设计充分利用和借助网络环境和网络信息，把"读"跟"写"结合起来，用"写"来驱动"读"。同时通过编辑推文、阅读推文的方式，让学生"接触"信息、"接触"思想，从而"接触"社会、"接触"人生，提升思维能力和信息素养，以此实现语文基本功的蓄积和训练。同时，在安排教学流程时，注意环节之间的内在关联，环环相扣，互为因应："推文编选"环节生成的学习成果，自然转化为下一个环节"推文阅读"的学习资源，从而形成信息资源的良性循环与滚动生成。

这项活动可以实现推文选编、阅读、写作全流程式体验，使学生真真实实地从系统的、全过程的、语文综合性学习的角度把活动走一遍，连带出读、选、思、写等一系列语文学习体验行为。

（以上教学设计综合了原载《语文建设》2021年第4期论文写成）

四、简练语文"骨"字的提取

如何提取简练语文的"骨"字呢？

简练语文以文本核心和教学核心定义"骨"字。"骨"字是课堂的"主词"，也就是教学内容的核心概念反映在教学结构组织上的一个形象说法。某种意义上说，简练语文的备课就是备"骨"字。考虑到"骨"字在简练教学的意义，从简练的切入贯串一体叠合结构化角度考虑，那么"骨"字的选择和确立应有如下考量：

第一，是否能反映教学的核心或课堂的逻辑关联？

第二，是否能既关照教又关照学？

第三，是否能同时成为课的切入点？

第四，是否能依靠它组串起课堂？

是为简练教学的立"骨"原则。

单纯依循核心概念的思路去找寻"骨"字，"骨"字可以有很多种选择，那是因为语文教学内容的规定性、序列性不强。但满足结构化用意，符合简练语文要求的"骨"字就"百里挑一"了。这里以《边城》教学的"骨"字的选择为例具体说明：

《边城》教学设计最后我是以"莫不"立骨的。但是在这之前，为这个一字立骨的"骨"字，我曾有过好几个设想和筛选，曾苦苦探寻过很多个方案。一一比较后才确定了"莫不"这个方案的。过程如下：

方案一：用"说"来一字立骨，统贯全课——四"说"边城

"说"：按要求用一段话概括提炼《边城》内容。"四"：分四个层次不断增添"说"要涵盖的学习内容和语文元素。通过这种安排，勾连串通课堂，逐层推进文本的挖掘和理解。如：

一说《边城》：这一遍，只要围绕端午节来说，你只要讲清三个端午节的关系及安排即可。（三个端午节在小说安排中颇具机巧，梳理清楚就不易，清楚了内容也就明白了）

二说《边城》：在第一遍的基础上，加入翠翠心思的品味这个元素，再说。

三说《边城》：这回，在品味的基础上还要为翠翠的心思附上揭示旁白，三说。

四说《边城》：再在"三说"的基础上，加上翠翠心思的赏析，四说。

这个设计，一字立骨、片言统贯的思路是很清晰的，课堂有层次、有梯度、有推进。理解、概括、综述等思维的促进，课堂催发的立意是很明显的。对学生的考验也大，很有挑战性。但文本细读要求高。教师对学情的底细要清，学生平时就要开展"说"的训练，对"说"习以为常，否则课堂不易轻松，有悖简练语文的宗旨。

方案二：抓"翠翠的心思"一字立骨

翠翠的心思是小说中写得最动人的部分，认定为文本的核心肯定是没问题的。而且，翠翠的心思比较隐藏，属于文本的隐性信息，讲翠翠的心思没错；这么长的文本，从哪里入手？《边城》虽长，我只读一个人的心思，又能体现教学的取舍，这就简练语文了。翠翠的心思藏几许？——翠翠的心思有多美？——翠翠的

心思有多纯？——翠翠的心思有多隐？——翠翠的心思有多哀？这样组串课堂，看看能从心思里读出多少东西来。但挖掘心思是细活，"情爱"对学生属敏感地带，不宜深挖，学生的经验可能也不支持这样的挖掘：判定"翠翠的心思"不算是个"适切"的"骨"字。

方案三：以小说结尾句作为"骨"字

用整篇小说最后一句话来作一字立骨的"骨"字。别忘了，课文是小说的节选，节选部分是结尾句含蓄交代的命运结局的起点。由命运的结局回溯命运的开始处是很有意思的，就借这句话来回看节选部分。

"这个人也许永远不回来了，也许明天回来。"

这是全书的结尾，一个耐人寻味的结尾，一记神来之笔。

这意味深长的结尾，意外而又略带点神秘，肯定而又不确定，美丽而又带点忧伤。无奈且含有深深的隐伏的悲痛和宿命感。

可以这么设置问题：

1. "这个人也许永远不回来了"的"这个人"是谁？（二老）小说为了让"这个人"能自然走到结尾句的命运结局里，在我们节选部分作了哪些努力、铺垫和交代？

2. 在这个"成就结尾句"的过程中，作者也成就了哪个形象？（翠翠）

3. 可是，就是这样一个人，这样的开始，最后的结局却是"也许永远不回来了，也许明天回来"，读了全书也好，没读也好，你给我想想，只有什么情况才会导致这样的变故？这样一个结果，意味作者想把小说带到一个什么样的境地？（优美的背后很强的悲剧感）

4. 如果"这个人"明天回来，你认为会是什么动力和吸引？（结合小说内容的想象）

……

由结尾这句话出发，你看，可以把边城乡土、翠翠的心思、隐伏的悲痛等很多东西勾连出来，带出来。还给学生去通读小说形成一个吸引。但这个设计有一个很大的问题，就是课文节选部分二老与翠翠的关系揭示得不明显，落点不容易到仅为节选部分的课文上。

方案四:"边"字立骨

落一"边"字贯串全课。始终围绕一个"边"字来讲。课文文字很撩人,每一处都能引发你的浮想,你能被文字带出去很远很远。而那么纯的东西,都在一个"边"字上。

这样想来,就让学生读里面的"边"人、"边"事,找最打动人的"边"景、"边"情。人心的简朴、淳厚、明净,与现代文明森然对立,对学生尤其是城市的学生会很有吸引力,学生会感到与现代很不同,是另一个世界。

尝试这个立"骨"方案很成功。很多学生成了"蓝翔挖掘机",顺这个小切口把小说"挖"了个遍。小说最典型、最耐人寻味的细节都给挖掘出来了。甚至连小说里的鸭、狗学生都作了挖掘,认为也有"边"味,都充满纯净、乡土、自然的气息。挖掘悄然让学生亲近了文本,同时也为下一个教学环节作了铺垫:学生对《边城》有了非常深切的阅读感受,就为后面讨论"边"的现代意义奠定了一个扎实的基础。

于是,教学从这个"边"字一路追索下去:从地域、空间上的"边"到文明、心理上的"边",生发出对诸如"我们需要地域意义上的'边城'吗?"、"当地域意义上的'边城'都消失了,我们该怎么办?"、"我们是否需要心灵上的'边城'?"、"在喧闹的城市化进程中,我们需不需要一份'边城'式的驻守?"等等问题的探讨。

有学生就讨论到,城市文明的到来,你无法拒绝它,你有权享受物质的充实,享受更丰富的生活,它也可以是人类的追求。所以,边城的消失是必然的,肯定的。也正因为如此,才有"边城"现代意义讨论的价值。但那种人心的透明关系,乡土民俗的纯净,人与人之间的纯朴可以存留在人的内心。

长文那么多东西我不触及它,只讲一个"边"字,只播一颗种子,花花草草不涉及。长文就短教了。这个方案不错。

但最让人怦然心动的还是"莫不"立骨这个方案,同时也是最耗心血才寻得的一个方案。这让我明白了一个道理,简练语文找"骨"字的秘诀在于穷寻苦觅,在于阅读视野。确立"莫不"作为《边城》教学的"骨"字的过程反反复复,煎熬痛苦:找到"字"穷处,只好又沉潜到文本中,进而扩大到从全书中找灵感。这回带着动机的眼睛与小说开篇有了接触,"骨"字立马就有了。因为小说开篇满目都是"莫不",你不可能不注意。但之前为什么读而不察呢?因为你没有带着立"骨"的意识,没有这份"功利"。所以,备课找"骨"字带着立骨意识也很重要。

最后选择了"莫不",上面曾经动心的四个方案的内容靠它也能连带出。选"骨"字没有最好只有更好。一旦一个好的立骨之词选定了,那一切就变得轻松简单了。(设计见下)

简练语文备课需备"骨"字,备"骨"字要寻觅,更要有立骨意识。

附:《边城》"莫不"一字立骨教学设计实例

"莫不"立骨,唯"简"是教[①]

——《边城》简练教学设计及阐释

设计阐释

《边城》是统编教材高中语文选择性必修下册的一篇课文。《边城》的教学采用简练语文教学理念设计。

简练语文教学理念是什么?要义和精髓是什么?

简单来说就是一字立骨,切入贯串。

那如何用简练语文设计《边城》的教学呢?

《边城》简练教学的做法是:以文中反复出现的一个副词"莫不"作为教学的基点和聚焦点,一字立骨,设计全课。因此,要清楚阐释"莫不"立骨的《边城》的简练教学设计,其实只要回答解释一个问题:为什么是"莫不"?

回答这个问题首先得问:《边城》的文本核心价值是什么?教学价值是什么?也许有人会说是里面的"人性皆善"。因为作者自己也说了他要表现"优美、健康,不悖于人性的人生形式"。沈从文的《边城》是一篇蕴藉含蓄而又寄托很深的小说;是一个带着痛惜情绪,隐伏着悲痛的怀旧作品;是乡土抒情的桃源牧歌。我在确认文本的核心价值的时候,最初也是这样想的。于是很自然地想到边城世界那种"人性皆善"的风俗民情。但细读文本后,在一个细节点上滞住了,改变我最初的想法。这就是小说提到妓女父亲的那个细节。小说是"皆善"吗?这里有矛盾,有很难说清的地方,十七刀你怎么解释?更主要的是主体的"人性皆善"在文本中又是显性信息,是一看就能感受到的信息,那还能讲"人性皆

[①] 张挥."莫不"立骨,唯"简"是教——《边城》简练教学设计[J].中学语文,2021,(13):16—20.

善"吗?

于是,我换个角度从教学价值思考:这篇文本真正隐性而又蕴蓄的信息有吗?有,不仅有,而且就是小说的主旨。是什么呢?我注意到作者很在意读者怎么读他的作品,会把他的作品读成什么,很担心误读。作者曾说:"我作品能够在市场上流行,实际上等于买椟还珠,你们能欣赏我故事的清新,照例那作品背后蕴藏的热情却忽略了,你们能欣赏我文字的朴实,照例那作品背后隐伏的悲痛也忽略了。"[①]说明"蕴藏的热情"和"隐伏的悲痛"是作者自己都很看重的东西,同时也说明他在意的这个内容是隐含蕴蓄的。作者的在意和文本的蕴藏隐伏,这不就是小说恰切的教点吗?教学要教隐性信息,要教到学生易忽略、不易懂的地方去。于是,我否定了教"人性皆善"的想法,确定"读出作者期望读到的东西"作为教点。"像作者期望的那样读他的作品"非常美妙,它能引导你聚焦文本的核心价值和教学价值,同时还能为"统贯"和"总摄"的设计提供基础。这个教点对于简练语文来说再好不过了。

仅有好的教点还不够,还不能实现简练教学。实现简练教学的前提是找到一个适巧的切入。

由谁来担纲《边城》简练教学设计适巧的切入呢?

无论是课文节选还是整篇,你都会想到高频词"莫不"。

因为你会发现"莫不"是助力实现拟定教学目标的一个词,是破解文本蕴藏隐伏内容的一个关键词。它既是小说中反复出现的一个核心词,也是小说阅读的牵引,能牵带出文本解读的方方面面。

"莫不"为什么会是这样一个词?这得从文本和教学两个角度观照。

从文本角度上说,"莫不"它本身就是作者的一个用心。小说的节选如此,整本书也是如此。其实,翻开整本小说,无须找寻,你立马就会发现满眼的"莫不"。这个词作者用得非常刻意,委实频繁。"莫不"在《边城》里是概莫如此、全部的意思,小说要表现人性"皆"善、"皆"痛,因此它就是作者要表现的内容本身和核心。"莫不"是能串联勾连起文本内容

[①] 沈从文.从文小说习作选[M].上海:上海书店出版社,2000:1—5.

的实实在在的内在逻辑。它是个理想,指向希望,深深地渗透了作者的期望和理想化的努力,哪怕文本提供的"皆善"的桃源世界在现实是匮乏的,作者也仍执着地讴歌它。作为副词"莫不"还是程度上十分、非常的意思。"莫不"的背后有作者十分热切的情绪:每每叙述到热闹的时候,作者的"莫不"就多了起来,你明显能从这个用词中感受到作者内心的激动,热烈。《边城》是田园牧歌,"但牧歌中的矛盾经过了精心修饰,调子可以是忧郁的,哀伤的,却不能过分严峻,牧歌追求理想化,因此拒绝残酷的现实主义描写。《边城》中的这些因素显然超出了抒情挽歌的范围。沈从文虽然为弥合牧歌文本中的破绽,作了不少工作,这可以从他频繁使用的一些赞誉性词汇中看出来"。① 赞誉性词汇最典型的就是"莫不"。

可以说"莫不"包含或指向了作者期望读者读到的主要内容和信息。

有人还指出:"另一方面,个体的一次性行为,沈从文总喜欢用'照例'、'常常'等副词使单数叙事变成复数叙事,从而对具体的人事、行动、情节等作物景化、概括化处理。前者是对乡土的实际形态的具体描述,后者发挥的则是还原作用,即把个体归到类,再把类融入土地。经验与人事通过这样的抽象,从流动时间的冲刷侵蚀中解脱出来,堆积成习惯、风俗、文化,实现了永恒。这就是沈从文确立的'常',也是边城的乡土之本质所在。"②如果认可这个说法的话,那"莫不"还是代表性的"使单数叙事变成复数叙事"中的"复数叙事"。

"莫不"就是《边城》要表现的内容本身,边城就是一个"莫不"的世界。

在简练教学设计的眼里,"莫不"这个副词显现了它修饰的内容的一致性的特征,因而它是一个具有高度涵括性的词语。这个涵括既对文本也对教学,它汇聚的是作者的希望和热情,能指向课堂确立的教学核心价值即"读到作品蕴藏的热情和隐伏的悲痛"。

因此,从教学角度说,"莫不"虽是小说中频繁出现的一个副词,却不

---

① 刘洪涛.《边城》:牧歌与中国形象[J].文学评论,2002,(01):70—77.
② 刘洪涛.《边城》:牧歌与中国形象[J].文学评论,2002,(01):70—77.

是一个寻常的副词,它是通向教学便道的入口,是实施简练教学所需要的那个"片言"和"骨"字:

首先,"莫不"相当于教学上的一个"剪口"——虽然很小,但"教学食袋"靠它一撕即开。

依靠"莫不"这个课堂"剪口"从文本切入进去,不仅顺势,而且还能轻巧地抵达教点——体会作者寄予小说的热情和希望,感受作者希望我们读到的"隐伏"的东西。这时作为"剪口"的"莫不"就像扔进课堂水面的一个石头,一石激起千层浪,"莫不"会在课堂泛起一层一层的波纹或涟漪,层层推开,把全课整片都连带出来。

其次,片言"莫不"能够"统贯"。它会成为一根串线,把课堂贯串起来。从而达到牵一发而动全身的效果。

这样,"莫不"同时也就自然还会成为教学的路径,课的展开方向。课堂思维都从这里产生、上路。这样课堂逻辑必然清晰,且呈高度聚焦态势,从而展现出一种简练清爽的面貌。

因此,这么长的一篇小说,简练语文就讲"莫不"两个字。

教学过程

一、披文漫览→聚焦"莫不":确立骨之词,获切入解径

1. 引出导入。

引出导入1:PPT出示(请同学们静读)——

《边城》是这样一部小说,每个接触到这个文本的人都会有一种读它的冲动。面对这样一份作品需要一份阅读的沉静和沉静的阅读。阅读它,会成为我们可能不多的阅读经历中的一段铭心的记忆。

引出导入2:对于这部作品,作者很担心被误读,他曾说(PPT出示)——

我作品能够在市场上流行,实际上等于买椟还珠,你们能欣赏我故事的清新,照例那作品背后蕴藏的热情却忽略了,你们能欣赏我文字的朴实,照例那作品背后隐伏的悲痛也忽略了。

引出导入3:阅读的遗憾莫过于买"椟"还"珠"了,读懂作者对读者来说是种诱惑,也是一种阅读思路。读懂深厚作品《边城》的作者那更是

我们不能轻言放弃的追求。

买"椟"还"珠"还是买"椟"留"珠"？下面我们就来亲近这篇乡情浓郁的作品，看看能不能把"珠"留下？

2. 问题设置。

设问导引1：不知大家注意到没有？小说开头总说部分有一个表范围和程度的副词被作者反复使用，用得很突出，你认为是哪个词？何以说是这个词？

（如果学生没有反应，教师提示：朗读小说开头部分，并重读文中出现的所有的"莫不"这个词。）

设问导引2：现在明白了吗？

学生交流讨论，明确：莫不，出现6处之多（PPT出示）——

一切**莫不**极有秩序

人民也**莫不**安分乐生

莫不穿了新衣

莫不倒锁了门

莫不在税关前看热闹

也**莫不**因鼓声想到远人……

3. 揭示过渡。

导语设计：一个大作家肯定知道词语犯重的忌讳。一个普通的副词反复使用，一定有它的用意和强调。那它的用意和强调在哪里呢？那这里的"莫不"有何玩味呢？

二、显性"莫不"→隐性"莫不"：顺势入里，深究品味

1. 解释导入。

导语设计："莫不"是什么意思？就是概莫如此、没有例外，就是纯粹单一、统统如此。刚才我们找到的"莫不"那是作者直接说出来的，是显性的"莫不"，这些显性的"莫不"赫然出现，引起了老师的注意，顺着这些"莫不"追寻下去，老师还有惊人的发现！除了这些显性的"莫不"外，文中还有很多隐含的"莫不"：边城其实就是一方"莫不"的世界！

于是，每每读《边城》，我就总会被这些显性和隐含的"莫不"撩拨着，

有时突然会有种豁然的感觉,并被它带到很远很远的地方去。有些能释怀,有些不能,甚至似有很多感悟却欲说还休,欲吐难尽。

2. 示例解读。

示例解读1:比如挖掘出其中的一个"莫不",它如此撩动着我,我不仅能印证,还会被它带到很远的地方去,并能带出很多东西。这个"莫不"就是(PPT出示)——

《边城》要人心若有所想、若有所盼、若有所向、若有所动时"莫不"响起**鼓声**。

示例解读2:"莫不"响起鼓声,文中处处能印证这个"莫不"(PPT出示)——

(1) **鼓声**如雷……想起小说故事上梁红玉老灌河时水战**雷鼓**种种情形……

(2) 对远方有所等待、有所盼望的,也莫不因**鼓声**想到远人

(3) 让那迷人的**鼓声**,把自己带到一个过去的节日里去

(4) **鼓声**蓬蓬响着,翠翠抿着嘴一句话不说,心中充满不可言说的快乐

(5) 见代替他的老朋友,正站在白塔下注意听远处**鼓声**

(6) **锣鼓**催促急促的拍子,大家情绪都为这事情十分兴奋

(7) 远处**鼓声**又蓬蓬地响起来了,黄狗张着两个耳朵听着

(8) **唢呐**呜呜喇喇吹起来,……感情仿佛追着那**唢呐**声音(唢呐如鼓)走去,走了很远的路方回到自己身边来

……

这鼓声不是"莫不"是什么?这个"莫不"的鼓声,撩拨我什么呢?带出了什么呢?我被带出来的是,为什么总是鼓声?小说要写节日热闹,鼓声最具代表!因此写鼓声,而且只要写鼓声就够了。鼓声热烈,鼓声撼人,所以莫不在撩人时响起。一鼓而灵气四溢,一鼓而勾人魂魄,一鼓而意味悠长!世上还找得出这样的鼓声吗?

3. 交流激励。

导语设计:我觉得同学们最有灵气,班里肯定有能人,有读家。有沈

迷——沈从文迷。一定能提出自己关于"莫不"的发现,并给予印证,而且阐释它里面可能的蕴含,看看它能给我们带出什么东西?会把我们带到哪里去?

4. 设问导引,品味隐性"莫不"。

设问导引1:不过,下面的"莫不"我就有些迷蒙,同学们能不能像我刚才那样说话:(1)帮我印证它?(2)并想想它能带出什么来?

PPT出示——

有人告诉我,不要说人,就是边城里的动物也**莫不**关情。

设问导引2:小说写了几种动物?

学生交流讨论,明确:鸭、狗。

设问导引3:比如这个鸭吧,有关鸭的情节莫过于"放、捉、送"三字,而这三字莫不体现风俗美、人性美。你读得出来吗?

(提示:谁放?谁捉?谁送?里面情节的玩味?)

设问导引4:送鸭如此,小说还写到其他的"送",也**莫**不如此。你能印证吗?

学生交流讨论,明确:送翠翠,送鸭子,送钱,送烟叶等。

设问导引5:这是鸭子,狗呢?(PPT出示)——

有翠翠的地方**莫不**有狗,有狗的地方**莫不**有翠翠。

你同意吗?你能印证吗?这说明什么?

学生发掘,交流讨论,教师相机提炼归纳。明确:透露出一种难言的孤寂,引出隐痛。

设问导引6:还有(PPT出示)——

翠翠的心思**莫不**耐人寻味,**莫不**尽显含蓄美、贴合美、微妙美、暗示美。

翠翠有心思吗?什么心思?哪里能看出翠翠的心思?

(要求学生文中划出翠翠的心思,应划尽划)

设问导引7:解说翠翠的心思——翠翠为什么骂狗?就是狗搅动了翠翠的心思。但翠翠的心思向人说了没有?为什么没说?如果想说,会对谁说?如果有一个可以说的人,该会是谁?母亲?玩伴?有没有?

学生交流讨论,明确:——透出难言的孤寂。翠翠的心思**莫不**暗含一种隐痛!

设问导引 8:爷爷也有心思,他为什么也不说？顾忌？性格气质？

学生交流讨论,明确:难以说出,无法倾诉——也是孤寂。

设问导引 9:由此再追问,那还有其他人呢？是不是也**莫不孤寂**？比如,老熟人？(也是孤独,比爷爷更孤单)顺顺？("便解嘲似的向孩子们说"——对不可抗拒的衰老的无奈,隐痛)

学生交流讨论,明确:似乎人人**莫不**隐痛。

设问导引 10:追问分析翠翠的心思——小说在表达翠翠的心有所动,心有所属时总是显得很微妙,是用暗示的方法表达出来的,信不信？何以见得？你能举例说明吗？

学生交流讨论,明确。

设问导引 11:一方是少女的朦胧怀春、情窦初开的羞涩,一方是作者表现的含蓄。翠翠的心理反应描写非常贴合一个十四五岁边城少女的特点。这些从哪里可以看出？

三、说"莫不"→析"边"意:明小说写作意图,成作家期望读者

1. 承上启下。

导语设计:"莫不"过后,这样看来,《边城》里的人、事、物**莫不**"边"味悠长。总有一种味道在心里悠悠。读过《边城》的人恐怕都会有这样一种阅读体验:里面弥漫着一种浓浓的仿佛曾经存在又像失落已久的久远的味道。我们姑且叫它"边"味吧！那这个"边"味到底是什么呢？有几重意味？

学生交流讨论,明确:(1)地理的偏僻。(2)远离现代、外界的古朴文明。(3)讲责任,重担当(顺顺、爷爷)的儒家文化美。(4)发乎情,止乎礼(二老、翠翠)的古典文化美。……

2. 还"椟"留"珠"。

设问导引 1:边城是个怎样的世界？你能从"莫不"里读到什么？我们是否把"珠"留下？还记得那颗"珠"吗？

(再次 PPT 出示本课开头作者谈"买椟还珠"的那段话)

设问导引 2:小说用如此多的"莫不"是在什么地方？

明确：开篇介绍端午节时。

设问导引3：请说明作者在介绍他的边城和端午节的时候，他的内心应该是怎样的？你能读出"莫不"这个词背后作者的情绪吗？

学生交流，明确：文字上的兴奋和热切！作者内心是激荡的，充溢着对所回忆、介绍的事情的欣喜之情。心里一激动、兴奋，笔下就禁不住"莫不"起来。你能很强烈地感受到词的背后作者的赞美、渴望、期盼、热切之情，仿佛自己也沉浸在节日的热闹中，而不知不觉地自然呈现出一种文字的兴奋。

3. "矛盾"求悟。

设问导引1："莫不"是什么意思？就是概莫如此，没有例外，单一纯粹。这样的世界在现实生活中存在吗？换句话说，小说有不"莫不"的地方吗？

学生交流讨论，明确：有。吊脚楼下听两个水手议论卖唱的妓女："她的爸爸在棉花坡被人杀了十七刀。"需要多大的宿怨，要将仇人杀十七刀！

设问导引2：这触目惊心的事件根本不和谐，明显不是安分乐生，可作者为什么却仍要说"莫不"呢？明显地与"莫不"相矛盾，作者为什么还"莫不"呢？既然有不"莫不"，那为什么作者还要反复用"莫不"呢？

学生交流讨论，明确：对美德的极力讴歌、赞美。寄托了作者的期望和理想。边城是作者的理想世界。

4. 揭示总结。

揭示总结1：你看，我们读"莫不"，读着读着，就读成作者期望的读者了，读成不是"买'椟'还'珠'"而是"买'椟'留'珠'"了。何以见得？有作者给我们颁发的"证书"——

（第三次PPT出示本课开头作者谈"买椟还珠"的那段话）

揭示总结2：实际上，对于这样一个世界，作者在题记里早就为他的作品预设好四种读者（PPT出示，请一个同学读一遍）——

我将把这个民族为历史所带走向一个不可知的命运中前进时，一些小人物在变动中的忧患，与由于营养不足所产生的"活下去"以及"怎样活下去"的观念和欲望,来作朴素的叙述。我的读者应是有理性,而这点理性便基于对中国现社会变动有所关心,认识这个民族的过去伟大处与目前堕落处,各在那里很寂寞的从事与民族复兴大业的人。这作品或者只能给他们**一点怀古的幽情**,或者只能给他们**一次苦笑**,或者又将给他们**一个噩梦**,但同时说不定,也许尚能给他们**一种勇气同信心**!

揭示总结3:面对作者为我们创设的这种人生形式,你会是哪类读者?你愿意成为哪类读者?为什么?

学生充分地交流讨论。

四、收课总结(调侃作结)

刚才同学们"莫不"乐于助人,尽显才华;"莫不"积极踊跃,认真思考;"莫不"同情老师,挺身而出。非是边民胜似边民——用一个个"莫不"温润出了一段"莫不"醇厚的时光。感谢同学们的配合。下课。

五、简练语文的切入

切入是入课的角度。简练语文的精髓在"简"。简练语文的切入口要"小",以"小"出"巧",以"小"胜"繁",最后以"小"得"简"。因此,切入是简练语文"简练"的重要倚借。

切入着眼的是教学的整体设计,是相对于整课的一个设计概念,是全局性的。故切入不等于引入、导入,引入、导入只是相对课的局部也就是开始部分的一个教学手段。

对于简练语文来说,切入是角度问题,但找切入不光是找角度,还要思考与"骨"字、贯串的一体叠合。

语文教学的不确定性使得教学设计即使是同一篇课文也可以有不同的立意,因此,服务于教学立意的简练语文的切入也可以有多种选择,多个方案。以《祝福》教学设计为例。

方案一:悲剧角度切入

《祝福》悲剧角度的文本研读——看小说怎样写悲剧

一、问题导引

1. 如果从悲剧、正剧、喜剧的角度看待《祝福》这篇小说,你认为小说属于什么剧?

明确:悲剧。

2. 关于悲剧,鲁迅有句精辟的解释:"悲剧就是把有价值的东西撕毁给人看。"你认可这句话吗?怎么理解这句话的意思?

提示:一件稀世珍品,尽管十分小心,最后还是啪的一下摔碎在地上……大家发出一声揪心的惊呼,什么就产生了?

3. 就鲁迅解释悲剧的这句话而言,对于悲剧,你认为哪些因素最关键?既然如此,我想再问同学们一个问题,如果要让悲剧越悲,该怎么做?

明确:让"有价值"越有价值,让"撕毁"越无情。

4. 既然如此,我们来想想,在你看来人世间什么东西是最有价值的?亲情?生命?同情心?尊严?自由?善良?勤劳?幸福……?

交流、讨论。

5. 再想想,如果要"消灭"和"撕毁",想象最无情的"撕毁"方式是什么?刀枪?流血?冷酷?薄凉?不见血的刀……?

6. 回过头来,我们再来看小说,刚才说了小说是一出悲剧,而且是极惨的悲剧。你们想过没有,这个悲剧是怎么产生的吗?你认为在祥林嫂的悲剧中,哪些因素起到了作用?

7. 小说提到了"有价值"的东西吗?提到哪些东西最有价值?对于这些东西小说是怎么安排和处理的?这些东西最后的结果怎么样了?它是怎么给"撕毁"的?用什么方式?

学生交流、讨论。

明确:(1)善良、勤劳、同情心、尊严、理解、担当、人的基本权利、妇女……(2)极力突出。(3)极惨的方式——消灭。(4)用冷酷、薄凉、无形的刀。

二、小结、归纳

问题设计:

1. 总觉得读完《祝福》有一种沉重感,内心深感震撼,你知道这种感受由何产生吗?

2. 现在,对于小说主旨与祥林嫂,对于《祝福》与悲剧——悲剧之于《祝福》,《祝福》之于悲剧,你想说些什么呢?

教师示例:《祝福》是极惨的悲剧,悲剧成就了《祝福》。有一个智者说过:要评价一个社会就要看这个社会如何去对待他们之中最不幸的人。写祥林嫂,其实是写最不幸的人,鲁迅要用她来看一个社会,一个需要改造的社会。

学生交流、讨论。

收课。

方案二:从"契约精神"角度切入

《祝福》"契约精神"角度的文本研读——讨论写祥林嫂的目的

一、问题导引

1. 小说主要写了谁? 她给你什么印象? 祥林嫂是个怎样的人? 地位、生存状态如何? 能不能具体说说?

学生交流、讨论。

2. 读了小说,谁能告诉我,鲁迅的小说为什么要把目光盯在一个不幸的、生活在社会底层、命运悲惨的女人身上?

学生交流、讨论。

3. 如果不能回答,能不能请同学们耐心听我读一个老太太的故事,看看对于我们解读作者写祥林嫂的目的有什么启发?

出示《一个老太太的故事》(略)。[1]

二、问题讨论

问题设置:

1. 透过祥林嫂看出了一个怎样的社会? 这个社会为什么会如此冷漠? 这个社会是怎么冷漠下来的? 小说给我们透露了原因吗?

2. 你认为在祥林嫂的悲剧中,哪些人和事起到了作用?

---

[1] 佚名. 请为我们的冷漠买单[J]. 健康大视野,2014,(018):117.

三、课堂总结

现在你明白了鲁迅为什么要写这么一个悲剧人物吗？写祥林嫂就是写一个不幸的人，鲁迅是要用她来看社会的，一个需要改造的社会！

鲁迅通过这篇小说就是要告诉我们：这个社会充满着冷漠、奸诈、残忍、自私，缺少善，更缺少契约精神！

收课。

两个方案，两种切入，但最后殊途同归。哪种切入好？没有绝对的好坏、绝对的优劣，适宜自己的就是最优的，最好的切入是切合学情和自己的教学风格的切入。

作为简练语文的切入需要寻找寄附、承载的载体，切入的载体不宜作太过狭窄、单一的理解，可以由不同的语言形式担当。

从语言单位角度讲，载体的语言单位可大可小。可以是字、词那样的微小语言单位，如《奥斯维辛没有什么新闻》的教学切入"有"，《边城》的教学切入"莫不"；也可以是句、段甚至是一组话题这样大的语言单位，如《祝福》的第三种教学切入方案：

《祝福》"选择话题说话法"简练教学设计

一、阅读课文

1. 阅读的交代布置。

2. 调查：读这篇文章需要多长时间？小说先睹为快了吗？

二、交流读后印象和感受

问题设置：

1. 只要读了鲁迅这篇小说，就一定会有感触。你对小说哪一个方面印象、感触最深？

2. 有关这篇小说的内容和意旨，有人作了如下表述和提炼：

（1）对受苦的人令人颤栗的凉薄与彻骨穿心的冷漠

（2）人生的无常和厄运

（3）激荡着民主革命潮流下的一个封闭式的社会

（4）礼教统治、礼教杀人的生动标本

（5）浓厚的迷信气氛

……（也可以自己提出）

你能不能选择其中的一句，扩展说话，谈谈你的印象和感触？

交流、讨论。

收课。

三、总结揭示

这里切入的载体就是一组有话题性、勾连性、诱导性的句子。相对文本,尽管这样的语言单位比较大,但仍属于"片言"。

从性质角度讲,切入的载体可以是:

1. 教学内容的核心概念。

如《陈情表》的教学切入"突围";《宇宙的未来》的教学切入"幽默";《祝福》的教学切入"契约精神"等。

2. 文本的关键词。

如《春江花月夜》的教学切入"月";《长恨歌》的教学切入"长";《念奴娇·赤壁怀古》的教学切入"初"等。

3. 文本内容凝练的一字一词。

如名著《红岩》的教学切入"信仰";《最后一课》的教学切入"觉醒";《老人与海》的教学切入"内心独白";《在马克思墓前的讲话》的教学切入"死""生"等。

4. 文眼、中心句、关节、线索等文章元素。

如《琵琶行》的教学切入"同是天涯沦落人,相逢何必曾相识";《一滴水经过丽江》的教学切入"一滴水";中学语文课本中的饭局文学专题的教学切入"饭局"等。

5. 具有勾连意义的字词句段、情节、细节。

如《林黛玉进贾府》的教学切入"忙"和"笑";《我的叔叔于勒》的教学切入"于勒的第二封信"等。

6. 带出课堂结构和组织的引子或由头。

如《汉家寨》的教学切入数字"3";名著阅读指导课的教学切入"戏拟名著朋友圈"等。

从上面提供的切入载体的选取思路和建议来看,教学切入的选取可以产生在文本里,也可以产生在文本外。可以跟文本内容有关,也可以无关。在里面,就随文取材;在外面,就文外寻觅。

六、简练语文的贯串

简练语文贯串理想的效果应该是这样：课堂就像扔进一个石头的水面，波纹从中心往外一层一层晕开，教学步骤和环节很清晰地呈现出逐层推出的态势，教学思维有逻辑地向广度和深度展开。

理想的贯串还会是珠串，串起一个个教学安排、教学环节，使整堂课的内容成为一个有联系的整体，紧凑而又凝聚。

所以，贯串也是简练语文"简练"的重要手段和路径。简练语文的贯串有几个要点：

1. 与教学一字立骨的"骨"字、切入一起考虑、一体叠合。删减多余的东西，让教学精简、干净。

2. 同时交代课堂推进逻辑，进而成为教学逻辑。

3. 并为教学线索。

4. 引向深度挖掘，助力深度学习。

以《"觉醒"立骨，教学聚焦——〈最后一课〉简练教学设计》具体例说。

"觉醒"立骨，教学聚焦[①]
——《最后一课》简练教学设计及示例说明

示例说明

《最后一课》是初中语文的经典教学名篇，也是出产好课的一座富矿。意蕴深厚的教学切入点很多：爱国主义、家国情怀、语言的意义、儿童的成长……无不能生成震撼课堂，由此设计出来的成功案例不计其数。本课另辟蹊径，尝试从简练角度作教学设计。

全课从简练教学设计的要义和精髓出发，用立骨之词"觉醒"切入，并用"觉醒"贯串课堂，呈现贯串的典型应用。故本课以此示范简练语文教学设计的贯串。

教学目标

1. 从自省、觉悟角度更深刻地理解小说的主题和内涵。

2. 领悟小说的精巧安排和写作用心。

3. 涵泳品味小说的重要语句。

[①] 张挥.《最后一课》教学设计[J]. 中学语文教学，2018，(05)：61—63.

教学方法

1. 连带牵引法。

借助问在此而意在彼的教学设计,在进行贯串问题探究的同时顺势连带完成文本的梳理、解读等其他任务,实现阅读的一举两得。

2. 品味涵泳法。

引导学生关注重点语句。通过重点语句的情境体验感受作品的意蕴。

教学过程

一、导出:确"立骨"之词,聚教学焦点——觉醒

1. 问题设计:读小说的人常会有这样的阅读体验:边读边会不断地冒出一些闪念。读《最后一课》,可以肯定,你就会有这种感觉,辨识阅读印象词云图,看看哪个字眼是你脑海里闪出最多的?

(1) 出示阅读印象词云图。

图 2.3.1 《最后一课》阅读印象词云图

(2) 交流、讨论、分享:忏悔;爱国;语言;珍惜……

2. 有人说,读完小说在脑海里最容易冒出来的字眼就是觉醒!因为你会强烈地感受到这个词与小说的主题最相关,甚至还会有这样的感叹:读懂了它也就读懂了小说,你同意吗?

交流明确:小说写了很多内容,但其实通篇都是在写一个词——觉醒。

二、贯串一:谁觉醒?——以此深度梳理小说人物、情节

(意图说明:带出小说人物和情节全方位和深度的梳理,带出对边角

人物如铁匠华西特等的关注，兼及领会小说的安排和写作用意）

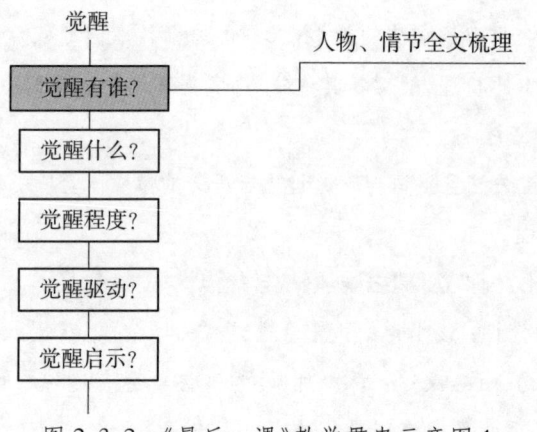

```
觉醒
 │
┌─┴──────┐     人物、情节全文梳理
│觉醒有谁?│─────
└─┬──────┘
┌─┴──────┐
│觉醒什么?│
└─┬──────┘
┌─┴──────┐
│觉醒程度?│
└─┬──────┘
┌─┴──────┐
│觉醒驱动?│
└─┬──────┘
┌─┴──────┐
│觉醒启示?│
└────────┘
```

图 2.3.2 《最后一课》教学贯串示意图 1

1. 阅读课文，思考问题：小说有谁觉醒？

提示：注意情节中的关键词"发现"、"明白"、"懊悔"、"补救"等；注意人物的神情、动作、语言等。

逐一明确：(1)小弗郎士；(2)韩麦尔先生；(3)郝叟；(4)前镇长、前邮递员、旁的人、最小的孩子……

2. 上面提到的人物都觉醒了，这是不是小说的全部人物？还有一个只在开头出现了一次的人物，铁匠华西特，他有没有觉醒、觉悟？何以见得？

分步渐进讨论明确：

(1)找出写到华西特的地方。看看，华西特是在什么背景下出现的？小说对华西特出现的地方也就是镇公所有个特别的交代，是怎么说的？

明确：写华西特的地方只有一处，就在第 5 段。只写了他一个表现：他带着徒弟挤在镇公所前看布告。对镇公所特别交代："最近两年来，我们的一切坏消息都是从那里传出来的。"

(2)这里，小说用了一个特别显眼的动词，是什么？联系对镇公所的介绍，你能从这个动词里读出什么？

明确：挤。这个动词清楚地显示出华西特是很关心时局的。

104　简练语文：教学主张与实践智慧

(3) 朗读华西特唯一说出的一句话，琢磨这句话的语气。

用不着那么快呀，孩子，你反正是来得及赶到学校的！

(4) 能照小弗郎士此刻的推想用开玩笑的语气读吗？

明确：不能。华西特看完布告再来招呼小弗郎士，这个招呼被情急中的弗郎士理解为开他的玩笑。然而，站在华西特当时所处的情境来看，这句话显然不是来开玩笑的，分明有另外的含义：既有对小弗郎士不争气的叹息和怨责，也有对时局的无奈和对剥夺法语学习权力的入侵者的愤恨。

(5) 代入说话人的情感、语气和用意用直白的方式再把这句话实际要表达的意思"翻译"出来。想想，该怎么说？

参考：孩子，你还不知道今天是最后一次学法语，明天就连课也都不能上了，你还这么懵懂无知，无所谓，不加珍惜！

(6) 找出华西特这句话原意的印证、照应情节。读第11、12段，提取关键句：

原来就是这么一回事！

联系这个"原来"所照应的内容，把这个"原来"用具体的意思置换。你会想到什么意思？由此想想，这意味着什么？

明确："原来"可以置换成"华西特说话的原意"。这其实是交代了小弗郎士对华西特说的话开始是由于不知情而误解，但终于彻底明白了的意思。这也就更加肯定了华西特的话不是开玩笑而是另有深意。

(7) 这样看，华西特觉醒了吗？

小结：华西特也是一个觉醒者，他的爱国感情也被激发出来了。

3. 这样看来，出场的每一个人物都写了他们的觉醒行为，一个都没有遗漏和省略，全部点到。在民族危亡的关键时刻，全镇所有人的爱国热情都被激发和点燃。那问题又来了，既然是全体，为何不概说或代表性地交代？为什么要不厌其烦地对每一个人物都作交代？省略、跳过其中的某个人，比如郝叟、铁匠行不行？

分步渐进讨论明确：

(1) 交代全体对主题表现有什么好处？

第二章　简练语文之模样　105

明确：可以告诉我们民族危亡时刻激发和唤起的爱国热情有多么巨大,还能表现出全民觉醒的主题。

(2) 参照示例给每个人物填上档案信息,看看你有什么发现?

表2.3.2 《最后一课》小说人物档案信息

	人物	活动场所	身份	年龄特征
示例	华西特	课外	民众	青年
学生填写	小弗郎士	课外、课内	学生	幼孩
	韩麦尔先生	课内	教师	中年
	郝叟老头	课内	民众	老年
	前镇长、前邮递员……	课内	官职员	中老年

明确：各个角色都有其代表性和象征：少中老都有,课内课外都兼顾到。郝叟老头们觉醒了,华西特们觉醒了,就连顽童小弗郎士们也觉醒了;课堂内的人们觉醒了,课堂外的人们也觉醒了——进一步强化了觉醒的是"全体"民众这一表现主题!

(3) 再细读第10段描写郝叟部分,思考:

① 当小弗郎士看到郝叟等镇上一大帮人都来听课时,他的心理有什么变化? 这个变化是谁带来的?

明确：小弗郎士的心理变化：惊讶——"好笑"——万分的难过——产生感情共鸣;是郝叟课堂上的行为表现促动小弗郎士思想的转变,使他开始懂得这最后一课的意义与价值。

② 进入教室的小弗郎士感觉到气氛反常,这强调突出了最后一课的非同寻常。这个反常是谁带来的?

明确：还是郝叟!

③ 郝叟上场就写了他的"好笑",他为什么"好笑"? 这个"好笑"有什么深刻的连带和揭示意义?

明确：双手捧书的郝叟老头让人感到好笑,是因为这么大年纪了还看着幼儿读本,说明老头对自己民族语言不珍惜。① 环顾四周,似乎所有的人物都沉浸在这样的懊悔和反思中。是什么使孩子、成人都放弃了对自己民族语言的珍惜呢?答案就在韩麦尔先生说的"你们的爹妈对你们的学习不够关心。他们为了多赚一点儿钱,宁可叫你们丢下书本到地里,到纱厂里去干活儿"。作为本民族语言传播者的韩麦尔先生,也经常让孩子们丢下功课替他浇花,甚至在钓鱼的时候就干脆给孩子们放假。是无知,是现实的功利,是个人私心的放纵,是对庸常、不堪的习惯和容忍,才造成眼前的情景。

④ 由此,你对小说人物的安排有什么看法?

明确:郝叟在小说里还只是个次要人物,连一个次要人物都能促成如此深刻的主题内涵,更何况其他人物。小说每个角色都有安排上的意义和作用,缺一不可。这也就是小说不能概说或代表性地交代的原因。

三、贯串二:觉醒什么?——进一步梳理情节内容,挖掘主题内涵,领会深刻用意

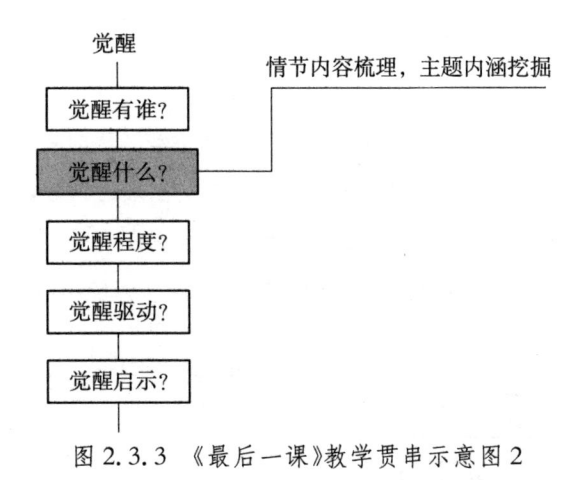

图 2.3.3 《最后一课》教学贯串示意图 2

1. 全民都觉醒了,他们觉醒了什么?参照下面的提示,寻找相应内容,看看你有什么寻获?

---

① 于龙.走进郝叟老头和华西特——《最后一课》中不可忽视的两个人物[J].教育艺术,2013,(3).

提示：

(1) 小弗郎士：①发现；②明白、醒悟；③反思；④懊悔；⑤期望。

(2) 韩麦尔先生：①神情；②在课上说了哪些话，怎么理解他说的话？

总要把学习拖到明天，这正是阿尔萨斯人最大的不幸

亡了国当了奴隶的人民，只要牢牢记住他们的语言，就好像拿着一把打开监狱大门的钥匙

(3) 郝叟老头，前镇长、前邮递员、旁的人、最小的孩子等：①动作、行为；②神情、态度。

特别注意：郝叟老头儿、前镇长等人，读的是初级读本，需要补"初级班"的课，学习"ba, be, bi, bo, bu"之类最简单的拼读。

学生逐一查找、梳理、思考、分析、提炼、归纳。

明确：他们有着各种各样的觉醒，但最终都指向了一个方向，那就是在情感和认识上对语言的觉醒，而且都是在最后时刻觉醒。觉醒之前他们都有不堪的庸常，表现出很多的劣根性。

2. 这样的觉醒揭示出什么？

交流讨论。

参考：(1)民族的觉醒首先是对自己的语言和文化的觉醒，最大的奴役乃是文化的奴役；(2)但这只是最后时刻激发出来的觉醒，有太多需要反思和批判的地方；(3)行动才是觉醒的标志和表征。

四、贯串三：觉醒的深刻程度如何？——带出对比手法的欣赏

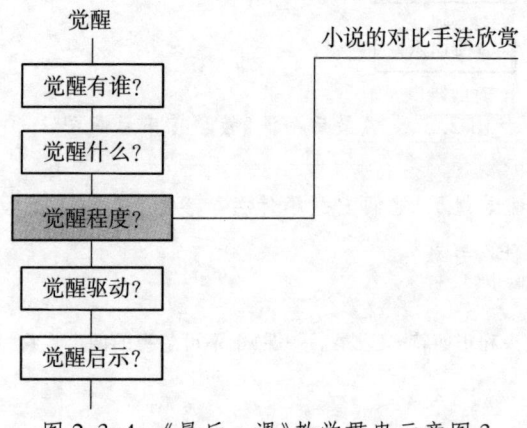

觉醒
- 觉醒有谁？
- 觉醒什么？
- **觉醒程度？** —— 小说的对比手法欣赏
- 觉醒驱动？
- 觉醒启示？

图 2.3.4 《最后一课》教学贯串示意图 3

1. 觉醒前后的情况如何？填写下表，比较思考：觉醒深不深刻？为何能够深刻？

表 2.3.3 《最后一课》"觉醒"前后情节比较

侵略前	侵略后
美好的自然环境	恶劣的社会环境
小弗郎士课前心理	小弗郎士课上心理
韩麦尔先生之前的衣着	韩麦尔先生课上的衣着
教室听课学生往日的表现	教室听课学生今天的表现
"严师"	"可怜的人"
"你们的爸妈对你们的学习不够关心。他们为了多赚一点钱，宁可叫你们丢下书本……"	后面几排一向空着的板凳上坐着好些镇上的人
……	……

2. 觉醒得深刻吗？小说是如何让觉醒深刻的？运用了什么方法？

明确：巧妙使用对比手法使这种觉醒突显、深刻，主题才能进一步升华。

五、贯串四：是什么促使了这种觉醒？——领悟小说主题"自醒"

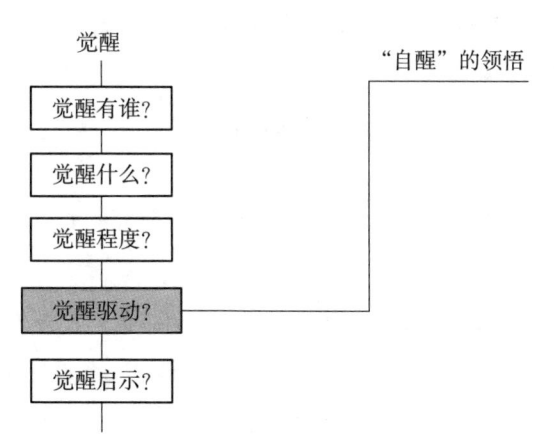

图 2.3.5 《最后一课》教学贯串示意图 4

是什么促使了这种觉醒？有什么外在动力和强制驱使吗？动力来自何方？

交流讨论。

明确：没有外力！是深藏内心的自我觉悟与救亡意识的觉醒。

六、贯串五：觉醒能告诉我们什么？——阅读感悟、延伸思考

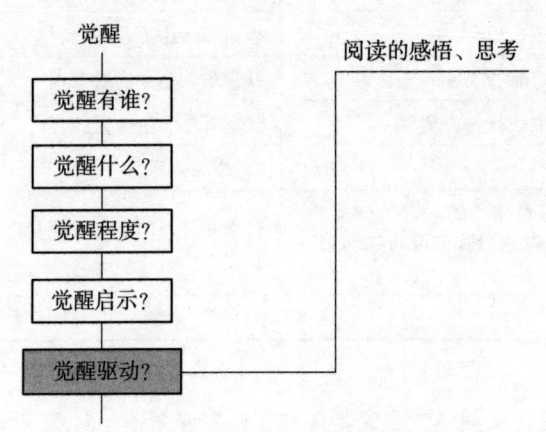

```
觉醒
 │
┌─┴─────┐                阅读的感悟、思考
│觉醒有谁?│ ───────────────┐
└─┬─────┘                │
┌─┴─────┐                │
│觉醒什么?│ ──────────────┤
└─┬─────┘                │
┌─┴─────┐                │
│觉醒程度?│ ──────────────┤
└─┬─────┘                │
┌─┴─────┐                │
│觉醒启示?│ ──────────────┤
└─┬─────┘                │
┌─┴─────┐                │
│觉醒驱动?│ ──────────────┘
└───────┘
```

图 2.3.6 《最后一课》教学贯串示意图 5

围绕话题说话讨论：小说用这种觉醒能告诉我们什么？这样的觉醒能给我们什么样的延伸思考？

提示话题参考：(1)语言的认识；(2)常态与应急状态；(3)环境对人的改变的启示；(4)小弗郎士视角的好处……

教师说话示例。学生交流，自由发言。

参考：

(1) 母语的伟大，母语的力量：语言是一个国家民族的象征。爱母语的意义就是爱国的意义。

(2) 生活的启示：人们的庸常总是那么的不堪。这种庸常常常带给我们无视、麻木，庸常会让我们失去珍惜，失去发现，忽视最珍贵的东西。

生活中的人们，虽然都有庸常和不堪，并且可能沉沦其中还不以为意，但是，只要到了关键时刻，每个人根植、潜伏于内心的向善力量、崇高和伟大就会被瞬间触发、激活和唤醒。

(3) 环境的启示：环境会改变一切。人是被逼出来的。

(4) 由小弗郎士的视角写觉醒和观察其他人的觉醒有好处,有利于表现:爱国感情、家国情怀出乎本能,源于自发,而儿童最本真,最能显见内醒。

……

七、总结:

读懂了觉醒就读懂了小说!

在这里,贯串不仅起到了教学"串线"的作用,扮演了教学"环扣"的角色,还交代了课堂的教学逻辑,做到了课堂思维的深度引领。

贯串的同时交代课堂的教学逻辑,深度引领课堂思维,《〈陈情表〉简练教学设计——看一个孝子的"突围"》也很典型:

《陈情表》简练教学设计
——看一个孝子的"突围"

一、教学目标

1. 思辨理解文中的孝情,顺势梳理连带出来的文言词句。

2. 体会作者以孝"突围"的说话策略和劝说艺术。

二、教学步骤

1. 导入。

《陈情表》凭一"情"字,独尊天下,历来被人视为委婉尽情的抒情名作,而我却愿意把它解读为"是一个孝子的突围"。同学们同意我的说法吗?

2. 析"困境",梳理文义。

问题设置:

(1) 作者是一位有名的孝子,这点毫无疑问,但是这样一位孝子遇到什么困境?

讨论明确:忠孝不能两全,尽忠尽孝的矛盾。

(2) 能进一步再具体一点用原文回答我的这个问题吗?

讨论明确:①臣欲奉诏奔驰,则刘病日笃,欲苟顺私情,则告诉不许:臣之进退,实为狼狈。②是以区区不能废远。

(3)你能解释这两句话的含义吗?(顺势梳理相关的文言词句)

3. 析"突围",进一步梳理文义。

问题设置:面对这种情况,作者用什么突围?

教师示例,学生仿作。(在这个过程中同样顺势梳理相关文言词句)

交流得出:

(1)用一个"消"字突围,这个"消"是消除疑虑的"消",何以见得?有证:"且臣少仕伪朝,历职郎署,本图宦达,不矜名节。今臣亡国贱俘、至微至陋、过蒙拔擢、宠命优渥,岂敢盘桓,有所希冀。"什么意思呢?作为一个前朝的旧臣,不去做官,是不是有所企图,恋想旧朝吗?所以作者说在伪朝(当然是"伪"朝喽)就是想做官显达的,从来不想去做一个自命清高的人,现在已经成为一个亡国之臣,而又特别受到皇上提拔和优待,就更不敢迟疑不决,产生别的想法了。你看这样一说不就可以解除晋武帝可能对自己产生的误解吗?

(2)用一个"情"字突围,打"悲情牌",这个情是孝情、忠情,满篇皆情:示苦、示弱、示不得已、示难舍等。

(3)用一个"理"字突围,这个"理"是合情合理的"理",这个理是两尽其美,先孝后忠的安排和提议。"是臣尽节于陛下之日长,报养刘之日短也。"

明确:消、情、理,"三枪"齐发,便收到奇效,晋武帝不但答应要求还予以优抚。可谓"三枪"拍案惊奇。

4. 交流写作的启发、体会。(拓展、引申)

问题设置:这一"突","突"出了什么?由此你对"劝说"的表达和方法有什么启发?如何去"劝说"?如何去"说服"?

交流讨论。得出:

委婉得体

情理并发

两尽其美(折中)

5. 小结。

一个孝子的"突围","突"出了至真至深的孝情,"突"出委婉得体的表达,"突"出了"说服"、"劝说"的艺术。

板书设计

陈情表
——看一个孝子的"突围"

突　　　　　围

委婉得体——消	前朝旧臣的顾忌
主打悲情——情	忠孝难全
两尽其美——理	尽忠尽孝的矛盾

"劝说"艺术

《陈情表》的这个贯串教学设计不仅支持了教学落点、教学思维的"突围",还支持了文言教学"言文合一"的"突围"。

第三章

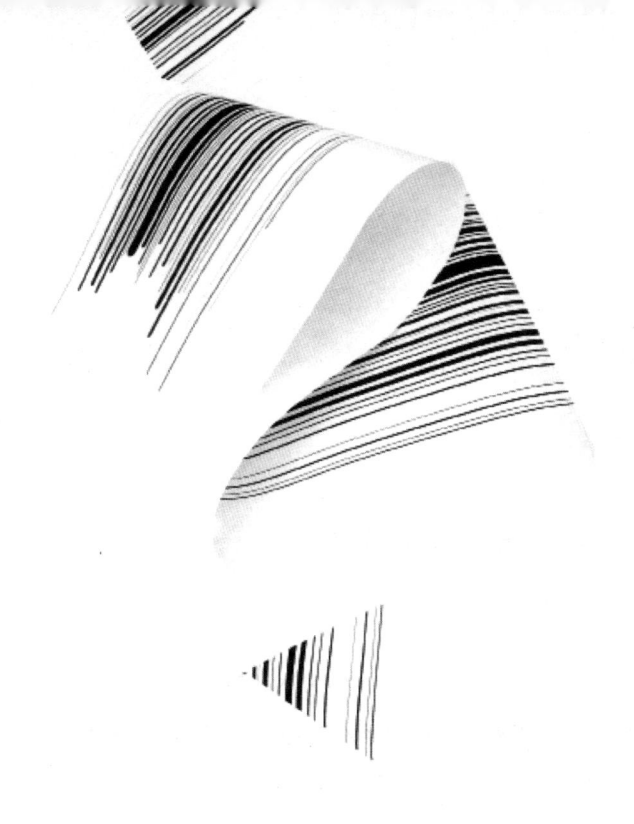

简练语文之实践

　　简练语文的实践一定是一场敬事素简、心向单纯的修行,一定是一场寻字觅句、上下求索的苦行,一定是一场游刃有余、从容淡处的践行。只要去浓缩的集约微案里透观简之骨相,简之精粹;去对比的一课两案里横平简之视角,简之独创;去还原的现场实录里深味简之样貌,简之本色。那么,你就会发现,这里有贯彻主张的坚定,追求极简的执着;有文本解读的微观,核心价值的挖掘;有入木三分的慧眼,取字立"骨"的贴合;有设计一体融通的机巧,课堂逻辑明确的交代;有举一纲提全目的直快,牵一发动全身的活脱。

1.《在马克思墓前的讲话》教学微设计

教学目标

1. 从"生""死"角度挖掘悼词里的生命教育资源,完成生命感悟的体认。
2. 领会特定情境的特定表达,尝试特定表达的写作。

集约设计

导入：分享小课题一：悼词的语体

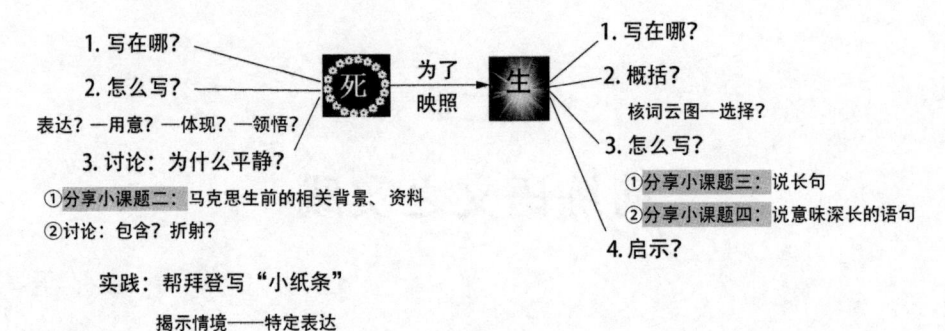

1. 写在哪？
2. 怎么写？
   表达？—用意？—体现？—领悟？
3. 讨论：为什么平静？
   ①分享小课题二：马克思生前的相关背景、资料
   ②讨论：包含？折射？

死 — 为了映照 → 生

1. 写在哪？
2. 概括？
   核词云图—选择？
3. 怎么写？
   ①分享小课题三：说长句
   ②分享小课题四：说意味深长的语句
4. 启示？

实践：帮拜登写"小纸条"
揭示情境——特定表达

教学特色

1. 呼应育人方式的四个转变。着力在课堂上体现由知识到素养、由教到学、由割裂到统整、由坐而论道到学科实践这一课程变革追求：教学的落点在语言背后的情感、思考的体认分析上,是素养目标立意；课堂围绕学生的学设计,学生是课堂的主体；注意对字词句里蕴含的政治、历史、文化内容的提取和挖掘,统整了课文里包含的综合学习资源；安排了写作活动环节,增添了课堂实践操作成色。

2. 采用自然融合的方法在学科教育里渗透由"生""死"角度切入的生命感悟

教育。

3. 简练语文教学设计,"死""生"两字立骨,小角度切入,片言统贯。

2.《立在地球边上放号》一课两案

方案一:《立在地球边上放号》任务驱动教学设计①

一、总任务

诗歌是诗人感情激荡时一气呵成的,是火山爆发暗流而出的岩浆,但即使如此,它还是有逻辑、有层次的,你同意这个说法吗?你能梳理出诗歌的逻辑吗?(可以图示)

二、分解做任务

台阶任务设计:

1. 理解题目和"力"。

(1) 放号即放声呼号,诗歌呼唤、颂扬的对象是什么?

明确:一种"力",光明的"力",进步的"力",革故鼎新的"力"。

(2) 这种力象征什么?

明确:"五四"时期狂飙突进的时代精神。

(3) 交流讨论:

① 因此,这首诗是"力"的?

② 全诗以一个"力"统领全篇,每一句都是写"力"的,你能逐句印证吗?

③ 题目的"边"提示了一种什么视角?因此题目就明确了抒情主体什么?

2. 诗句理解。

前四句。

(4) 前4句为什么体现了"力"?

―――――――――

① 设计借助:王俊鸣.《立在地球边上放号》简说——献给新教师新学年的一点小礼物[EB/OL].(2020-09-03)[2021-8-09]. https://mp.weixin.qq.com/s/DYDgIU6y2Tcog31eGrU4sQ.

明确：以具体、形象的"实"写"力"——具象塑形。

两种"力" [像北冰洋冰峰怒涌的白云——摧毁 / 太平洋的滚滚洪涛——荡涤] 二力相合，"毁坏"着，同时"创造"着

第五、六句。

(5) 这两句是表达什么？

明确："力"的作用，呼唤"力"——议论抒怀。

第七句。

(6) 这句是表达"力"的什么？

明确：对"力"的企盼——点明"力"的主题，对伟力发出呼唤。

3. 图示思路逻辑。

(7) 现在你能图示这首诗的思路逻辑吗？（在随记本上画思路逻辑图，并交流展示）

参考示例：

放号——颂扬、呼唤的对象？——光明的力，进步的力，革故鼎新的力
因此这个"号"应该读什么？

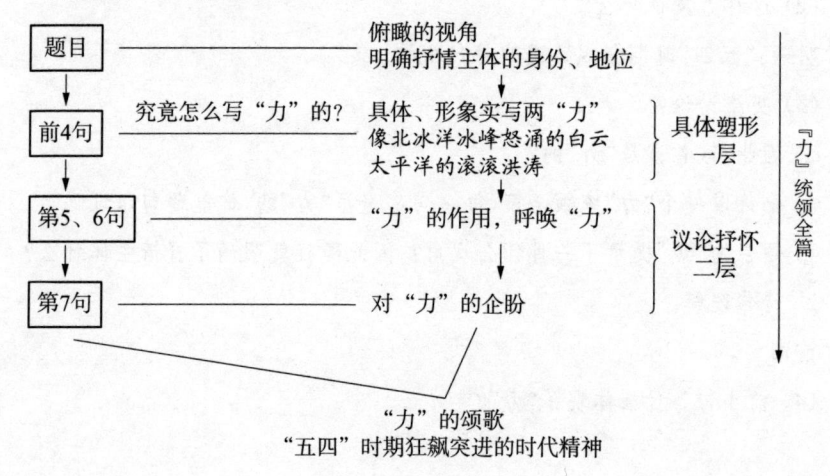

```
题目 ——— 俯瞰的视角
            明确抒情主体的身份、地位
 ↓
前4句 — 究竟怎么写"力"的？ 具体、形象实写两"力"      ⎫ 具体塑形  ⎫
                        像北冰洋冰峰怒涌的白云    ⎬ 一层     ⎪
                        太平洋的滚滚洪涛         ⎭          ⎪
 ↓                                                        ⎬ 『力』统领全篇
第5、6句 ——————— "力"的作用，呼唤"力"  ⎫ 议论抒怀            ⎪
                                    ⎬ 二层               ⎪
 ↓                                                        ⎪
第7句 ——————— 对"力"的企盼                                ⎭

            "力"的颂歌
            "五四"时期狂飙突进的时代精神
```

4. 学习意义的揭示。

(8) 我们实际做了什么？做了诗歌的逻辑、层次的梳理任务。

明确：

(1) 诗歌的主题的理解。

(2) 诗歌价值的审美、欣赏(不是干嚎,读出干嚎之外的欣赏)。

(3) 诗歌内容、逻辑的理解。

(4) 诗歌的表现形式(层次、手法的领悟)。

三、收课

方案二:《立在地球边上放号》板块教学设计

一、说直觉印象

用几个词形容你对这首诗的印象,你会立刻想到哪些词?

明确:宏伟　强力　壮丽　炽热　……

二、辩"放号"

朗读辩诗境。

1. 放号:阳平?去声?(依据诗意推断)

2. 八个"啊"、六个"哟",如何读?(诵读尝试;结合网络诵读视频,丰富体验)

三、明背景

四、析"力"

1. 试用自己的语言描绘诗歌画面。

2. 形象解读——内容理解。

(1)"力的绘画,力的舞蹈,力的音乐,力的诗歌,力的律吕哟!"的主语是?

明确:洪涛。

(2) 洪涛的暗示性?(联想)

大自然雄伟和壮丽的景色;青春的生命力;五四时期向旧世界、旧文化、旧传统猛烈冲击的时代精神、民主与科学的时代力量……

五、鉴形式

诗歌写作鉴赏点:情感抒发——直抒胸臆——感叹词

六、写诗歌

诗歌写作并交流。

七、收课

两课横评对比

方案一是完全借助王俊鸣老师的推文《〈立在地球边上放号〉简说——献给新教师新学年的一点小礼物》备的课,方案二是按一般常规思路备的课。

把两个方案放在一起,你会有一个很有意思的对比结果:

1. 一个是任务型设计,一个是板块型教学设计。

2. 各自的特点很明显,各有各的优势。任务型聚焦一点,一"问"立骨,一"任务"驱动,一"点"突破,连带全课;板块型面面俱到,一板一眼。

3. 任务型只重点讲需要讲的、不明白的(教点≠都需要教。哪些是显性信息?哪些是隐性信息?写"力"的其他句子很容易读明白,是显性信息。只有前4句,怎么写"力"的以及与下文的关系,不容易读懂、理解。说清楚了,全诗的教学也就突破了),其他省略;板块型什么都涉及,面面俱到,不讲取舍。

3. 逐月赏读之旅
—— 张若虚《春江花月夜》教学设计

设计说明

张若虚的《春江花月夜》是统编高中语文选择性必修上册"古诗词诵读"里的一篇课文(也是人教版高中语文选修教材《古代诗歌散文欣赏》里的课文),是脍炙人口的经典名篇。本课立足选修教材"赏析"和"诵读"的定位安排,设计教学。围绕"赏"和"读",采用单元整体设计思路,设置"诵诗——美读之旅"、"寻找——发现之旅"、"赏华——逐月之旅"、"同比——明理之旅"等教学环节,通过给学习内容提供和创设情境的方式,落实诗歌教学的核心素养。"古诗词诵读"作为统编选修教材的一个有机组成部分,如何处理?一直少有专议,本教学设计在这方面作了尝试性的探索。

教学目标

1. 诵读、美读诗歌。

2. 领会诗意内容,欣赏诗歌意境。

3. 进而领略初唐诗歌的风格和气质。

4. 横向比较、欣赏叩问诗的艺术魅力。

教学重点

诗歌的诵读；诗意、诗境的领略。

教学难点

诗歌在对宇宙生成、人类本源探索的叩问中产生的"理趣"的品味。

教学过程

一、导入

导问 1：从教材安排来说，你看，从小到大，我们的语文教科书总是让我们不停地读诗，读《采薇》，读《离骚》，读《孔雀东南飞》，读《再别康桥》，读《面朝大海，春暖花开》……同学们想过没有，我们为什么要读诗呢？

交流讨论，分享心得：

诗是文学的贵族，是最精练的文学样式，它以最少的文字表达最丰富的情感、最深厚的意蕴。

导问 2：听凭诗歌的这种召唤，我们从古代读到现代，从必修读到选修，不知同学们对下面这个问题是否自有一番见解：读诗必读唐诗，这是为何？

交流讨论：

穿越历史的、灵魂的相遇，心声的倾吐。

只有有诗的气息的朝代才会选择诗。诗之于唐朝，是诗选择了唐朝。诗之所以以唐朝为盛，就是因为它较为准确地把握住了时代的脉搏，倾吐了人们的心声。[①]

导问 3：同学们是热爱诗歌的。我能不能再问同学们一个问题，如果有人对你说想"梦回唐朝"，那一定会是因为什么？

出示《梦回唐朝》歌词（略）。

交流讨论，明确：

这就是一首名叫《梦回唐朝》的歌为我们唱出的理由。只有青春、蓬勃、旺盛着生命气息的朝代才配以诗作为时代的宣言，能与唐朝相配的也就只有诗歌了，所以诗会遇上唐朝。唐朝没有了诗歌不能叫唐朝，诗歌没有了唐朝不能叫诗歌。

[①] 子规.《春江花月夜》：诗中的顶峰[J]. 文史杂志，2006，(06)：54—56.

唐朝是个诗歌的国度。梦回唐朝，也许是为了唐诗吧。

导问4：眼下就有一首唐诗，张若虚的《春江花月夜》，被誉为"孤篇压全唐"，它领盛唐诗歌之先，盛唐之音由此开启，最早捕捉到上升时期的大唐帝国江山"多娇"内涵——既包括了美丽动人的自然风光，更包括了开明开朗的社会氛围和人文情怀。最早将鲜花和美酒献给盛唐。[1] 最早展示了大唐帝国蒸蒸日上的生动气象。同志们想不想读？想不想借此诗梦回一次唐朝？

二、赏读准备——阅读"赏析示例"（人教版）或"诵读导语"（统编版），了解诗意，置身诗境

导问1：要读好诗，你首先要了解这首诗。从教材的编排来看，了解这首诗最简便的办法是什么？

明确：读"赏析示例"（或"诵读导语"）。

导问2：好，下面就请同学们读赏析，了解这首诗。

导问3：从刚才的赏析文字里，你读到有关这首诗的什么？

提示：

评价？内容？诗情？诗歌结构？意象特点？想象在诗中的作用？"诵读的提示"告诉我们应该怎么诵读？

教师示例，学生交流。

三、赏读之旅

1. 赏读激励。

在《春江花月夜》里，处于上升时期的大唐帝国有如明月朗照，活色生香；有如江海合流，大气氤氲；有如春花春水，芬芳欢悦。它反映出初、盛唐之交广大国民宏廓博大的胸襟与和衷共济的面貌以及真诚美善的人文关怀。[2]《春江花月夜》选择了春、江、花、月、夜，这五种人生最动人的良辰美景，构成了一个诱人探寻的奇妙艺术境界，令人心驰神往。读这样的诗如同经历一段赏心悦目的审美旅行，每

---

[1] 子规.《春江花月夜》：诗中的顶峰[J]. 文史杂志,2006,(06)：54—56.
[2] 子规.《春江花月夜》：诗中的顶峰[J]. 文史杂志,2006,(06)：54—56.

一处你都会有神奇的领略。下面我们首先用声音来开启我们的赏读之旅。

2. 赏读之旅。

（1）诵诗——美读之旅。

① 诵读引导。

导"诵"1：诗不读不知其味道。现在我们就来读这首诗，要读好诗你得明确朗读的处理。如何读这首诗你心里有数吗？你从哪里获得这个数？

明确："赏析示例"里的提示。

导"诵"2：有人告诉我，这首诗里有月之初上的迷离、美妙和高亢。谁能给我读出来？

导"诵"3：《春江花月夜》的月上不仅有迷离，还有壮阔和缓慢，谁来？

导"诵"4：有人告诉我，这首诗还有月下诗人的遐思冥想，在哪？谁又能给我读出来？

导"诵"5：有人告诉我，这首诗还有楼上思妇的愁情，谁又能给我读出来？

导"诵"6：你的朗读有愁情，可是它不仅只是愁情它分明有哀怨啊，谁来？

导"诵"7：有人告诉我，这首诗还有游子的梦回故乡，谁来？

导"诵"8：还有游子梦醒后的更加孤寂，谁来传达？

导"诵"9：我还不满足，现在我要整个的春来春去、江涨江落、花开花谢、月盈月亏、夜复转夜以及千古离愁别绪的咏叹，如梦似幻的夜曲，谁能把传达出来？谁能把整首诗朗读一遍？（给朗读者配乐）

导"诵"10：一人之力似乎还不足以咏叹这千古的宛转，不足以传达这盛大的气象，不光一个人会为这首夜曲迷离倾倒，下面让我们每个人都读出我们心中的《春江花月夜》，齐读这首诗！（配乐齐读）

② 诵读小结。

结语：诵读的过程就是美读的过程。《春江花月夜》最为形象地反映出领大唐文化风气之先的少年诗人蓬勃向上的精神风采，使人欢快、鼓舞和奋进。难怪闻一多先生会把最绝妙的赞辞慷慨地送给它[1]——诗中的诗，顶峰上的顶峰！

---

[1] 子规.《春江花月夜》：诗中的顶峰[J]. 文史杂志，2006，(06)：54—56.

(2) 寻找——发现之旅。

① 发现激趣。

春来春去、江涨江落、花开花谢、月盈月亏、夜复转夜以及千古的离愁别绪的咏叹，如梦似幻的夜曲，奥妙无穷，美不胜收，摇曳生姿，情韵悠长，令人心醉神迷。月下美景，人生苦短，离别相思，流光如梦，千端万绪，总在此情内。《春江花月夜》何止春、江、花、月、夜，只要你愿意找寻，《春江花月夜》之旅就是一个发现之旅，有很多美妙的发现等待你的眼睛与之遇合。

② 教师示例。

示例：刚才诵读的时候，我就突然有了一个发现，你看，全诗中，只有发问，没有回答，呈现出一种如闻一多所说的迷惘和渊默，显出凄迷的叩问和辽远的遐思。江畔何人初见月？不知江月待何人？谁家今夜扁舟子？何处相思明月楼？不知乘月几人归？……大家看，是不是这样？为什么只问不答？因为诗人提出的都是对宇宙的叩问，是对瞬间、永恒的感悟，回答不了。当然，更主要的是，形成疑问句式。疑问句式，意味着诗人由眼前的景物生发了更广更深的思考，它能勾唤起你对宇宙、对人类的思考。

③ 学生交流。

导"寻"：下面由你们来发现，任何发现都可以，只要有意义。有人说，那好呀，报告老师我有发现，我发现春江花月夜，算起来是 5 个字。这是发现吗？是发现，而且是惊人的发现！让大家发现你的思考力居然还停留在幼儿园的算数水平。当然，这是玩笑。刚才是发现，但这个发现没什么意义，我们要的是有意义的发现，有赏鉴的发现。

交流讨论，参考：

三种意象：写世界的美，写生命短暂的忧伤，写游子思妇的相思——景、理、情。

大量的叠音词运用：滟滟、皎皎、代代、年年、悠悠、沉沉，有种和谐悦耳，回环往复的音乐美。

这体现了我国古老的美学思想——"圆美"。圆转之美也体现在整首诗的抒情结构上。整篇由"月"贯穿始终，由月出（"海上明月共潮生"）、月升（"皎皎空中孤月轮"）到月降（"江潭落月复西斜"）、月落（"落月摇情满江树"）这样一个过程，在时间上形成一个"圆形"的循环。这是一个时间的循环,也是一个生命的循环,更是一个宇宙的大循环! 整首诗以此来结构全篇,自然流畅、完备圆满。①

……

(3) 赏华——逐月之旅。

导"逐"1:《春江花月夜》,春、江、花、月、夜。题目是五个美好的意象互相映照,这五种事物集中体现了人生最动人的的良辰美景,编织成一首气势恢宏、充满宇宙意识的交响乐。春天,万物复苏,同时也象征人的青春;江水,人类文明的发源地和永恒的象征;花朵,璀璨、明丽、优美;月亮,古人表达思念的主要媒介物;夜晚,绚烂之极归于平淡之后的休整,静思的绝佳时机。春的复苏、花的璀璨、夜的沉寂,题目本身即暗藏了发生、高潮、结局的完整生命过程,每个意象都是诗的重要组成部分,但这里仍有一个意象是关键,是灵魂,如果要你来选择,你会把哪个看作诗的关键意象?为什么?

交流讨论,明确:

"月"。全诗一共36个单句,其中15个带"月"字,虽然21句不含"月",但我们看到这21句都是围绕着"月",暗含着"月":写"月"之踪迹,"月"下之景,"月"下之人。也可以说是句句含"月",紧紧围绕着月夜来写景抒情。这意味着作者的思绪一直围绕着"月"这一事物。

导"逐"2:既然选择了"月",那我们就来看看"月"在诗里的踪迹。张若虚笔下的"月"都照到了哪些地方?到访过哪里?

交流讨论,明确:

"海上"、"江流"、"芳甸"、"花林"、"空里"、"汀上白沙"、"江天"、"空中"以及后半部分的"明月楼"、"妆镜台"、"捣衣砧"、"海雾"甚至"碣石潇湘"。

导"逐"3:还有两处没有发现。"何处春江无月明"、"江月何年初照人",这两句里有吗?

交流讨论,明确:

"何处"、"何年"。

导"逐"4:"何处"是哪一处?"何年"是哪一年?跟诗的哪两句对应?

---

① 洪久香.另辟蹊径解读《春江花月夜》[J].文学教育(下),2008,(12):102—103.

交流讨论,明确:

"滟滟随波千万里","江畔何人初见月"。这两句里的"千万里"和"初见",即"何处"和"何年"。这表明诗人的思绪已从眼前的实景联想到了千里之外的、千年万年之前的虚境,他在想象,凡是月亮照到的地方,都会有流光,都会有美景,而最早看到这些美景的人是谁?他们在哪?"人生代代无穷已,江月年年望相似",人类绵延,千万年之后的人类仍然会守望着这轮明月。

导"逐"5:月亮照着的美景如何?

交流讨论,明确:

"宁静"、"淡雅"、"柔美"。张若虚月夜下的春、春江、江花、花月,不同于白居易的日光下的春江,"日出江花红胜火,春来江水绿如蓝","红"、"绿"、"蓝"是那般绚丽璀璨,生机勃勃,而"春江花月夜"是恬静的,素雅的,澄明的。

导"逐"6:月亮所照之处、之人引发了什么?

交流讨论,明确:

哲理思考,天地的叩问,游子思妇离情别绪;解读了人的生命内涵,敲击着人最本真的生命意识。

由此可以看出,月亮在诗中是核心,是灵魂,是诗的全部。"月"是诗歌生命的脐带,统摄全诗。

导"逐"7:既然如此,对于这首诗来说,月亮是什么?你愿意把月亮看成什么?

教师提示性示例:

我读了诗,我就有感慨,我愿意把月亮看成是捣蛋鬼。你看"玉户帘中卷不去,捣衣砧上拂还来",这不是调皮是什么?你跟水合起来逗思妇,净跟思妇捣蛋,思妇越怕惹你,你还越撵不走。

你是诗中当然的主角,所有意象都是你的背景,都是你的陪衬。

你是勾引物,宇宙之思被你勾出。

导"逐"8:月亮在诗里是什么?你能模仿我也说上一段吗?

学生交流讨论,参考:

月是有情之月,含情脉脉,善解人意——可怜楼上月徘徊,它会"徘徊",它会不忍。诗篇把"月"拟人化,月光怀着对思妇的怜悯之情,在楼上徘徊不忍去。它要和思妇作伴,为她解愁,因而把柔和的清辉洒在妆镜台上、玉户帘上、捣衣砧上。

月又是不解人情的,恼人的,捣乱的;岂料思妇触景生情,反而思念尤甚。她想赶走这恼人的月色,可是月色"卷不去","拂还来",真诚地依恋着她。这里"卷"和"拂"两个痴情的动作,生动地表现出思妇内心的惆怅和迷惘。真是缠人的月色,恼人的月色啊。

月是亘古不变的象征和世事变迁的永恒见证——它高悬于天际,常常引发诗人们的哲理思考,亘古如斯,跨越时空,引起人们发出高亢而又年轻的叩问。

月是想象的触发物、载体。

………

(4) 同比——明理之旅。

导"比":有人说《春江花月夜》,独享诗坛崇高地位,就是因为写月,写愁思,写叩问。然而,写月,写愁思,写叩问不乏其例,为何独一首《春江花月夜》横绝全唐?

① 叩问比较:

　　叩问、思索生命何谓、天地本初的诗　　　　　　　　　春江花月夜

▲对酒当歌,人生几何?譬如朝露,去日苦多。
　——曹操
▲哀吾生之须臾,羡长江之无穷。——苏轼
▲年年岁岁花相似,岁岁年年人不同。——刘希夷
▲天高地迥,觉宇宙之无穷。——王勃
▲盖将自其变者而观之,则天地曾不能以一瞬;自其不变者而观之,则物与我皆无尽也,而又何羡乎!
　——苏轼
▲一死生为虚诞,齐彭殇为妄作。——王羲之
▲今人不见古时月,今月曾经照古人。——李白

⇔比较

江畔何人初见月,
江月何年初照人?

人生代代无穷已,
江月年年望相似。

交流讨论。

② 同题诗比较:

春江花月夜

隋炀帝

暮江平不动,春花满正开。

流波将月去,潮水带星来。

交流讨论,明确。

四、归结——学习落点和学习意义的揭示

导"归"：刚才我们的赏读之旅：美读之旅——发现之旅——逐月之旅——明理之旅实是完成了单元提出的"置身诗境，缘景明情"的学习体验过程。

你能不能从刚才的赏读出发，说一句话，表达你对"置身诗境，缘景明情"的体会？

交流讨论，收课。

4. 统编版必修上"劳动之歌"单元群文教学设计[①]

教学目标

1. 以"如何读出新闻的核心信息和欣赏作品的劳动美"为大概念，通过课文的重新组合，结构化教学内容，完成掌握方法的四层思维进阶。

2. 理清单元课文之间的内在关联，挖掘单元内的引导文资源，掌握利用引导文领读其他文的群读方法。

3. 围绕"劳动"话题开展专题讨论，完成话题深度思考的四层思维进阶。

4. 人物写作训练。

教学过程

一、群读群梳理

1. 群读关注导引。（从整体提出问题，引导阅读关注）

群读的支持知识：

消息是狭义的新闻，以直接而简练的方式报道新闻事实，特点是内容新、篇幅短。通讯运用多种表达方式，具体形象地报道事件或人物。与消息相较，同样要求真实性，但是前者是冷静客观的，后者有明显立场和情感倾向。新闻评论是议论性的，针对现实问题，起到引导舆论的作用。

[①] 问题设计采纳：王希明. 统编高中语文教材必修（上）第二单元设计及实践[J]. 语文学习，2019,(11)：30—33.

导引问题：依照上述标准，第二单元三篇课文属于哪类性质的信息？

2. 群读关注点(聚焦点)的明确。

导引问题：各篇通讯用什么典型事件塑造人物形象？表现人物的什么精神？

3. 群读的台阶思考(四阶)。

一阶：

(1) 通讯属于新闻，那为什么要写张秉贵1949年前被兵痞羞辱的事，不是应该写刚发生的事吗？

(2) 为什么要写关于杂交水稻养不养人的争论？

(3) 为什么要写钟扬自作主张开结婚证明？

明确：通讯可以写过去的事，可以写细节。有助于丰满人物形象。

二阶：

(4) 张秉贵"打不还手骂不还口"可取吗？张秉贵热情推销顾客不烦吗？张秉贵为何不自己买了糖送小女孩一块，非得拿掉一块？张秉贵女儿病了，他还这样满面笑容不奇怪吗？

(5) 为什么说钟扬是"探界者"？前面一直写他"过劳"，为何死因是具有偶然性的车祸？

明确：呈现了张秉贵的敬业和奉献精神，钟扬的勇于探索和献身精神。

三阶：

(6) 写张秉贵的《心有一团火，温暖众人心》为什么要拿一首送公粮的诗结尾？

(7) 张秉贵是不是离我们太远了，现在还需要提倡这种精神吗？

明确：人物精神造成的社会影响及当代意义，送公粮的诗体现了张秉贵精神的感召力，张秉贵的时代虽然离我们远，但是他的精神是值得提倡的。

四阶：

(8) 找出《芣苢》《插秧歌》内容上的、形式上的"简单"(朴实、自然、平常)，应找尽找。(读出《芣苢》的流动美，想象《芣苢》的意境美。)

(9) "发现"两首诗的"不简单"，哪怕说出一处。

明确：简单美的欣赏，劳动美的领会。完成语文教学的重要任务：审美教育。

"发现"示例一

《芣苢》用比较直白的话翻译出来是这样的：①

  采呀采呀采芣苢，采呀采呀采起来。采呀采呀采芣苢，采呀采呀采得来。

  采呀采呀采芣苢，一片一片摘下来。采呀采呀采芣苢，一把一把捋下来。

  采呀采呀采芣苢，提起衣襟兜起来。采呀采呀采芣苢，掖起衣襟兜回来。

这样一读，诗中那明快的节奏和欢乐的气氛就从简洁的语言中自然而然地流露了出来。你会发现，《芣苢》就是古代版、诗经版的《小苹果》！

"发现"示例二

如果想象并描绘《插秧歌》的劳动场景（民歌式转译），是这样的：②

  田夫把秧苗抛过来，田妇接住赶紧插。

  大儿子弯腰插苗忙，小儿子却把秧苗拔。

  草笠仿佛是一顶头盔，蓑衣犹如战士的铠甲。

  濛濛细雨落个不停，全家人从头湿到胛。

  "趁空赶紧吃早饭吧，顺便还能歇息半霎。"

  可他忙着手里的活计，低头弯腰不说话。

  "秧苗根虚难成活，插不完饭也难吃下。

  你别在这里喊叫啦，快去照看咱们的鹅和鸭！"

你会发现，诗歌描写的是一幅紧张繁忙的劳动图景，他没有像晚唐诗人李绅那样抱着"谁知盘中餐，粒粒皆辛苦"的同情去表现劳动人民的生活，也不像范成大那样具体深刻地揭露残酷剥削，同情农民疾苦。而是抱着欣赏的态度，客观地表现劳动场面，其间也流露出诗人对劳动和劳动者的赞美。

紧扣一个"忙"字着力描绘、尽情表现。前两句四个人物，四个动词，语言明快，行文简洁，勾勒出一幅紧张繁忙的劳动场面。用了四个动词"抛"、"接"、"拔"、

---

① 古诗文网.《芣苢》译文及注释［EB/OL］.（2018-05-06）［2021-09-10］. https://so.gushiwen.cn/shiwenv_98b6f526d292.aspx

② 转译及赏析参考：东篱文集. 杨万里《插秧歌》赏析［EB/OL］.（2019-02-27）［2021-08-09］. https://www.jianshu.com/p/5dcda4b5cd4e.

"插"准确地刻画出这家老小低头插秧、全神贯注的神态。三四句是环境刻画,通过对雨具和劳者淋雨情形的描写,反映了插秧的紧张和艰苦。接下来的五至八句,诗人通过对农家夫妇对话时的情态的描写,不仅进一步表现了插秧的紧张,还说明了农事的繁杂,进而从侧面表现出农家的勤劳。在写作上,诗人首先运用白描手法勾勒出一幅农家插秧图。然后用雨水予以反衬,形象清晰,意境显豁。其次用对话把意境推向深远,读来耐人寻味。

师生分享、交流。

二、"一"摄"三"群读

1. 明确。

"一"指的是《以工匠精神雕琢时代品质》,"三"指的是单元里的三篇通讯。有人提出以"一"摄"三"的群读方案,用一篇文章统摄、观照三篇文章,从内在逻辑讲,你觉得通吗?成立吗?可行吗?理由?

师生交流、讨论。

2. "摄"读。

(1) 读"一"。

① 作为新闻评论,本文具有议论文性质,其论点是什么?文章的层次性如何?思路是怎么展开的?评论针对什么而发?舆论引导作用是什么?

② "匠"的含义?为什么文章只解释"匠"而不解释"工"?

③ 提炼工匠精神的内涵和意义。(提取内涵的关键词?修饰语?)

④ 将一门技术掌握到炉火纯青,这固然是工匠精神,但工匠精神的内涵又远不限于此。

问题:文中哪些词耐人琢磨具有提示意义?怎么借助这些词语理解上面这句话的含义?怎么识别并关注文中这种具有指引性特征的语句?识别文中具有指引性特征的语句对文章信息的把握和理解有什么意义?

(2) 以"一"摄读"三"。

⑤ 以《以工匠精神雕琢时代品质》的标准判断,袁隆平、张秉贵、钟扬属不属于大国工匠?理由?作为工匠,找出他们精神"意义"的具体体现。

⑥ 你打算把"工匠精神的践行者"的称号授予谁?为你授予的对象写一段推

荐语或解说语。

三、专题讨论

台阶讨论（要求：为了避免游离课文，非语文，尽量回归教材，结合课文中的实例讨论）：

讨论话题——劳动的概念、价值、异化问题

一层：

1. 为何古人劳作那么辛苦，《芣苢》《插秧歌》还透着愉悦？

2. 怎样理解《以工匠精神雕琢时代品质》中提倡的"发自肺腑、专心如一的热爱"？

3. 本单元中写的劳动者是不是到了"病态"的程度？

明确：讨论了劳动的概念、劳动的价值、马克思理论中异化劳动的思想。

二层：

4. 学习算不算劳动？学习者可不可以称之为工匠？

5. 学习适不适用工匠精神？

6. 劳动这个概念，能给它精确下个定义吗？

明确：认识劳动这个概念，思考劳动与我的关系，劳动给我的启发。

三层：

7. 劳动的重新认识有什么当代价值和意义？

（提供讨论的支持资料：2019年高考全国1卷作文题。）

明确：认识劳动的当代价值，劳动的当代话题。

8. 新时期为什么要大力歌颂优秀的劳动者？

引入相关时鲜话题，提供讨论背景和参考思路：

（1）网络推文《让张文宏消失》——由《让张文宏消失》说开去——我们的文化层面上是否有诋毁优秀劳动者的传统和风气？

（2）网络热搜推文《爷爷写的退货说明，火了！》——生活中的工匠精神。

（3）网络推文《袁隆平、屠呦呦等13位国家最高科技奖得主寄语青少年》——启示、领悟？

明确：认识劳动的当代价值，劳动的当代话题。

四、写作

写一个熟悉的劳动者。要求：关注题材的选择、事例的典型性、人物描写的手法等。

5. 初中语文整本书阅读的勾连意识和跳读策略

姿势是飞翔的保证

超人留给人们的其实也只是姿势

整本书阅读也是如此

一、 整本书阅读的第一种姿势——勾连、通贯

1. 引入。

(1) 引入1。

出示：

最大的炫耀

一老头骑三轮蹭了路边停的一辆路虎（一种豪车），正在愁眉苦脸，这时走过来一个路人……

路人问：赔得起么？

老头：赔不起！

路人说：赔不起还不跑，等人家来找你啊？

老头欲言又止，最终还是一步三回头地走了。

……

猜猜：接下来将会发生什么？给小说续个结尾？

勾连题目试试？

题目：最大的炫耀→什么是最大的炫耀呢？→低调的奢华？高调的张扬？→低调的奢华！→怎样的情节设计才能突显低调的奢华？→路人是路虎的车主！

明确：

（小说的结尾）这时，路人拿出车钥匙，开着路虎也走了……

(2) 引入2。

出示：

《西游记》情节①

　　却说那师父驾着白鼋，那消一日，行过了八百里通天河界，干手干脚的登岸。三藏上崖，合手称谢道："老鼋累你，无物可赠，待我取经回谢你罢。"那老鼋才淬水中去了。行者遂伏侍唐僧上马，八戒挑着行囊，沙僧跟随左右，师徒们找大路，一直奔西。

漏了一个情节，你知道吗？

提示：

如果勾连一下白鼋在全书中的角色和作用，那么小说的布局和铺垫如何安排呢？

明确：

　　却说那师父驾着白鼋，那消一日，行过了八百里通天河界，干手干脚的登岸。三藏上崖，合手称谢道："老鼋累你，无物可赠，待我取经回谢你罢。"(漏了的部分)<u>老鼋道："不劳师父赐谢。我闻得西天佛祖无灭无生，能知过去未来之事。我在此间，整修行了一千三百余年，虽然延寿身轻，会说人语，只是难脱本壳。万望老师父到西天与我问佛祖一声，看我几时得脱本壳，可得一个人身。"三藏响允道："我问，我问。"</u>那老鼋才淬水中去了。行者遂伏侍唐僧上马，八戒挑着行囊，沙僧跟随左右，师徒们找大路，一直奔西。

想想，这个漏了的情节能靠什么联想出来并记住它？

明确：勾连。为什么这么说？如果勾连后面唐僧忘了给老鼋带话，友谊的小船说翻就翻的唐僧师徒在九九八十一难中的第八十一难情节，你就会发现此处是第八十一难情节的铺垫，没有这个铺垫就没有后面的第八十一难。它是第八十一难情节的重要组成部分和构成元素。你想得起第八十一难就想得起这个漏了的情节。勾连能帮你唤醒记忆线索。

另外，这个漏了的情节我们还可以通过另一个角度认识它，记住它：老鼋发

---

① 说明：本章节有关《西游记》内容的引用都依照小说通行版本。下同。

难,意味老鼋尽管申明自己修道千年,延寿身轻,实际还远未修炼到家。从这个意义上说,那唐僧的遗忘,看似是没把老鼋的托付放在心上的偶然,实则也是老鼋的必然。是必然的劫数,是小说不留痕迹的精心暗设。懂得了小说的这个必然逻辑,小说的整个情节自然也就记住了,忘不了。而且,从另一个角度读老鼋,你读到的不光是小说前后铺垫的勾连,还是小说处处要宣扬的因果思想了。整部书看似漫不经心讲奇遇、偶然,其实,在偶然里人家别有修行和悟性的寄托,在你读小说时不知不觉中就给你宣扬了佛道因果思想。因果是很强的联想线索。

(3) 引入3。

想想下面的问题:《西游记》师徒们走到一半的行程,是在哪里?

出示:

第 四十七回　　圣僧夜阻 通天水 　金木垂慈救小童

碑上有三个篆文大字,下边两行,有十个小字。三个大字乃 "通天河",十个小字乃"径过八百里,亘古少人行"

……

"你这和尚,却来迟了。"三藏道:"怎么说?"老者道:"来迟无物了。早来啊,我舍下斋僧,尽饱吃饭,熟米三升,白布一段,铜钱十文。你怎么这时才来?"三藏躬身道:"老施主,贫僧不是赶斋的。"老者道:"既不赶斋,来此何干?"三藏道:"我是东土大唐钦差往西天取经者,今到贵处,天色已晚,听得府上鼓钹之声,特来告借一宿,天明就行也。"那老者摇手道:"和尚,出家人休打诳语。 东土大唐到我这里,有五万四千里路,你这等单身,如何来得?"三藏道:"老施主见得最是,但我还有三个小徒,逢山开路,遇水迭桥,保护贫僧,方得到此。"

第一百回　径回东土　五圣成真

太宗闻言,称赞不已,又问:"远涉西方,端的路程多少?"三藏道: "总记菩萨之言,有十万八千里之远。途中未曾记数,只知经过了一十四遍寒暑。日日山,日日岭,遇林不小,遇水宽洪。还经几座国王,俱有照验印信。"

把方框文字连起来看看？能回答这个问题吗？

交流讨论。

小结：这就是阅读的勾连！

2. 勾连例说。

（1）对于《西游记》，出示这三个词，你会联想到什么？勾连一下全书的内容和情节，想想这三个关键词于全书的含义？

出示：下海　入地　上天

交流、讨论。

（2）再提一个关键词：《红岩》的"信仰"。你能具体想到小说的什么？会联想到哪些人？哪些情节？有没有跟"信仰"问题无关的人和事？

提示：白公馆、渣滓洞、歌乐山、挺进报、江姐、成岗、许云峰、刘思扬、小萝卜头、疯子、甫志高、徐鹏飞……

（观看3个央视专题片片段：《信仰的力量——《红岩》作者的别样人生》《信仰的力量——黑牢中的自由》《信仰的力量——道是无晴却有晴》）

明确：所有的情节内容都是奔这个关键词而来的，说好说坏都是说这一个关键词！"信仰"就是小说的全部内容！

由此你的启发？怎么读小说？

明确：

勾连通贯——把所有的情节内容联系起来读、来思考！

读名著要时刻想着前后的内容，勾连着读，通贯起来看，保持时刻串联内容的阅读敏锐和自觉，你会有很多意想不到的发现和阅读收获！

这也本就是整本书阅读应有之意。

如果你勾连通贯——

你会恍然发现：《西游记》西天取经走到一半路程，小说也差不多刚好到一半了。何等精妙的力道、安排和用心！

小说的分寸、气场、觉感、力道之间，皆有学问。

（3）在我们读过作品里，哪部作品也提到《西游记》的"药引儿"？

出示：

由《西游记》到《朝花夕拾》

多官又问道："用何引子？"行者道："药引儿两般都下得。有一般易取者，乃六物煎汤送下。"多官问："是何六物？"行者道："半空飞的老鸦屁，紧水负的鲤鱼尿，王母娘娘搽脸粉，老君炉里炼丹灰，玉皇戴破的头巾要三块，还要五根困龙须：六物煎汤送此药，你王忧病等时除。"	我不知道药品，所觉得的，就是"药引"的难得，新方一换，就得忙一大场。先买药，再寻药引。"生姜"两片，竹叶十片去尖，他是不用的了。起码是芦根，须到河边去掘；一到经霜三年的甘蔗，便至少也得搜寻两三天。……芦根和经霜三年的甘蔗，他就从来没有用过。最平常的是"蟋蟀一对"，旁注小字道："要原配，即本在一窠中者。"似乎昆虫也要贞节，续弦或再醮，连做药资格也丧失了。

这样勾连，你能获得什么启示？

交流讨论。

明确：

如果你勾连——

你会发现对以中医为代表的中国传统文化的批判、讽刺、挖苦并非是鲁迅的首创，其实从《西游记》就已经开始了，而且思维的角度惊人的相似。

如果你勾连——

从《台阶》到《骆驼祥子》，你会发现，农民的执念是一贯的，从未曾改变。它是中国农民身上的胎记。

勾连，你会比别人读到的更多！

怎样才算是一个好的读者？毕飞宇说过，当然是观察与思考并行：好的读者需要一只眼睛看着全局，一只眼睛看着局部。

（4）小结：整本书阅读的本质就是勾连阅读。

二、 整本书阅读的第二种姿势——跳读、速读

1. 引入——先做一个调查：

(1) 名著都读了吗？名著整本书的内容多怎么办？

(2) 如果一部《西游记》只能让你读三个章回，你最想读哪三回？有这三回对于涵盖整本书来说，够不够？如果够，那意味着什么？

交流讨论。

明确：

书是可以跳读的。读书前，找到跳读的线索！

2. 下面头脑风暴一下，挑战一下自己：转述孙悟空下海、入地、上天情节。

示例转述——出示：

下海

花果山生、水帘洞住妖仙孙悟空者，欺虐小龙，强坐水宅，索兵器，施法施威；要披挂，骋凶骋势。惊伤水族，唬走龟鼍。南海龙战战兢兢；西海龙凄凄惨惨；北海龙缩首归降；臣敖广舒身下拜。献神珍之铁棒，凤翅之金冠，与那锁子甲、步云履，以礼送出。他仍弄武艺，显神通，但云'聒噪！聒噪！'果然无敌，甚为难制。

转述得怎样？转述得清楚详备吗？我为什么有这个本事？有什么发现吗？"转述"之于《西游记》的意义，你注意到了吗？

学生转述"入地"、"上天"情节。

明确：

《西游记》里有大量转述，读《西游记》可以学转述、借助转述。转述助读的意义起码有几点：(1)印象重复强化。(2)情节有了概述。(3)形成快读的核心点、关键点。(4)备忘、梳理的借助。

发现《西游记》的转述，你就发现了《西游记》阅读的捷径！

启发：名著是可以快读、精读、跳读和阅读强化的。

它还可以更正你关于阅读的认识：

所谓读完一本书，不代表要从头到尾逐字逐句地读。你要关注的是这本书的整体内容，找到那些对自己真正有启发的点。从全局思考一本书，只看对自己有价值的东西。这种方式可能更适合这个时代。

3. 《西游记》《朝花夕拾》等小说可以用这种方法阅读吗？具体可以怎么操作？

有人说读《西游记》一定要读第 100 回。想想，为什么？

交流、讨论。

明确：《西游记》可以利用小说有大量的人物"转述"和纲领性章节采用跳读策略速读。内容多可与阅读达成一份和解。

《朝花夕拾》可以选自己能读得懂的部分挑读实现快速阅读。阅读不期望一步到位，留点迁就和容忍给现在。

三、总结

智慧阅读，策略阅读，拥抱阅读——让阅读成为我们的信仰。

6. 刀刻一样的记忆上的简练语文
——《汉家寨》教学实录

设计解说

《汉家寨》是人教社课标版高中语文选修教材《中国现代诗歌散文欣赏》里的一篇课文，是著名作家张承志的名篇。对于这篇课文的教学，人们可能会想到万般教法。本课另辟蹊径采用简练教学理念设计。简练教学的精髓讲究一字立骨，小切入大贯串。于是备课思路就顺着这样的路径来思考：本课从何处切入？通观课文，何字何言能够承载一字立骨的"骨"字？经反复斟酌，参照简练教学"骨"字确立原则，我选择了数字"3"，《汉家寨》的简练教学就教一个"3"字。

教学过程

一、初读

师：初来乍到，我能不能问同学们一个问题？我们每一个人都会有记忆，对吧？什么样的经历和体验能成为记忆？

生1：留下深刻印象的事。

生2：意想不到的事情。

师：你能不能具体举一两个例子？比如，梦然的《少年》，只要记得你是你呀，Wu oh oh, Wu oh oh，我还是从前那个少年，没有一丝丝改变，时间只不过是考验，种在心中信念丝毫未减……能引发共鸣的歌词让唱的人和听的人都记住了它。

生2：那就说说我的中考吧。为了中考我做了很多准备，也付出了很多，那段时间我睡得很晚。当时我自认为会考得不错，但是……但是……结果并不好，可能也是运气吧，看错了很多题，我也很无奈，现在想起来还很后悔。

师：意外、失误能让人留下记忆。那什么样的记忆能像刀刻一样留在你的脑子里，扎根在心里？

生3：刻骨铭心的事吧。

师：也请你具体一点，你有过这种记忆吗？比如……（提示学生说）

生3：那是高一的时候吧。我们前往江西兴国开展研学活动，在那里我看到一面刻有2万多个烈士名字的黑色岩石墙，感觉非常震撼。还有烈士陵园，有六千个纪念碑……

师：我就是江西人。我能理解同学们的震撼。一定会刻骨铭心。红色的记忆像刀刻一样留在了同学们的心里。今天，我们就来学习一篇文章，张承志的《汉家寨》，它无疑也是一份记忆，因为编者把它放进了《那一串记忆的珍珠》单元里，那它是一份什么记忆呢？散文告诉了我们，下面我们一起来默读一遍课文，看看文中哪几句话告诉了你，看看哪一位同学有一双慧眼能够把它找到。

（学生默读课文。教师巡视教室，察看学生阅读情况，提醒学生注意关键语句：1.回忆咀嚼吟味，我总是无法忘记它。2.我总是倔强地回忆着汉家寨……清晰地重现，逼真地重现。等等）

师：不作圈点不读书！读的过程中把你喜欢的、你看重的、你发现的重要的词语一一圈点出来。

（提醒三个部分的三个关键提示语：文章开头的第一句话；"平平地铺向三个可怕的远方"；"三个方向都像可怕的暗示"）

师：现在你知道《汉家寨》对于作者来说是什么记忆吗？请你用原文回答我。就是用课文的原话（重读）回答我。作者是怎么说的？

生4：这也是刀刻一般的记忆。

师：原话是这么说的吗？

生5：这是反复回忆、无法忘记、倔强地回忆的记忆。因为原文说"这个地点在以后我的生涯中总是被我反复回忆咀嚼吟味，我总是无法忘记它"、"我总是倔强地回忆着汉家寨"，在文章的第8段和最后一段。

师：非常好。还是什么记忆？

生6：有关女儿的记忆。因为原文作者说"她的眼睛黑亮——好多年以后，我总觉得那便是我女儿的眼睛"，在文中的第27段吧。

生7：作者在汉家寨所有见到的、想到的记忆。文章最后说"我总是倔强地回忆着汉家寨，仔细想着每一个细节。直至南麓天山在阳光照耀下的伤痕累累的山体都清晰地重现，直至大陆的倾斜面、吐鲁番低地的白色蜃气，以及每一块灼烫的戈壁砾石都逼真地重现"，作者连用了"每一个"、"都"、"每一块"这样表示"全部"的字眼，目的就是为了强调作者看到的所有都成了记忆。

师：很好，能注意到文字细节的品味。那他为什么要强调"所有"呢？

生7：还是为了强调汉家寨给作者留下的印象非常深刻。

师：你的理解我非常赞同。反复的、无法忘记的、倔强地回忆着的记忆，女儿的记忆，有关汉家寨所有见到的记忆。这是什么记忆？

生（七嘴八舌）：深刻的记忆；永留的记忆……

师：深刻、永留的、刀刻一样的记忆。

二、点读

师：刚才大家在阅读的时候不知注意到没有，有一个数字（重读）跟这篇文章有奇妙的关系，（写出"3"字）这是什么？"3"，这个数字大家总认得吧？（学生大笑）看来大家是识字的，这就好办了。就是这个"3"字，它跟文章有不解之缘，信不？许多东西跟这个"3"字有关系，要找你可以找到很多。你能找出文章的多少"3"来？并且说出这个"3"在文章中的含义，也就是这个"3"对于文章（重读）到底指的是什么？

师（进一步激励）：我们一起来找，看谁眼疾嘴快，找得多，找得不牵强，找得让人心悦诚服，找出让人惊奇的"3"！

有同学会说啦，那还不简单嘛，还用找吗？这不现成的嘛。题目3个字！作者3个字！就两个"3"了。这是吗？当然是，只不过这是很肤浅的"3"，是"小三"！（学生大笑）谁能找出更有意思的"3"来？看看你有什么惊人的发现？

生2：三岔口，文中提到的一个地名，是一个"3"。

生1：三百里空山绝谷，这里有个"3"。

第三章　简练语文之实践　　141

师：但这是三百，三百就是三百，不是"3"，这个"3"比较勉强。我们要找的"3"不能勉强。

生7：单从文章里面我就能找到9个"3"。文章第8段"在三个方向汇指着它——三道裸山之间，是三条巨流般的黑戈壁，寸草不生，平平地铺向三个可怕的远方。因此，地图上又标着另一个地名叫三岔口"，这里就有5个"3"。另外……

师：我先打断一下你，你找到这儿有什么发现？

生7：发现就是这段密集用"3"，一段话连用了5个"3"。

师：是啊，那这是为何呢？

生7：我觉得是要突出强调……

师：突出强调什么呢？

生7：我觉得这处的"3"虽然说的是"3"，但其实不是"3"。

师：不是"3"那是什么？

生7：我觉得这个"3"不是实指，是用"3"代表统统、所有的意思。

师：你的意思说，"在三个方向汇指着它"，其实是想说"在各个方向统统汇指着它"，对吧？那这意味什么？这样表达的用意是什么？

生7：是要突出视线所及的那么面广的景象极度单调、统一的特点。用这么多"3"是用重复这种有冲击力的方法表达眼前震撼的感受。

师：说得好，你继续。

生7：文章还有很多"3"。"三道巨大空茫的戈壁滩一望无尽"、"三个方向都像可怕的暗示"、"三面平坦坦的铁色砾石滩上"，还有"独自面对着那三面绝境"，还有"三岔戈壁"。现在看来作者特别喜欢用"3"。

师：为什么呢？

生7：感觉文章里的"3"都是指代、象征。象征"多"。是采用了文言文的用法。文言文的"3"就是指多，作者想要象征。

师：哦，原来是这样。刚才同学们找得不错，找得很仔细。但你们找的都是面上的"3"，思路还没有打开。我来提示同学们，你们再找找：散文自然分成了几个部分？

生（齐）：三个部分。

师：你们为什么这么快就反应过来了？

生（众）：每个部分之间它空开了。

师：这是形式上分出了三个部分，内容上、逻辑上是不是也是这样？我给同学们一分钟时间看书，找找依据，每一个部分之间都有一个过渡提示语，你注意到了吗？找得到吗？这里有"3"吗？

生5：内容也是三个部分。

师：你怎么确认是三个部分？

生5：是依照您提示的找过渡提示语确认的。我找到了第六段"就这样，走近了汉家寨"，这是过渡句，承上启下，是两个部分的标志。第二部分的过渡提示语应该是第十段"我走进汉家寨时"，第三部分应该是文章最后说的"次日下午，我离开了汉家寨"。三个时段。

师：如果从这三句提示语里各抽出一个关键词，你会选哪三个词？

生5：走近、走进和离开。全文是按时间顺序来写的。

师：不也同时是行进的思路吗？

生5：是。

师：我们一下就看清了文章的结构，有什么启示？

生（众）：找提示语。

师：对了。

师：我们再来找"3"。文中着重写了几个人？这里有"3"吗？

生2：三个人。我、老汉和小女孩。

师：孩、爷、我。非常好。

师：看到你们找"3"，我也凑个热闹，我也找到一个"3"，大家看看算不算？你看文章第二部分，"走进"汉家寨，写了"景"没有？写了"人"没有？写了"汉家寨至少已经坚守着生存了一千多年了"、"独自再面对着那三面绝境"没有？这是什么？这是汉家寨的"魂"呀！景、人、魂——这里有"3"吗？大家觉得老师说的这个"3"怎么样？

生（齐）：好。

师（归纳）：其实找"3"本身不是我们的目的，你看我们找"3"，找的是什么？找出了什么？

生（七嘴八舌）：文章的结构。文章是说坚守……

师：通过找一个"3"，我们把文章的思路、人物、内容、主旨、要点、用意等都给找出来了。

点读1：讨论"走近"和"离开"——研析第一、三部分

师：《汉家寨》，出口成"3"，真是依"3"为"寨"。不过，这么多的"3"，我还是觉得作者有点"凑数"之嫌，为"3"而"3"——

首先，你来看呵，文章的思路是"走近——走进——离开"。对于这个"3"我就有些不解：你的题目是"汉家寨"，真正写到汉家寨的地方是在哪里？"走进"这个部分，有了"走进"为什么还要"走近"呢？你为什么要慢慢地走来，远远地走来？直接"走进"不得了吗？

生5：不行，那会很突然。因为汉家寨这个地方很特别，需要先做一个交代。

师：行。那就在前面加一个概略式的交代，这样是不是就可以呢？

生5：还是不行，开头部分写得很抓人。

师：这意味刚才我这个问题其实可以置换成一个什么问题？

生5：要不要保留第一个部分，为什么要写第一个部分？

师：咱们北京的孩子就是聪明，知道我要问什么。为什么要写第一个部分？要回答这个问题，首先你得追究它写了什么，对吧？写了什么呢？

生4：详细写了汉家寨周边的环境。作者看到、听到的。

生（插）：还有感受。

师：周边多大的环境？

生4：三百里空山绝谷。

生（插）：八面十方数百里内。

师：哦，是铺写了汉家寨周围数百里的生态环境。这个环境是怎样的？给你什么印象？作者看到什么？听到什么？感受到了什么？你能把显示这些回答的核心词语给我一一提取出来吗？

生（七嘴八舌，汇合）：有很多。看到、听到：宁寂……死寂……马蹄声单调地试探……静默……阴凉……铁色戈壁……烤伤的一块皮肤……岩石是醉碎的红石，土壤是淡红色的焦土……狞恶的尖石棱……不毛之地……嶙峋石头，焦渴土壤……大地斜斜地延伸……过于雄大磅礴的苍凉。作者的感受：恐怖……屏住了呼吸……茫然……晕眩……怔怔地……默想……觉得渺小得连悲哀都是徒劳的。

生7：我觉得虽然写了很多，但集中就写了四点：一是静。死寂，还有空山绝谷、空旷宁寂，写了很多"空"，这其实还是写静。二是干。它里面写烧伤、焦渴、红色、不毛之地这些都是干的表现，干了才会这样。另外就是尖。地面的石头很尖利，很可怕。还有就是斜。作者觉得大地是倾斜的，总给人雄大磅礴、苍凉的印象。说这些归根结底是要说这里不适合人居住。作者说"一旦你被它收容过，有生残年便再也无法离开它了"，我觉得作者最想要表达的感受是很难忘，记忆很深刻。

师：你这个概括非常好。这一切都是要说明什么？

生7：说明环境很荒凉，不适合人居住。

生（插）：不毛之地。

师：宁寂与贫瘠，苍凉与茫然，广袤与悲哀，暗示的是生存环境的恶劣，不适合人生存。那它为什么要暗示这点呢，而且还写得这么多、这么细？

生8：为了突出。

生9：我觉得这是给汉家寨衬托一个背景。

师：突出又为何？为什么要衬这么一个背景？文章开头有一句话，是哪句话？

生（齐读）：那是大风景和大地貌荟集的一个点。

师：你怎么理解这句话？这句话有暗示，你读得到吗？

生9：它是这部分的总括句。"大风景"、"大地貌"概括了这部分要写的内容。

师：那这个"点"指的是什么？

生9："点"就是后面要写的汉家寨。

师：文章最终要写"大"还是"点"？

生（齐）：写"点"。

师：既然是要写"点"，却先写了"大"，而且还是两个"大"，着重的"大"，这是为了什么？

生9：对比，反衬汉家寨的渺小。一个"点"的汉家寨落在这么大的背景下，让人想象这有多么孤独，需要忍受多少辛苦，这里隐藏了深深的孤寂，四周环境又这么恶劣，在这里生存一定很艰难，更何况是一直生存下去，这就需要毅力，就需要坚守。文章其实是要写这种精神的，不仅仅是写汉家寨本身。文章后面也说到了这点。

师：由此你能想到为什么要写这一部分？仅是背景吗？

生9：是冲写"坚守"而来的。因为这样写就可以突出"坚守"的困难和不容易。

师：对。突出"坚守"的困难、艰巨，从而突出"坚守"的可贵！写这个寨不是为写这个寨而写这个寨，是冲写"坚守"而来的。所有不能就"走进"，还得"走近"。

师："走近"解决了，接着说"离开"。既然"走近"是为了突出"坚守"，那后面这个"离开"就更不对了。你不是要突出"坚守"吗？那你"离开"干啥，而且还要专门用一章来写"离开"？岂不矛盾？

生1：不矛盾，反而是强化。因为只有离开了，牵挂才会开始。作者对汉家寨人的坚守留下了深刻的记忆，而这个记忆只有离开了才会更加牵挂。

师：对了。这里我有个疑惑，既然是刀刻一样的记忆，可这个部分却有句故意强调的话"从那一日我永别了汉家寨"，强调"离开"可以，为什么还要强调"永别"呢？

生8：这个"永别"是身体意义上的永别。只有"别"得久，思念才会深刻。"永别"了才会有永远的想念，"永远"才能突出程度。

生9："永别"是为了反衬"未别"。"永别"，只是说人"永别"了，身体"永别"了，实际是要强调说心"永留"了。

师：原来是这样，都说得很好。那我们再来看另一个"3"。

点读2：讨论"小女孩"——研析第二部分

师："3"指的是文中三个人，这我也觉得是凑数。你看，作者写"我"，这我没意见，没了"我"也就没有文章。但写"老人"与"小女孩"，我有意见呀，写文章不是讲究代表性吗？你写汉家寨人，有一个老汉代表不就可以吗？为什么还要写那个小女孩呢？凑数！

生3：不能算是凑数吧。您是故意这样说。小女孩为什么要生活在这么一个封闭的地方，为什么不走出去呢？她要留给人思考。

师：你的意思是说要拿小女孩作一个问号，引起人们对小女孩生存境遇的关注？

生3：可以这么说吧。老汉没有什么希望了，但小女孩可以改变呀。

师：批判？

生3：也不能说批判，就是思考吧。

师：不过，这里我要提醒同学们，你们注意到了吗，老汉和小女孩始终都是没说一句话的。只有简单的动作和眼神交流，显得木讷。对于"无言"和"木讷"作者气恼了吗？这意味着什么？从这个思路我们能读到什么？

生7：不但不生气反而是满含感情的。意味作者对老汉和小女孩是欣赏的，不是批判。

师：为什么呢？

生7：我觉得吧，文章不是要表现"坚守"的精神吗，"无言"和"木讷"恰恰是"坚守"的体现，是"坚守"的必然结果，也是"坚守"的一个组成部分。正是因为你"坚守"在那里了，你才语言退化了，你才变得"木讷"。作者是通过欣赏"无言"和"木讷"来欣赏"坚守"的。

师：我们的理解又进一步了。可以这么理解，无言、静默这正是内在坚守的一种外在形态。这也意味"坚守"的内涵和实质也包含什么？

生1：麻木。

生3：坚守要付出代价。坚守也会让人退化。

师：退化？小女孩这个话题是不是也可以换成这样的问题思考：去掉小女孩的部分，看看，没有小女孩，什么也跟着没有了？由此反观小女孩这个形象的意义。

生9：没有小女孩了也就没有对比了。小女孩在这里是来对比的。老人只会摇头，冷漠无言，而小女孩盯着"我"不眨眼，说明她好奇，对外面有很强烈的渴望。一个没希望，一个有希望。

生3：没有小女孩就没有合起来的表达了。我觉得写两个人是要用他们合起来表达一个意思：在这里的人开始都会像小女孩那样，但是生活久了，最终都会成为老汉那样。

师：长大后我就成了你。老汉是小女孩的未来，小女孩是老汉的过去！提示汉家寨的前世今生，提示汉家寨的未来、希望。

生7：没有小女孩就没有象征了。他们是两代人的代表和象征。

师：代表和象征出代代生息繁衍的图景，诉说出这里的光阴流转，岁月更迭，形象显现出汉家寨历史的绵延。

生7：也代表了一代一代地坚守的意思。

师：对。

生5：没有小女孩就没有对小女孩眼睛的描写。

师：确实。那眼睛描写有什么意义呢？在这里小女孩眼睛的描写特别让人玩味。眼睛动作有什么特点？你能从小女孩的眼睛里读到什么？

生5：小女孩对外面有非常强烈的好奇心。因为"我"代表了外面的世界。

生7："不眨眼"、"盯住"、"一直凝视"，说法不同，其实意思是一样的，就是形容眼睛一动不动。作者翻来覆去地用不同的动词形容同一个动作，目的只有一个，就是要强调小女孩的眼睛没有变化。这个描写跟老汉摇头的动作是一致的、呼应的，都是要传递汉家寨人特有的气质，就是对任何变化都不为所动，这种不为所动就是坚守。

师：你这个发现很敏锐。这也说明汉家寨人的坚守的实质包含什么成分？

生7：不改变。固守原来的方式。

师：还有什么理解吗？

生3：我倒觉得小女孩的这种眼神是害怕，对外界保持警惕、戒备的反应。

师：有不同的理解不要紧。留给人很大的阅读空间，这本身就是文本的魅力所在。文本也是可以给你这个信息的。害怕、戒备何来？恶劣环境带来的恐惧压抑了女孩与生俱来的好奇心。没有了小女孩还会没有什么？接着说。

生5：会没有红花棉袄。

师：哦，还漏了一个红花棉袄。红花棉袄有什么意义呢？

生5：红色在中国人的观念里是暖色。这是要表达对这里的人的肯定。

师：真棒。在"如一粒生锈的弹丸，孤零零地存在于这巨大得恐怖的大自然中"的汉家寨这么一点红，给悲凉深沉的坚守以一点温暖的亮色，这是对坚守的期许、欣赏和温情。

师：我总结一下刚才我们的讨论。不是凑数！小女孩是作者精心的一个安排。小女孩的存在在于表现一代代的坚守，在于表达坚守的内在力量——静默，在于表现作者对坚守的肯定，饱含了作者的感情。

点读3：讨论"三岔口"——研析全文视角

师：至于"三岔口"更绝了。这里我反倒觉得写少了，不能只为凑个"3"呀，该写"四岔口"、"五岔口",不是要表现环境的恶劣、残酷吗?那不是越多越好吗?元芳,你怎么看?

生7:因为只是象征很多方向,所以有"三岔"就够了。"三"就是多的意思,"四"和"五"反而没有这个意思。

师:汉家寨有通向外界的路吗?

生(众):没有。

生3:有!要不作者怎么进来的?它这里的路可能不是我们一般意义上的路。它是戈壁,只要没有山,就都是路。文章特意说"三面绝境",其实也是暗示有一面不是绝境。

师:对了。你看得很仔细。既然有路为什么不选择其中的一条路走出去?

生1:因为有三岔口,他们不知道怎么走。

师:不知道吗?我提醒同学们注意说到"三岔口"的两句话,"平平地铺向三个可怕(重读)的远方"、"三个方向都像可怕(重读)的暗示"。为什么都要加上"可怕"两个字?"三岔口"代表什么?

生7:强调这是汉家寨人没有走出去的原因。"三岔口"是个象征,象征歧路。

师:这个代名词把人们内心的迷茫、恐惧形象化了。"三岔口"象征多种选择,人生的不确定性,代表了汉家寨人在生存选择上的所有困难、迷茫、畏惧。因而也就暗示了他们"坚守"的原因——也许不是什么信念、精神,仅仅只是因为畏惧、害怕不敢走出去。选择多了,反而迷茫了,干脆不走了,于是"坚守"!这也说明"坚守"里面的成分是很复杂的。坚守有对家园、土地的挚爱,也有固执、麻木、愚昧、畏惧与保守。

师(归纳总结):原来这里的"3"乃至所有的文字,都是指向一个词,为了一个词——"坚守"!刀刻的记忆在这里,文章的"深刻"也在这里!前面全都是铺垫,在构思上形成万箭穿心、百川汇海之势。

三、议读

师:汉家寨仅是个"寨"吗?我们每个人的心里是不是都有一个"汉家寨"?

生7:汉家寨也成了一个象征了。精神的象征,"坚守"的代名词。

师:正因为汉家寨人的"坚守"契合了张承志的"坚守",所以作者被感动、被震撼。赞许、认同——张承志以他刀刻一般的记忆力挺他的主张。汉家寨也就被作者符号化了,象征化了,成了作者期许的信念、精神、思想的形象化的附着。

师:从一种值得固守的精神信念说,我们有没有要"坚守"的东西?当代视角下,我们"坚守"什么?我来出示四个句子,你来选择——

在物欲横流中坚守____

在庸俗泛滥中坚守____

在寂寞孤独中坚守____

在全盘西化中坚守____

生3:我的答案是精神、高雅、坚毅、传统。

生7:我会选择清贫、高贵、理想、民族文化。

生9:我会选择淡定、脱俗、忍耐、取其精华去其糟粕。

师:对于汉家寨人来说,祖祖辈辈留下的家园需要坚守,固有的生活方式需要坚守。而对于作者来说,信的道需要坚守,精神、思想需要坚守。可是,如今我们进入了一个改变的时代呀,怀疑的时代呀,耳鼓充斥的是改变、怀疑。我们改变北京的胡同、四合院,我们三环、四环、五环,一环一环地改变;我们怀疑奶粉,怀疑药品,怀疑地沟油,怀疑上面说的一切……我要问同学们:改变的时代,怀疑的时代,我们需不需要坚守?请同学们一句话说坚守!

(教师提示、布置、激励:1.说多说少没关系,能让子弹飞一飞更好。不会说,表一个态也行;会说就往精炼有哲理方向努力。2.给大家一分钟时间酝酿。记下说话的关键词,这样可以提词备忘,保证说时流畅有条理。3.老师也说,以身作则)

生2:坚守是理想实现的保障,是信仰的护航。

生8:容易做的你守住了那不叫坚守,付出代价还无悔不变那才叫坚守。坚守考验意志、信仰的纯度。

生3:坚守要不要,要看你坚守什么。坚守不是固执、保守和畏缩的代名词。坚守时要时时检点,你坚守的是什么?坚守,方向很重要,否则这种坚守只会让人顽固、愚昧和落后。

师(示例):听了同学们的"一句话说坚守"我很感动,同学们都说得非常精彩。对于坚守,我也有我的看法。来我们学校试讲的路上,路过一排低矮的平房,前来接待我的老师介绍说：这就是千年古镇长辛店！在周边高楼林立的喧嚣的衬托下，它显得那样的突兀，它是那样的平静安详，仿佛有一种庄子"持竿不顾"的气质，平静得就像一条睡龙。今天，我读了《汉家寨》，我恍然明白，长辛店不就是我们丰台人的"汉家寨"吗？

　　师（总结）：不知何时起，怀疑成了我们这个时代的特征。"怀疑成了我们否定一切，解构一切的'粉碎机'！"卢新宁在北大演讲时曾这样说。这让我想起陈平原提到西南联大老照片给自己的感动时说的一席话：一群衣衫褴褛的知识分子，器宇轩昂地屹立于天地间。这是不是作者苦苦追求的"坚守"呢？如果是，我同意张承志的坚守！否定、怀疑的时代，我们更需要"汉家寨"式的坚守！正因为否定、怀疑，我们才坚守！

四、下课

附板书：

汉家寨

走近————走进————离开

景—人—魂
三 孩 孤
岔 爷 久
口 我 难

突出坚守的可贵　　刻寨的守坚出突

坚守的持久　代代坚守

家园方式 ⇔ 坚守 ⇔ 精神思想

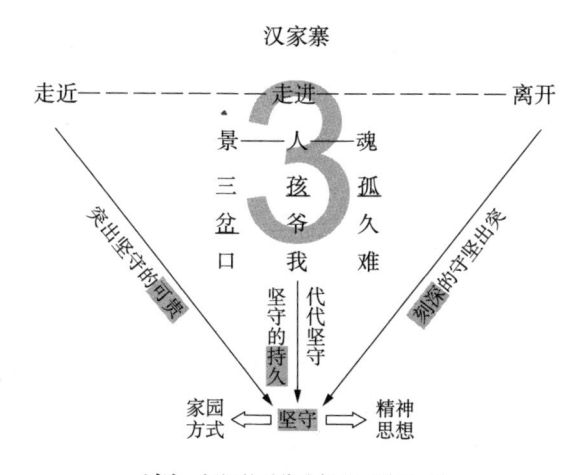

讨论：怀疑的时代我们是否需要坚守？

上课后记

　　《汉家寨》实录是一节试讲课。这意味着试讲课文对我而言是篇全新的课文，教学只能是一天思考下来的急就章。没有任何可参考的资料，怎么讲？只能祭出我的简练语文——一字立骨！我左思右想最后找到了文本的灵魂，可以支撑起课架的"骨"字——"3"字。结果借助简练语文，我上出了一堂轻松而又出彩的课。

第四章

简练语文之借助

简练的智慧和奥义在于借助,有借助的语文才能成为简练语文。信息时代,信息赋能,教学的借助离不开信息推送。信息推送智能化转向后,推送方式又从简单向高级纵深演进。故简练语文钟情于精准推送的助读应用,生成阅读社区促进表达、交流,让师生关系从告知传授过渡到研讨交流;依靠精准资源匹配兴趣、偏好,让学习方式从被动过渡到自助、个性;构建助读系统引发创生、研究,让学习过程从浅尝辄止过渡到深度学习。助读精准推送,是简练语文在信息化借助上的应答。

1. 信息推送教育应用透观[①]

从信息推送到精准推送,支撑技术和追进理论双轮驱动在这条快车道上一路狂奔,推送这个被加速的引擎仿佛一下进入了一个刷新模式,不停地演绎着迭代的故事,不断聚集起万亿计的巨大体量的应用。我们处在信息的功能不断被赋予、价值不断被发现、服务不断被定义、边界不断被突破、版图不断被扩大的时代。伴随信息推送"拐点"的到来,承载智慧算法的各种行业实践落地生根,遍地开花,深刻地影响着人们对信息的理解,进而引发裂变式连锁反应,而且这种反应往往又都是翻天覆地结构性级别的:智慧信息不仅改变人们传播、使用、生产信息的观念、行为、习惯,更重塑人们的生活社交方式、业态规制、认知途径,同时还引领着社会的趋势和走向。

探看信息服务本身,信息传播模式也实现了从一对多的大众传播模式到一对一的个性化传播的转变,受众地位得以凸显,用户思维成为算法推荐中的关键性要素。算法推荐以用户价值为中心,在用户阅读内容和交互的过程中,运用算法分析用户特征、阅读偏好以及阅读场景,构建用户画像,从而为用户提供场景适配的信息服务[②]。从单一的、被动的信息接受者、消费者到主动的、积极的信息创作者、生产者,从"传者本位"到"受者本位",人们在信息传播中的主体地位和扮演的角色发生了翻覆性的进化。

在这种情势的催生下,信息生产与传播范式智能化转向,人们被智慧信息包

[①] 张挥,邹宇松.信息推送教育应用探析[J].中国教育信息化,2019,(10):94—96.
[②] 喻国明,韩婷.算法型信息分发:技术原理、机制创新与未来发展[J].新闻爱好者,2018,(4):8—13.

裹,更加依赖大数据。最初仅作为技术的信息推送、信息分发已深深嵌入到日常的细枝末节,渗进思维、认知甚至本能,变成人们生活、学习、工作、娱乐的一个有机部分,无处不在,无时不在,让你熟悉到无感不自知。

教育首当其冲地被裹挟其中,跟随这股大潮亦步亦趋。虽然,相对其他行业,在信息推送上,教育缺乏像头条、淘宝这样位倾天下、重磅的、现象级的、标杆性质的应用,但总体跟趋势同步,也是信息业态的重要见证领域。信息推送构成教育信息服务的现状和基础,必然也要成为教育信息技术研发的背景、参照和思考。因此,任何一款映射时代气息,有着生存、关注度和忠诚度考量的教育信息产品都应该放到这样一个环境和语义下去考察、验证和审视。

一、 信息推送的精髓及教育应用指向

上溯至 1996 年,Point-Cast Network 公司提出信息推送技术,概念意义上的信息推送由此滥觞。

由于信息推送开启了利用技术改变信息传播方式的大门,打开了信息服务的思路。信息推送在对用户需求进行更深层次洞察、分析与推荐的同时,也推动推荐方式由简单向高级纵深演进。

这种发展又进一步促进使用,越是使用越是把信息推送的命门暴露出来,也越是将信息推送的精髓和落点看得更加清楚:

信息推送的根本不在技术本身。即便拥有了推送技术,但服务如果还是停留在"我传你收"、"以传者为中心"的信息的单向拉取阶段,用户仍基本只能依靠主动搜索,系统程序也无法从用户的角度出发,利用技术主动分析用户特征,判定用户所需,动态调整,对应推送。也就是说,无暇顾及人的分众化、个性化及偶然性、体验性还有高场景度的信息需求,无法实现信息分发的"千人千面",无法提供隐性互动、人机交互、人机共识的体验,[①]那么,这种推送还是处在简单初级阶段,本质上还是属于根据固定所需的静态推送,实际与传统获取信息方式并无本质区别,依然解决不了信息生态发生变化后人们必须应对的棘手问题,也就无法真正

---

① 喻国明,韩婷.算法型信息分发:技术原理、机制创新与未来发展[J].新闻爱好者,2018,(4):8—13.

实现对信息过载的消解。而后者显然是信息推送的精髓和价值挖掘所在。

针对信息推送关键和要义的讨论给我们带来的警示：虽然信息推送服务是传统定题服务在网络环境下的一种再现，它改变了人类获取信息的方式。[1] 但是单只使用了推送技术必不当然产生这种获取方式，抵达推送所能，得到业态形塑。也就是说，并不是只要推送了就是个性化，就是用户主体。引导它的不是技术而是理念念假设。信息推送的本质不是技术形态而是观念思想。我们对信息推送的追逐不在技术本身而在技术背后的思维，引进信息推送要着力在思维的表达上。

这一认识具体到教育信息产品：如果只是推送按自己的逻辑编排下来的教学资源，信息呈现仍会摆脱不了固定、静态、僵化、广谱的模式，因而仍然难以适应生动的、活跃的、快变的、成长的信息使用主体的要求，难以对接个性化学习的需要。教育信息产品需要树立用户思维，关注学生痛点，提供个性化解决服务；关注教育客户端需求，提供针对性的教育内容。

二、 精准推送教育功能源溯和挖掘

随着个性化大数据算法、兴趣探测技术的深入发展和长足进步，超越最初定义以"懂你"为目标和追求的精准推送应运而生。信息推送进入下一个阶段，即个性化推送服务阶段。这一服务汇聚符合个人兴趣和喜好的内容，量身定制私人资讯，让推送因贴心、亲和、友好、乐助、依从而释放款款温情变得可能。

精准推送作为信息推送服务，是根据用户个性化的需求设定的。智能算法对用户需求和用户兴趣的"不断学习"，快速有效地将符合用户需求和用户兴趣的信息推送到用户终端的信息传播方式。[2] 精准推送常常送给我们很多妙不可言的体验，展现它的"玄妙"和惊奇，同时也带来很多不可思议的"表现"，如：数据洪流、流量为王、推荐量、爆款文、标题党、猜你喜欢、你关心的才是头条、每个人都有自己的头条等等，而主导这一切的幕后推手就来自于精准推送的推荐系统。所有"表现"都是由这个推荐机制"导演"出来的，由它传递出各种变身、猜测"戏法"。

---

[1] 刘迎清. 国内信息推送研究综述[J]. 长沙大学学报，2006，(9)：82—86.
[2] 李永凤. 信息推送技术在互联网发展中的深度渗透[J]. 内蒙古大学学报（哲学社会科学版），2017，(1)：102—107.

这样一个精准推送,单就外溢和周边就可以被借重作很多教育功能、教育价值的挖掘:

首先,精准推送外表为懂你、贴心的智能特性可以被利用起来制造诱吸效应引发用户的忠诚和黏性,带来使用上的舒适感和良好体验,在流量为王的信息读取环境下,这种舒适体验感就会变现为稀缺的注意力,增稠用户的忠诚度、认可度,进而转化为用户黏性,从而把推送带到兴趣培养、兴趣教育的层面。

其次,精准的过程是传者和受者的一个相互"学习"过程,过程中双方都在潜移默化地影响对方,因此,这个"影响"就暗含引导和塑造成分,从教育角度说,这就是导教性质,可以挖掘其中的导教功能。

再次,精准推送的推荐系统是在"学习"过程中不断成长、进步,逐渐"成熟"起来的,即"懂你"是动态的,呈越来越懂的状态,这其实又是把循序渐进、螺旋式上升的教学精髓带出来了,可以作牵引教学的挖掘。

还有,推荐系统里的互动交流导致数据的流动,用户信息可以转化成推送信息,推送信息又可以促发出新的用户信息,新的用户信息再资源化为新的推送信息,流转生成,这个机制与教与学、读与写的滚动循环模型无异,完全可以作教育资源的滚动生成功能挖掘,实现教育资源的自产自出,服务于教育资源的共创共建。

此外,信息传播学者认为,大数据和智能算法驱动的信息推送具有一种悄然改变人类的信息认知模式和思维方式,培养用户,塑造用户的隐性力量。[①] 这股力量若是被暗施利益诉求,限制了用户信息接触的视野,那当然是需要警惕的,但如果这股力量注入的是教学意志和教学行为、法则的话,那塑造相当于教学引导,而隐形就是无干预形态,这就等于说,隐形塑造可以变身为润物无声的教学引导,从而让教育指导采取一种无打扰、无干预的方式。

需要指出的是,精准减少了用户选择信息的成本,提高了选择信息的效率。变身为学习,等于节省了学习时间,提高了学习的效率,珍惜了对学习的关注。这种智能又通过一套算法程序固定下来,变得自动,获得超越人工的机器特性的增

---

① 李永凤.信息推送技术在互联网发展中的深度渗透[J].内蒙古大学学报(哲学社会科学版),2017,(1):102—107.

持,智能叠加,比人工性质的教育服务翻倍增强。

总之,精准推送里隐含筛选、引导、塑造、互动、流转、生成,这些功能元素综合起来、调动起来可以变身为教育、教学性质的借用,而且还会是一种被赋能加强、效益倍增的应用。

所以,学习系统里移植精准推送应该着力于对推荐系统里教育成分的挖掘。

三、 精准推送教育移植分析

基于社会化应用的比较视野和教育自身特点的考虑,教育在作精准推送移植的时候也应该有个性内涵的注入和选择考量:

1. 精准推送在信息推送中的比例。

精准推送是用来对付信息过载的,精准推送的意义和价值也就取决于信息过载的程度。精准推送的核心是一套推荐机制,推荐机制的表现取决于它"施展"空间的大小。相对一般集中在商业、资讯、媒体等领域,依托大型平台,立身门户,坐拥巨大流量,数据特征过载、综合的社会化应用,满足小众、个性化需求的教育教学应用专注在细分领域:用户、场景、内容,其数据特征专精、垂直、单一。精准推荐系统启动运行回旋的余地不大,故而在信息推送上不能完全依赖精准推送一种方式,布局上需要有一个全盘、周密的考虑。在泛学习的需求下,用户的信息和资源获取正在向主动和被动两种方式发展。比较结果中,有60%的案例的服务模式锁定在推拉结合的方式。用户既可以进行自主检索,又可获得资源平台推送的资源信息,实现准确定位和精准推送的双重目的。[①]

2. 精准推送应用的重心偏向。

数字教育资源服务的精准化定位与推送,是指通过收集用户的数据,提取用户的个人特征,识别用户教与学的场景,精准定位其教与学需求,为其推送所需的数字教育资源。[②] 与社会化应用的特征识别不同,教育的用户、内容、场景,能代表它们指向学习,有学习层级鉴别意义的特征往往是思维表现,比如,他是一个有阅

[①] 余亮,陈时见,吴迪.多元、共创与精准推送:数字教育资源的新发展[J].中国电化教育,2016,(4):52—57.

[②] 余亮,陈时见,吴迪.多元、共创与精准推送:数字教育资源的新发展[J].中国电化教育,2016,(4):52—57.

读主见的用户,他读得比较通透,他会融会贯通等,而这样的思维表现的"成色"是非常难以刻画、标签和作机器能识读的分级分类的。发现、探测技术捕捉到的特征数据对教学行为、思维本质的解释力也弱,这些都会影响精准的"准度"和精准努力的必要价值,所以,就是精准推送,教育的精准挖掘的重心也应更多地偏向精准带出的诸如良好体验感获得等这样的外溢效应。

3. 精准推送应用的技术思维。

信息推送不仅反映用户的信息需求逻辑,也反映媒介主体背后的多元利益格局。信息推送的终极目标也不止满足用户的信息需求,而是将其转化为现实的网络流量,并实现流量变现。[①] 对于社会化商业应用来说,流量就是商益,所以,流量思维成为无处不在、无时不在的一种技术思维,但教育有自己的使命,所以要针对教育利益诉求采取效益思维。

4. 推荐方式的倚重。

跟社会应用一样,一般认为,关于数字教育资源的个性化服务,较为成熟的有协同过滤推荐、基于内容的推荐和基于知识的推荐。[②] 三种方式的启动有各自的条件和要求,哪种方式更对应自己的应用?这需要与开发内容结合考虑。

5. 用户探测的方向。

精准推送需要对用户进行探测,但过度挖掘又会带来隐私问题。所以社会化应用隐私问题突出,但教育用户性质和动机单纯,没有太多有精准意义的"隐私"探测的必要,故在用户的探测上可以把更多的精力放在教学指向的部位上。

四、 精准推送教育应用问题及对策讨论

精准推送的效果如何,关键看精准的程度。精准在于算法,看似表现"非凡"的算法实际还不足够"聪明",精准建构尤其是教育精准建构仍然是很难的课题,只能是接近的追求。目前完善的办法就是多种算法组合,关联更大数据。不过,虽然是组合,但是还是要通过优先顺序和侧重作为调节来匹配不同的推送定位和目的。

----

① 李永凤.信息推送技术在互联网发展中的深度渗透[J].内蒙古大学学报(哲学社会科学版),2017,(1):102—107.
② 牟智佳,武法提.电子书包中基于学习者模型的个性化学习资源推荐研究[J].电化教育研究,2015,(1):69—76.

教育有它自身的规律和特殊性。教育的意志力、约束性、强制性，学习的任务性质，教育的跳摘等成长规律都会与精准推送单一的兴趣偏好匹配的思路发生抵牾。对于信息世界而言，教育属于专项领域，自然也会产生作为专项应用的挑战和痛点问题。

具体来说就是，学习首先会以任务的面貌呈现，人都有避难求易、避重求轻的惰性，学习的用户在流露和表达兴趣的过程中会与推荐机制进行"博弈"，推荐机制对"博弈"过的兴趣偏好的"听从"实际就有可能演变为对自我降低的"纵容"和放任。"偏好"的内涵就有可能变质为只是迁就。还有，成长有最近发展区的跳摘要求，教育并不应该完全按兴趣偏好这一条线索来组织。而围绕兴趣偏好组织的学习场景显然是缺乏"跳摘"含量的，这也会反动为对催长的一种剥夺。另外教育情境下的有无、多少的分配还会被理解为教育平等、公平问题。

虽然"信息茧房"问题在教育应用上会因本身的专精细分属性、内容垂直度高而淡化，但在较小的内容池里出现信息的过滤屏蔽，茧房困境就会反映成局部的信息荒、无谓遮拦、推送"搁浅"。过滤过细，信息专精，匹配就容易掉线，推荐就容易踏空，从而出现"推送断供"现象。这也就意味着精准会出现差错，推荐机制会失灵失效。失灵的机制反过来又会刺激你去掂量究思手中的推荐"权力"，更加慎重地使用，这样连带又会把推送权衡的难度和要求也提高了。

必须承认兴趣"变质"、推送"断供"等问题的存在，本质上是过滤过细造成的，它反映出了精准里的矛盾，即精准追求要求你细，而兴趣"变质"、推送"断供"问题又要求你粗一些。作为专项垂直度高的教育信息推送应该把握好精准的一个度，做好粗细的平衡。

2. 助读推送：建构与研讨[①]

——以名著助读系统的研发为例

移动网络和智能终端设备的更新迭代，为数字阅读提供了平台和技术支撑。

[①] 张挥.助读推送：建构与研讨——以名著助读 APP 的研发为例[J].中学语文，2021，(04)：75—81.

信息推送在商业领域的成功实践,又促使人们对信息推送技术在教育教学上的应用产生更多的期待。因此,以智能终端设备为平台的阅读或助读产品的研发受到人们的追捧。名著助读系统承应这一趋向和一线教学需求,围绕助读精准推送立意,构建框架体系。制定了为资源匹配、标识的办法,创立了方便、易用的助读资源的组织方式、推送方式,攻克了书库、批注、问答三个功能模块之间资源的调度和组织技术,找到了助读资源汇聚、第三方资源接入、资源内生与合规获取的可靠路径,实现了基于精准助读服务的名著阅读。

一、问题的提出

1. 背景与现状。

新修订的《普通高中语文课程标准(2017年版)》高度重视并突出强调整本书阅读,把它当作一种重要的语文学习方式,并提出了整本书阅读与信息技术、网络整合的要求。

在课程设置上,统编高中语文教材设置必修、选择性必修、选修三类课程。三类课程分别安排7~9个学习任务群,其中都包含了"整本书阅读与研讨"学习任务群。整本书阅读贯穿必修、选择性必修、选修全部课程。《义务教育语文课程标准(2011年版)》规定:"7~9年级的学生应学会制订自己的阅读计划,广泛阅读各种类型的读物,课外阅读总量不少于260万字,每学年阅读两三部名著。"[1]

作为统编教材最大的亮点和特色,初中语文教科书提出了三位一体的阅读教学理念,增加了课外阅读、名著导读和写作的分量。中高年级几乎每单元都有"课外阅读延伸"。名著导读成为"三位一体"的阅读教学体系的一个部分。

然而,名著的教学现状却不尽如人意。学生的名著阅读普遍缺乏能引发学习方式变革的助读支持。教师的阅读指导陷入双向矛盾困境:既有有心无力之绌,又有过度干预之虞。教师只勾画出课本上部分的名著片段的主要情节和思想感情等基本信息,然后让学生死记硬背,导致学生对名著的理解支离破碎。[2] 另外文

---

[1] 中华人民共和国教育部制定.义务教育语文课程标准(2011年版)[M].北京:北京师范大学出版集团北京师范大学出版社,2012:14.
[2] 齐作春.重视名著导读传承经典文化——试论初中语文名著导读方法[J].教学研究,2019,(21).

学名著虽是经典的传承,但其本身晦涩的词句和与当今社会脱节的历史背景成为阅读经典之路的绊脚石,基于电子阅读的普及和调查研究结果——有近五成的学生愿意使用手机作为课堂学习的辅助,[1]我们无法忽视名著助读系统的必要性。而另一方面,名著助读却又存在如下表现:一是网络有海量助读资源,其中不乏精品,且处于过载状态,却因无序分布和组织,难以接触,无法有效获取和利用,需要导航和精准推送。二是阅读即对话。学生阅读随时会擦出思想火花,有即时表达、读写互促的需求,而囿于线性的教学生活,却又无法做到随时随地读写。稍纵即逝的、可贵的思想火花无法即读即写即存,抑制了阅读表达和读写结合。三是阅读需要交流。但传统阅读的交流是单向、平面、碎片的,缺少网络环境下多向度、立体的场景和线程记录、连续跟进、实时在线和可回溯追踪的功能。难以让一次自然的阅读交流,顺势转化为类似"知乎"式的学习流的沉淀,克服不了交流的一过性缺憾。这些构成了名著阅读、助读的现实痛点和难点。

因此,对应的名著阅读和阅读指导的信息技术借助也就有三点迫切的现实需求:第一,个性学习,精准助读;第二,读写互促,即时表达;第三,沉淀知识链,生成学习流。

2. 意义与价值。

(1) 名著整本书阅读作为解决语文教育难题的优选方案已经成为一种共识。

近年来,人们对语文学习的理解又逐渐回归常识:语文学习的关键在阅读,阅读效果的关键之一在阅读量,而要达到一定的阅读量,不能没有整本书阅读。整本书阅读是弥补浅阅读、碎片化阅读、伪阅读(纯为应试的阅读)的良药。似乎可以这样说,语文教育改革如果能导向整本书阅读这一问题,那么解决困扰语文学习的不少问题也就有了基础。[2]

(2) 名著整本书阅读还处在实践的探索阶段,亟待实质性突破。

20世纪,叶圣陶、蒋伯潜等现代语文教育先驱,已经开始反思"文选式教科书"的不足,并提出了"整本书阅读"的概念。近一个世纪过去了,中学"整本书阅读"还处在理念多于实践的"口号阶段",操作层面的"整本书阅读"对于多数一线教师

---

[1] 卢蓓. 智能手机系统在教学中的应用研究[J]. 职业,2018,26(22):122—123.
[2] 郑桂华. 整本书阅读:应为和可为[J]. 语文学习,2016,(07):4—8.

而言还是一个"新概念"。[①] 虽然探索不断,但整体上,得到人们普遍接受的实践成果不多,有对难点突破的期待。

(3) 名著整本书阅读在教学一线与信息推送平台的深度融合上还有很大的探索空间。

虽然"万物互联"时代的深阅读的呼声高涨,知乎、掌趣、微信读书、起点读书等阅读产品不断涌现、兴起,但"移动互联网+阅读"的热用主要还是在社会阅读层面上展开,教学阅读这方面的尝试还相对显得沉寂。

(4) 名著助读系统切入当下整本书阅读和信息过载的痛点,实际有效解决整本书阅读客观存在的困扰,对整本书阅读的实施产生助益。

移动终端设备和互联网成为我国成年国民每天接触媒介的主体,借助移动网络和终端应用助推整本书阅读无疑是一条可行的思路。学生也有使用需求。

又由于名著助读系统对阅读指导、阅读追踪、阅读监督、阅读评测等行为的某种代偿,实际节省了教师在这方面精力和时间付出,实现阅读指导的部分智能化,对教师也将产生强劲的吸引。

名著助读系统促使名著阅读与终端应用深度融合。产品设计照顾到整本书阅读的特征,切中整本书阅读的要害和关键,信息化的优势发挥充分和明显。

本轮整本书阅读的倡导和目标设定特别强调阅读习惯的养成,阅读经验的获取和分享,而名著助读系统的功能模块特别有利于这些目标的达成。故而能培养学生检索、查询、利用信息,尤其是精准助读信息进行自助性、个性化阅读的良好习惯。

名著助读系统将移动信息推送平台与整本书阅读融合,定位为学习辅助工具,针对国家课程的实施,服务于教学。特别是"精准推送"、"即插批注"、"在线问答"、"简便指导"、"资源循环生成"等功能模块设计专门针对信息过载和传统方式的局限以及阅读的个性化要求,贴近用户,解决问题,克服难点。可以说,名著助读系统能成为为学生量身定做的助读工具,语文教师方便、实用的指导帮手。

概而言之,名著助读系统的研究价值主要有四个方面:一是方案价值:获得名著阅读难点、痛点问题的一线解决方案,切中名著阅读的要害和关键;二是资源

[①] 郑桂华.整本书阅读:应为和可为[J].语文学习,2016,(07):4—8.

价值；同步生成规模量级、经结构化和标签处理可实现精准推送的助读资源；三是模式价值：建立精准助读情境下的自主、个性、深度学习模式；四是创新价值：与其他校园数字阅读产品和商业阅读产品区分明显，自身优势突出，表现出鲜明的创新特色。

表4.2.1　名著助读系统创新点比较

比较项目	名著助读系统	其他校园数字阅读产品	商业阅读系统
立意	围绕多维目标含义的"助"字立意；阅读、助读融合	阅读与助读分割；单一目标	仅提供数字书的裸读
指向	教学、素养指向的阅读和助读	考试检测、诊断指向的阅读	娱乐消遣型阅读
推送匹配	依据个性；照顾个性；精准推送	无	无
助读设计	助读"隐藏"、"无打扰"、不刻意；尊重阅读"自由"；依从兴趣，营造"自助"的阅读环境	助读干预直接；强制意味明显；"指导"色彩浓重；"人设"打扰过多；不照顾兴趣；无阅读的选择和自由	无
学习方式	致力激发自助、个性、研究性学习	接受型；传统	无教学追求
资源管理	助读、批注、问答板块资源动态流转；循环生成；形成滚动效应	无资源循环功能	无教学追求

二、核心概念的界定

1. 名著助读系统。

名著助读系统属于移动学习系统，是为师生语文名著阅读和教学提供精准助读推送服务的移动终端的应用。

2. 助读。

（1）助读含义。

为学生的名著整本书阅读随时随处提供注释、解释、解读、评析、欣赏等的信息推送，为整本书阅读提供批注表达、在线问答服务。

（2）助读范围。

具体设定为古今中外合计16部文学和文化经典名著：

《论语》《三国演义》《水浒传》《西游记》《朝花夕拾》《骆驼祥子》《红岩》《鲁滨逊漂流记》《海底两万里》《红楼梦》《呐喊》《边城》《平凡的世界》《老人与海》《儒林外

史》《乡土中国》。

3. 精准推送。

依据读者的行为、兴趣、偏好、基础、程度、类别、层级等特征,对应推送匹配助读信息。

判定的读者行为特征包括:阅读类别、时长;寻助类别、数量和时长;批注类别、数量和时长;在线问答类别、数量和时长等。

4. 即插批注。

在浏览的名著书页上随插批注、留言,分享阅读感受。作批注汇聚、收藏、整理、评价、定类、推荐、分享等操作。

5. 在线问答。

在阅读浏览过程中随时发起问题、解答问题。作问答留言、发布、整理、收藏、邀请、评价、定类、推荐、分享等操作。

三、助读系统的建构

1. 建构理念。

名著助读系统的助读不是要简单地将信息技术仅作为一种手段辅助阅读教学,而是要通过名著助读系统的支持,使语文课堂教学结构发生变革。实现信息技术与语文教学的深度融合。观察名著助读系统下的学习行为,学生阅读学习起码发生了如下变化:

(1) 师生关系:从告知传授到研讨交流(社区场景促进表达、交流)

(2) 学习情境:从被动统一到自助个性(精准推送引发自主、自决)

(3) 学习过程:从浅尝辄止到深度学习(助读系统支持创生、研究)

名著助读系统以"助"字立意,这个"助"既是助学生也是助老师,既是助资源也是助新的学习方式。

$$\left.\begin{array}{c}生\\师\end{array}\right\} 助 \left\{\begin{array}{c}资源\\新的学习方式\end{array}\right.$$

2. 平台选定。

名著助读系统采用移动终端和网页双平台开发。

3. 总体架构。

名著助读系统由解决方案、学习方式、助读资源三个板块组成。用功能模块、推送系统、运转轨程构建助读解决方案，依靠这个方案产生与读写互促、知识链沉淀目标匹配的自助、个性、深度学习。助读资源板块为解决方案和学习方式提供资源支持。助读系统从获取、组织、管理等多个维度思考助读资源的创建。通过循环运行机制让三个板块在系统里整体发挥作用。

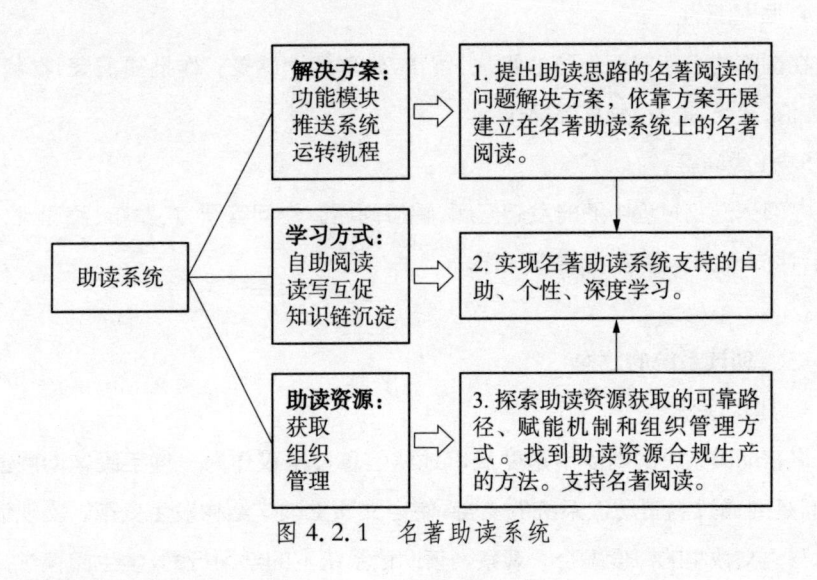

图4.2.1 名著助读系统

4. 助读系统解释。

（1）方案体系。

① 功能模块。

功能模块包括"助读"、"批注"、"问答"和"我"四大模块。"助读"智能探测、发现用户需求，动态推送助读信息，实现阅读的助推；"批注"搭建阅读表达社区，实现阅读的评论、赏析、感想的表达；"问答"拟构阅读话题社区，兼具问答和知识链沉淀功能，实现阅读的自助、个性、深度学习；"我"模块为个人整理空间。其中"助读"、"批注"、"问答"三大模块对应解决"个性学习，精准助读"，"读写互促，即时表达"，"知识链沉淀，学习流生成"的名著阅读三大难点、痛点问题。助读资源支持四大模块，并与四大模块形成信息流转循环机制。名著助读系统还为使用监管配备了一个微信小程序"助读控"，实现用、管一体。（如图4.2.2）

② 推送系统。

名著助读系统为 16 部中高考必读名著设立了四套推送系统,分别对应由小到大的语言阅读单位,实现多层次、分级、精准、跟进伴随推送。(如图 4.2.3)

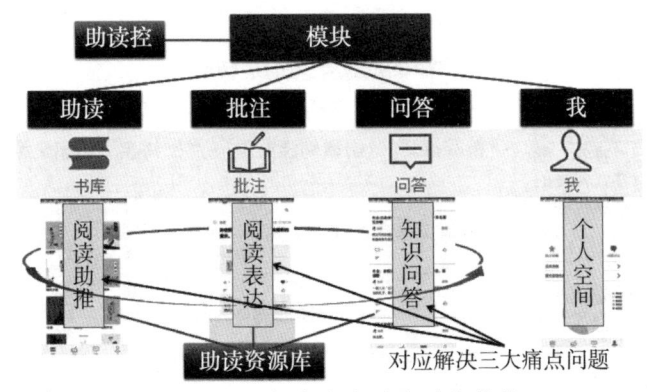

图 4.2.2　名著助读系统功能模块

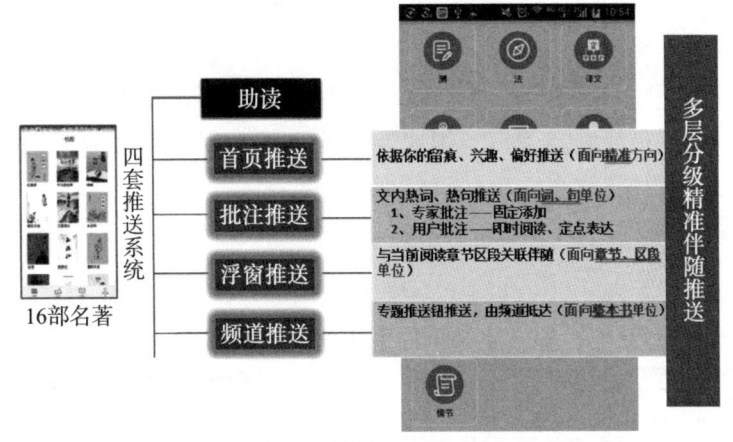

图 4.2.3　名著助读系统推送系统

③ 运转轨程。

在名著助读系统里,一个完整的学习过程:依靠外录资源和"推荐"的内生资源建立助读资源库——精准推送给学生——学生阅读助读资源——产生阅读表达和交流——写批注,作问答,实现基于资源的自助、个性、深度学习——教师批改批注和问答——同时遴选优秀批注、问答分级分类推荐,实现教师的阅读指导——再借助"推荐"将优秀批注和问答推荐给资源库。"推荐"是一个学习痕迹的分类和资源转化机制,依靠这个机制,将优秀批注、问答资源化,进入资源库,实现资源滚动、流转、循环、内生。通过这样一个闭环完成一个名著助读系统的运转轨程。(如图 4.2.4)

图 4.2.4 名著助读系统运转轨程

(2) 学习方式。

我们可以在问答模块里创设情境,布设有思维挑战的读写任务,比如"化用名著写时评"、"当代视角'今读'《论语》"等,任务驱动,让学生自主寻助,进行阅读、写作,读写结合、读写互促,完成高阶、创造性阅读。同时自动沉淀下这个学习过程的学习流和知识链。(如图 4.2.5、图 4.2.6)

图 4.2.5 名著助读系统读写互促学习 1

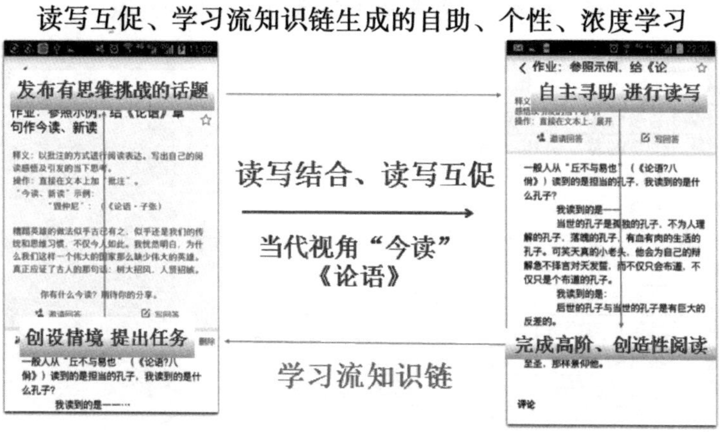

图 4.2.6　名著助读系统读写互促学习 2

（3）助读资源。

① 助读资源的获取。

助读资源获取的秘诀是建超链接目录。这点受今日头条的启发。（如图 4.2.7）

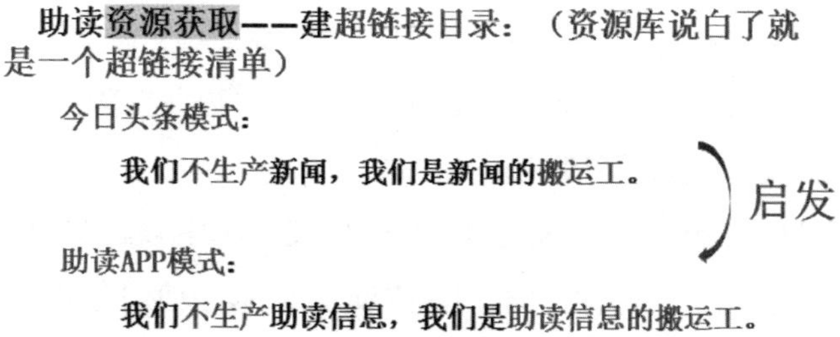

图 4.2.7　名著助读系统资源获取模型

② 助读资源的组织、管理。

设十三个专题推送钮。按资源性质和学习需求结构化组织，并提供检索方便，分类推送。比如，你想要了解名著的背景知识，你可以找"百科"，你想要听书，点"听"按钮。（如图 4.2.8）

第四章　简练语文之借助　　169

按阅读规律和学习需求对助读资源进行结构化组织

百科	名著背景、百科信息。
译	名著翻译信息。
评感	名著评论、发感信息。
分析	作品解释、分析类信息。
人物	人物说明、分析类信息。
情节	内容、情节分析类信息。
关系图	人物、事件、情节等关系图类信息。
画	名著图画、连环画类信息。
听	名著听书类、声音类助读信息。
视	名著视频类助读信息。
法	名著阅读方法、阅读指导类信息。
测	名著阅读测评、中高考名著阅读题类信息。
释著	名著释读专著类信息。

十三个专题推送钮

图4.2.8 名著助读系统资源组织、管理模型

四、助读系统的分析与讨论

1. 名著助读分析。

（1）名著助读的意义。

名著助读的提出有其深刻背景：名著整本书阅读的意义被重新发现，倡导阅读已经成为当下社会的主流意识和风尚。人们把解决语文教学问题的希望寄托在多读书、读整本书上。抓阅读、助读被视之为抓住了语文教学的"牛鼻子"。

（2）助读的无打扰、无干预理念。

对于名著整本书阅读来说，理想的阅读状态是不被打扰的自主阅读。[①] 所以教师要给学生留点自主选择的空间，引导阅读整本书，让他们爱读什么就读什么，想怎么读就怎么读，不要管得过死，也不要太过功利，培养阅读兴趣，养成阅读习惯。[②] 名著整本书阅读应该倡导自由、无干预阅读理念。所谓无干预阅读，通俗一点说，就是"躲在被窝里看书"的阅读。这种阅读最有效，最走心，是阅读的最好状态。为什么？因为它是在没人管，自己做主的环境下的一种阅读。阅读欲完全释放，听凭兴味、任由兴趣，放纵阅读快感。因此，助读要格外呵护学生难得的阅读

[①] 吴欣歆. 整本书阅读需要处理好的四对关系[J]. 语文教学通讯（高中刊），2017，(10)：10—11.
[②] 顾之川. "整本书阅读与研讨"：教材、教学与评价[J]. 新课程评论，2019，(01)：2—6.

欲。不应当硬性地布置学生去读经典,更不能简单地制止学生读他们喜欢的"闲书"。读"闲书"能激发读书兴趣,对阅读能力也有很大帮助。而经典和青少年总是有隔膜的,他们"不喜欢"也属正常反应。读经典只能慢慢引导,要用青少年能够接受的方式去接近经典。其实不同年龄段学生喜欢读的书会有变化,也会自我调整。老师的责任就是引导,而不是强制,要珍视和鼓励学生读书的独特感受、体验和理解。[1]

2. 名著助读移植精准推送讨论。

(1) 助读精准推送的本质是匹配推荐。助读精准推送的核心是一套推荐机制,根据读者的行为数据分析,为用户推荐符合其阅读需求的助读内容。

(2) 助读精准推送的价值还在于应对助读资源的过载。系统中的助读资源会随着应用的推广、时间的累计,不断丰富,数量也会越来越庞大,此时,必须通过后台对数据的分析、过滤,实现助读资源的精准推荐,换句话说,助读精准推荐同时也用来应对助读信息过载,助读精准推送的意义和价值取决于助读信息过载的程度。

(3) 助读是精准推送应用的极佳标的。名著助读移植精准推送能切中名著阅读的要害和关键,照顾到名著阅读的特征,满足师生的需求,让精准推送有用武之地:①让学生获得随时随地无打扰方式的助读,充分利用学生的碎片化时间。方便、量身、省力、智能,带来阅读黏性。②智能化地依据读者的兴趣、偏好同步推送对应助读信息。随想随给,随寻随有,想你所想,直陈眼前,克服信息过载的盲目和迷乱,实现阅读寻助的贴心伴随、高效获取和个性化对待。③助读、批注、问答资源动态流转,循环生成。应答学生在阅读表达、阅读分享、阅读肯定上的需要。④激活过程捕捉、行为探测、留痕抓取功能,帮助系统搭建可以替代的教师指导行为,包含阅读帮助、阅读追踪、过程呈现、阅读评价等模块,从而实现教师阅读指导的代偿,节省教师的精力付出。

(4) 助读推送能激活精准推送机制全要素。助读能提供精准推送优势发挥和充分展开所需要素,而且要素活跃,要素间的勾连自然、顺理、通畅。信息推送赋予用户信息消费者和创作者两个角色,而阅读与自然连带出的写作刚好与这两个

---

[1] 温儒敏.《中学整本书阅读课程实施策略》序言[J].语文教学通讯,2018,(14):79—80.

角色对接。精准推送的"学习"成长和"智能算法"的运行需要有场景支应,搭建场景最好的办法就是发展网络社区。名著阅读与写作结合紧密,名著助读与交流、分享、问答结合紧密,综合起来,读、写、问、答形成很自然的关联闭环,恰好可以延伸出要素齐全的阅读社区,开展阅读社交。

五、助读资源获取、组织的分析与讨论

1. 助读资源的获取。

从三个方面获取助读资源:一是创建。制定助读信息录入规范和标准,按照可读性、趣味性、学术性原则筛选、收录、转录助读信息。二是采用超链接搬运工策略,收集、遴选、链接公网资源。有条件的前提下,引入头条等专业公共号优质名著阅读领域创作者入驻,接入免费的第三方资源。三是依靠系统循环流转机制内生资源。

名著助读系统促成阅读体验的分享和助读信息资源的循环。"用"的过程也是"建"的过程,"用"与"建"相互促成。三大功能板块"推送——批注——问答"的信息流转生成,使名著助读系统的助读资源库保持在动态建设中,源源不断沉淀出助读资源。

2. 助读资源的组织和结构化。

一款学习用系统能够用起来、推广出去,首先要考虑易用性。名著助读系统易用性实现的关键,在于助读资源的呈现和组织方式。为此,名著助读系统开展了助读资源组织设计探索。以简便导航作为组织设计的核心,广泛收集文本、视频、音频、图画等各类助读信息,依照把名著分割为字词、章回、区段、整篇不同大小和层级的阅读单位分类分层推送的思路来组织助读资源。设置首页推送、热区批注、浮窗伴随、专题频道四条推送方式和路径,分别对名著的字词、章回、区段、全书展开多层次立体交叉的助读。借助这些资源组织设计和功能累积,名著助读系统可轻松实现阅读、助读、检索、流转、批注即写、实时问答的方便操作和使用。同时,用十三个专题频道推送钮实现专题助读资源的结构化。

六、名著助读系统应用建议

第一,熟悉助读系统的架构和资源分布情况,做到有计划性、针对性、选择性地使用助读系统。第二,虽然助读系统资源的组织方式本身暗藏导航,但在海量资源面前仍容易迷失。教师的引导仍不可缺席。故教师要做好铺垫,在布置任务前,先行了解助读资源的内容、类型、形式、数量,做到心中有数,给学生提出取舍建议。第三,领悟助读系统的资源组织方式,吃透名著助读系统资源布局的深意,多做助读资源借助的挖掘。

第五章

简练语文之讲堂

自带文才的语文说课，它的应为和当为？在直观透悟说课追求的现实道路和抵达方略之后，语文说课，如何说出你的精彩？日复一日，一招一式，庸于日常，我们在职业上是否易于轻忽行为和思维两方面习惯上的涵养？语文教师如何让这两种习养自化为优秀？作为倡导和推崇的整本书阅读、学习和指导，百人百口，众语喧哗，教师和学生如何作出智慧的选择和回应？挥吐锦绣壮逸兴，千卷诗书万里路。热议的语文话题发散着、外延着，未曾有过须臾的静止。娓娓道来、侃侃而谈，一切尽在简练语文大讲堂。

1. 语文说课，说出你的精彩[①]

一直以为，说课是独立于教学设计（教案、上课说明）而推出来的一种教研形式，应与教学设计区别开来。不然，有教学设计就够了，还要说课干什么？

说课与教学设计有本质不同：说课是议论文，教学设计是叙述文、说明文。说课重点是回答"为什么"：解释做的理由，基于这个理由地做；教学设计主要是回答"怎么办"，即我怎么去做，包括构想、思路、板块、环节、步骤等。

既然是议论文，就得有论点、论据、结论。既然是议论文，说课核心就得是解说、分析，说清行动的逻辑。

然而，现在的说课，可能是基于在没有现场的条件下还要能估摸出现场情况的考虑，似乎变异为"裸教"的另一种说法了。也就是没有学生现场的上课展示，甚至沦为十几分钟的微课，其性质是课堂教学。而且不同的学科对说课的理解和做法还不一样。有的像是微课，有的又像是教学片段，还有的可以理解为是教学设计的解说、介绍或说明。至于语文学科，很多情况下等同于某篇课文一个教学点的教学设计和教学，没有"为什么"这一核心内容，实际成了面向假拟学生的一项上课活动，不是我们一般意义上理解的说课。

这就让人很困惑，十几分钟的课、微课，这也都是课，而说课虽名义上叫课，但本质上，归根结底不是课，是解说，是对行动逻辑的阐释。

到底怎么来理解说课这个东西？实际会有很多因需的变通，但不管怎样，万变还是不离其宗，不离其本：说课应该是集中展现说课教师教学观、教学智慧、教

[①] 张挥. 语文说课，说出你的精彩[J]. 中学语文，2020，(35)：68—70.

材分析、课堂组织、教学处理、思维逻辑还有说话表达能力的一种教研方式。

基于这样一个认识，对于语文说课就有了如下一些策略性的思考。

一、内容

内容即说什么。这是说之前首先要思考好的，它决定了后面的一切。

说课既然是"议论文"。说课者最好要懂得一点作文章的道理，尤其是议论文的作法和技法，自觉拿写文章的道理去理解和类比说课。说课犹如写文章。写文章，起承转合有讲究，这个讲究也就是说课的讲究，就是对说课的启发。

说课，说白了，其实就是一件说清逻辑的事，就是完成一篇思路架构由"我的教学解读"+"基于这个解读设计如下"两部分构成的议论文，核心就是讲清这两部分的关联，阐述好它们之间的逻辑。

如果要浓缩成6个字的话，就是：为什么？怎么办？

这样一篇议论文该怎么作，你就知道说课该怎么说了。

故说课的落点在说理。

说课，可说教学目标、重难点、学情、教材、设计、处理、策略、方法、流程、环节和步骤等等。千说万说，归根结底还是要说清对教材的解读和分析。这个是说课的前提和基础。

当然这么多要素，就需要选择。如何选择？为了让说课的内容精当、适切，说课前不妨先来一个"换位思考"。换位思考一下，你就会有豁然开朗之感。何谓说课的换位思考？有说课者必有听课者，听课者是来审视你的，这个意义上说就是你的对立面。换位思考就是站在对立面思考问题：一个听课者最感兴趣，最愿意听的是什么？最期盼、最在意的是什么？最能吸引听课者眼球的是什么？听者不太在意的又是什么？容易忽略的是什么？思考好了，想明白了再说课。思考的结论是什么我们就针对这个结论说什么，这就是说课前的"换位思考"。有了这个换位思考你就不难明确适切的说课内容了。

如果是上课型、教学型的说课，备说课就还要备出这个现场内容，说的时候要说出这个现场感。没有学生要心中有学生，说出有学生的效果，要让听课者感觉到学生的存在，上课要素要齐全。

二、策略

一堆东西，一通言说，如果精华淹没在你的滔滔不绝里，那绝对不是一个好策略。说课应该采用什么样的实战策略？

1. 说课的时间限制要求你浓缩精华，因此，说课要多作压缩和聚焦动作。

应在有限的时间里尽量多地汇聚精华元素：闪光点、亮点、创意元。把说课过程变成一个精华的集中释放和呈现的过程。

从信息接收者也就是听课者的角度说，在听的过程中，任何一个说的闪光点都会转化成听的一个加分点，多一个闪光点就多一份肯定；任何一个闪光动作都会给整体加分，都会让整个活动获益。

要浓缩，策略上，角度、切入就要小、巧。小切入大统贯，这样才能简练、浓缩。小又还要能统贯，这就又必须考虑一个贯串问题，有勾连才行。举一纲而提全目，牵一发而动全身，一问问出一连串，一说说出一大片。

要浓缩，就要忌面面俱到，平均用力。要有取舍，突出重点。取舍是说课的最高智慧，同样的内容，取舍处理不同效果也会截然不同。

说课有些程序性的东西，比如教学目标、重点难点、学情、教学评价等，怎么处理？如若这些已经融入在了你的教学分析里，那就不需要特意去走程序。不要将你沉甸甸的干货、精华也就是文本分析淹没在程序性的交代中，那是很可惜的事，也是很傻的事。要想明白，程序上的说明要有，但这个有不是你平均用力的理由，不是你去牺牲突出干货和精华的理由。应景的东西归于应景，直奔主题时毫不犹豫地直奔主题。

要浓缩，就要多晒干货，忌有意无意灌水，忌重心、落点转移。干货，沉甸甸的东西，脱水的东西，含金量高，它是说课的"核心竞争力"。其他做得再好，没了这个"核心竞争力"最终也是无功。这里你需要来个追问，梳理自己的思路：说课里，技术含量高的是什么？教学目标？重难点？学情分析？教学效果预测？流程和步骤？还是教学策略？教学分析？教学处理？特色亮点？哪个技术含量高就多说哪个，突出哪个。

说课最能体现水平，最难以抄袭、借鉴、网摘、搜索、复制得来的是什么？想透并以此作出说课内容的取舍。

2. 懂点信息传播学，尊重传播原理，重视听话过程中的过滤现象和饱和现象，按照传播学原理和规律说课。

　　说课本质上也是说话,所以说课人还要懂点说话艺术。内容好还要把它组织好,说好。说话中听,让人印象深刻,这里面是有讲究的。

　　讲好中国故事。中国故事好是一回事,讲好是另一回事。同理,说课的文案好还要把它说好。记住,说课就是"说"好你的课。

　　听众传播心理有个很重要的现象,就是边听边过滤。过滤掉那些被听者认为无谓的信息。听说话不可能像记笔记或录音机一样,什么都装进耳朵。人的记忆力有限,信息接收会有饱和现象。一定时间接收的信息量是有限的,接收不动的时候,就会拒收,就会出现接收疲劳。完整的信息流流经听者的大脑是会自动被裁割截取的,不会把你说的内容都完整地留在大脑里。你说出的是信息流,人家接收的是精华、选段、碎片。你滔滔不绝,人家可能滤得只剩点滴。说话人常常会遇到这样的尴尬:说话人很在意的信息实际上听话人却根本没上心。这种错位是提醒我们说话要顺应接收规律。

　　过滤现象和饱和现象给说课的启发和提示是什么?说话一定要简练、干净,一语中的,绝不拖泥带水,名词术语堆砌,话语轰炸,旁逸斜出。说话要拣好的说,挑精华说,说抓心、走心的话!还有,好话不要放到一起说,一气说掉,要分布到各个地方说,让听课者能缓过劲来、缓过神来接收。

　　说课不是大说、特说。恰恰相反,是少说、精说、简说、新说、突出重点地说。这样的话才能给人印象深刻,这样的话才能吸引人、引发人注意。说一句突出的话比说一百句泛泛的、大众的、平铺直叙的话顶用。

　　中国有个很出名的演讲,叫罗振宇跨年演讲,讲了 20 年,极具冲击,很是震撼。每次演讲 4 小时,演讲一出总会让人津津乐道好一阵子,回味好长一段时间。演讲用到的标题、词汇会让人经久难忘。其实他的演讲就是少说、精说、简说、新说、重说成功的经典范例。

　　在这个信息泛滥、信息过载的时代,说话要给人冲击很不容易。要给人冲击有什么办法?罗振宇演讲的回答是凝练关键词说话,不要长篇累牍。借鉴广告方式说话,让说话有点广告意味。

　　要少说、精说、简说、新说、重说,又要保证信息说到,就得有要点意识、关键词意识、汇聚意识。突出中心,牢牢抓住关键词、关键句,反复强调。无论怎样渲染,变着花样,万箭穿心,百川归海,最后都归到一个点上,一个地方。曾仕强流传到网上的一个小视频《中国人的语言艺术就是只讲"妥当话"》就体现出了这样的说话艺术:视频说来说去其实就是说了一句话——说妥当的话,说话始终不离中心。

围绕中心说话如此重要,那如何知道自己说话是不是围绕中心?很简单,有一个比较直观的检测办法,就是看你的话能不能让人很容易归结出关键词,你说出的一大堆话是不是很容易让人做笔记。

围绕中心说话必致说话简练。简练是说话的要义。罗辑思维连续二十年的跨年演讲,据说每场演讲一大群精英围绕一年一度的演讲要演练打磨好几百遍,打磨的方向就是精炼。简练是至道。套用人们评论周润发用到的一句话"人活到极致一定是素和简",放在说课上:说课说到极致也一定素和简。每块木头都可以成为一尊佛,只要去掉多余的部分。所以,说课,一定要不说废话,删繁就简,砍掉一切外在的,多余的东西。只留下干货,沉淀干货,突出干货。

三、方式

最重要的,不是好内容,最重要的是让好内容看起来更好。

"说课也是一门说话艺术"决定了说课要注重说话的技巧。说话艺术的追求包括:语言声音的磁性和气场,说话语调的抑扬和顿挫,情绪状态的饱满和沉浸等等。

作为说话艺术的说课还要有点表演性。

不是让你去表演,而是让你的说课要有些表演上的修饰,有些表演的成分;好话好好说,不是演讲,但要有点演讲的风格。

表演性就决定了你的说课不是一般的发言,要调动情绪,声音、动作要有感染力。

说课要调动说课的非说课因素。做好一个让人眼前一亮的PPT。好的PPT会给说话加分不少。没有人有义务透过你粗俗丑陋的PPT,去发现你原来优美无比的说课内容。

四、综上述,归纳重点

1. 说课不要孤立地列说说课点,要环环相扣,以体现解说的逻辑。

说课点之间是逻辑相互承应、相互解释的关系。因此,说课说出环环相扣来,见出这个逻辑来就好了。

实际说课中人们往往缺乏这种意识,表现为都知道说课有几个要素必说,但就没去思考,为什么要必说它?知其然不去知其所以然。因而说课时说课点之间缺乏关联,变得孤立存在,相互割裂,为说这点而说这点。究其原因,还是没有根本理解说课其实就是说清逻辑关联这个本质。

比如,教学目标、重难点、学情,它实际都属于"教学分析"的一个组成部分,是"教学分析"自然要涉及的对象,不是孤立、独立于教学分析环节之外的,不是说课流程需要上的摆设,因此,在说这些点的时候,就应该把它们放到教学分析的整体上去考虑,用联系的方法去说。

2. 说课的设计要见用心和机巧,为用心和机巧而说。

这是说好课一定要有的东西,这也是说课出彩和产生亮点的地方。说课一般的程式人们都能准备,都做得到。最后怎么见高下,分好坏?就靠这个出彩和亮点了。一定要明白这个道理,在这点上下力,用足功夫。

对于课来说,用心和机巧主要体现在怎么切入上,就是你入课的角度。小切入,大贯串,一个看似小小的切入串起一堂说课,这最见心机和功夫。把这点说出来了,什么都说好了。

3. 围绕"逻辑"这个核心说课。

说课的核心是讲清教学行动的逻辑。说一切都是为了这个,牢牢记住这个基本点。

4. 说课要按照一个说课的流程和模式说课,这个流程和模式只是保证课说得更清晰、更合理的手段,不能因此陷到程式本身上去,程式再好也不是你说课的目标。不能贪恋、迷恋程式的精致,为精致而精致。不能只见程式,不凸显实质内容,让实质内容淹没在程式的交代上。说课要有"活气"的东西,一定要记住真正支撑你说课印象的一定不是这些程式,而是反映实质内容的这些"活气"。

(本文原载《中学语文》2020 年第 35 期,有改动)

2. 优秀是一种习惯——与青年语文教师聊一聊教学习惯话题

语文教师习惯:行为习惯和思维习惯。

一、语文教师的行为习惯——行为的背后很大程度是习惯使然，习惯所致

1. 先从教师"小动作"说起——

出示课堂图片：

图 5.2.1　教师课堂神态 1（戴祥雲绘）

图 5.2.2　教师课堂神态 2（戴祥雲绘）

图 5.2.3　教师课堂神态 3（戴祥雲绘）

对比一下三位教师的课堂形态，关注教师行为细节，看看三位教师各有什么教学"小动作"？

（交流、讨论）

2. 认识、评估教学"小动作"：

图 5.2.1：身子前倾，眼神专注发言的学生，发出鼓励、期待的信号。

图 5.2.2：双手抱着的自己的教材，下意识低着头，并无实质意义地只盯着教材，似乎有意避免与发言学生的眼神接触，客观"无视"发言的学生。与发言学生无神态"对话"，教师神态"游离"课堂，形成"独立"的世界，向课堂发出一种"守势"的信号。

图 5.2.3：距离远，但眼睛也是看着发言学生的，眼神始终是注视状态。因此气场强大，能罩住远距离的课堂"对话"。

（1）出现这些"小动作"，你认为这是由教师的什么决定的？

出示参考：

① 认识观念。

② 个人特质。

③ 不经意的习惯。

④ 最初接收到的默认、肯定、认可、称许等。

⑤ 模仿。

……

第五章　简练语文之讲堂　183

（交流、讨论）

青年教师起步阶段所处环境和最初接收到的具有指向意义的信号对教师行为的选择、形成和固化影响很大！

（2）"小动作"是丰富的无声"语言"，你同意吗？如果同意，你能解说出三位教师"小动作"里暗含的"语言"吗？

提供关键词参考：

倾听　注视　期待　关注　吸纳　开放　鼓励　戒备　自我　游离　防守　冷漠　拒斥……

（交流、讨论）

（3）"小动作"暗含的"语言"都代表了他们实际、期望的想法吗？

（交流、讨论）

显然有些"小动作"不一定是他们想那样，是习惯使然！

（4）这些"小动作"都能在课堂里获益吗？你认可哪些"小动作"？有没有负性的"小动作"？

（交流、讨论）

（5）你认为这些"小动作"对教学会有实质性影响吗？

（6）如果有人建议他们改掉这些"小动作"，容易吗？由此你想到什么？

（交流、讨论）

（7）预测一下"小动作"的后续？

这是课堂中间捕捉到的教师形态的一个瞬间。

图 5.2.4　教师课堂神态 4（戴祥雲绘）

你会发现，心理上有点"防范"，下意识作出戒备状的"他"，"抱着"课本的动作自始至终，未曾须臾改变，已然"固化"成为课堂习惯。

这能让我们对教师的"小动作"想到什么？有什么感想？

① 有的必然最终要固化为教师"气质"。

② 有的必然要成为一种下意识，职涯伴随。

③ 有的会成为你的职业标记，成为你教师塑造的一部分，成为让你困惑的，限制你的发展空间的隐性因素。

所以说，习惯、气质是被惯出来的。学生有个学习习惯问题，同样，教师也有个教学习惯问题。好习惯成就好教师，成就教师的好气质。负性习惯的负性效应不可忽视，一旦形成会有惯性，难以摆脱，要警惕负性习惯无意上身。

每位教师在教学行为上都有属于自己的"小动作"。这些"小动作"有的会成为"个性"、"气质"元素被人津津乐道。当然，与此对应，有的"小动作"在没人提醒的情况下，长年累月后也会发展成为一种不自知的，顽固难改的积习或毛病。不管哪种"小动作"都会以习惯养成的方式深刻地影响和塑造着教师。

青年教师正是处在开始认定、确立自己教学气质的时期，需要多接受良性行为和习惯的濡染，高度警觉教学上的负性"小动作"。

你的教师行为里有负性习惯吗？有这样的负性"小动作"吗？大脑过一下"电影"看看？

我能想到的——

怕冷场，课堂一静下来就不习惯，要靠不停地"说"来抵抗这种不习惯。于是，造成课堂的喋喋不休。

怎么办？反思！回顾自己的教学行为，给自己列一张负性"小动作"清单，时时对照检讨。

3. 讨论语文教师气质。

下面几位青年语文教师的教态被积极评价了，请你用一个关键词不假思索、脱口而出地说出理由。（强调：用直觉说，用直觉反应，不要太经思考和斟酌）

出示三位振奋型教师上课片段。

观看教学片段，讨论。

提示：为什么要脱口说印象？有什么意义？

我们注意到：刚才的说印象活动，事先我给了"积极评价"和说直觉的暗示，这其实是我有意给了你们往积极方面说真实感受的一个诱导。这个诱导驱使我们实际完成这样一个任务：真实地描述和表达获得你内心认可的教师形象。

教师说理由。

从反馈的信息和结果来看，我们有什么发现和结论？你会发现，刚才老师们说的理由关键词其实都是气质评价，触及的都是气质的核心部分。意味着什么？意味着我们在讨论积极因素的时候我们实际是在讨论气质！

亲切、大方、自然、积极、精神饱满、自信、开放——那不妨想想这些关键词的反面，你有吗？这样想，你不就获得了警示并能努力规避的对象吗？

记住：

（1）人们对一个语文教师"看上眼"往往是先从形象气质看上的。

（2）评价有趋同现象。这意味积极的语文教师气质有公认标准和共识，有气质的共同认可。即，确实存在着一个被肯定的气质标准或者说核心气质。

（3）得到肯定的语文教师气质与男女、长相容貌无很大关系，但似乎跟年龄特征高度关联（青春教师有青春气息）。

提示、启发：

（1）青年语文教师从一开始就要重视教师形象和教师气质的塑造。一开始接触、接受到的良性信息或信号有助于新教师形成正确的思维方式和观念。如果一开始就不对路，形成固化思维，以后要改就难了。

（2）教师气质也许是造就优秀语文教师的基础，语文教师的行为、思维习惯对语文教师职业成就有奠定的影响，它决定了一个语文教师的潜力和发展空间。

（3）语文教师的习惯、气质一旦形成很难刻意假扮，它会自然散发出来，临时改换气质的想法很天真。

（4）共认的气质、习惯可以使人更获益，语文教师要努力追求语文共认的教学气质类型。

三位语文教师都有一种共同的气质类型，那就是振奋型气质。一种上场就兴奋的气质。上场就兴奋，就是一种共认的语文教学气质类型。

明明可以拼知性却拼起了气质，语文课堂值不值得作这种选择？上面三位振奋型教师已经给了我们肯定答案。

为什么？因为气质一出，一场好语文课的基础和气场就有了，就是教学上出现一些小瑕疵也会被人忽视和选择性过滤掉，也会被人往好的方向、善意的方向解读。

某种意义上讲，上课上的就是气质，这也是语文上课的秘密。

语文教师，涵养自己的教学气质，慎审自己的气质取向。

二、语文教师的思维习惯——思维决定你的行为

1. 倾注语文教学用心的习惯。

语文教学上谁都想用心，为什么有人就没用上心？你可曾想到这里也有习惯和意识问题？

我们常常羡慕语文教学上有用心的人，多一个心眼的人，常常惊艳于这种用心所带来的神来之笔。那如何让自己的课堂也多份这样的用心呢？

其实别忘了，布设教学用心也是一种良好的思维习惯。

考察语文教学有用心的人，你会发现他们教学上的用心不是凭空从天上掉下来的，这种用心的灵感得益于有用心的心理准备，有用心的意识，它渗透到了他们思维的灵魂和血液里，成为一种自然的动作，下意识的反应和自觉。

平时我们就要养成一说到语文教学、设计，就用心、多心的习惯，刻意培养用心意识，把它变成语文课堂永远的追求。

出示教学片段：

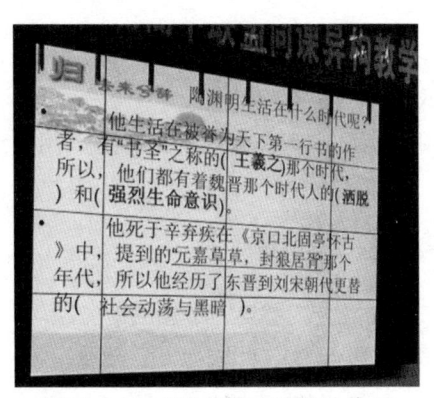

图 5.2.5 "背景介绍"教学片段

观看教学片段，讨论：

这是一个"背景介绍"教学环节，它与一般的"背景介绍"有什么不同？你能看出多少背景介绍之外的东西？它有多少连带？

揭示：

背景介绍，不局限在背景上，利用这个教学环节，顺带做了很多事情：与其他课文的串联，相关文化知识的提及，诗句背诵的复习，思想根源分析的提示、导引等等。而且是巧妙顺势而出，不着额外之力。同时，这个顺势连带，还带出了理解的亲近、联想的打通和帮借的理解，又为下面教学环节的顺利展开作了一个扎实的铺垫，布下了很多教学用意，令人玩味不已。

简练语文教学设计就是要最大限度发挥连带效应，获取一举多得的效果，而这一切就有赖于你的教学用心和多心。

展示课堂前后相隔30多分钟的两个片段：

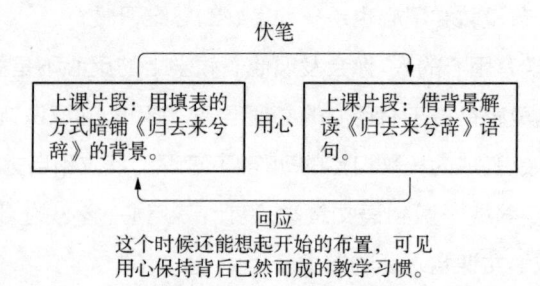

伏笔

上课片段：用填表的方式暗铺《归去来兮辞》的背景。　　用心　　上课片段：借背景解读《归去来兮辞》语句。

回应
这个时候还能想起开始的布置，可见用心保持背后已然而成的教学习惯。

图 5.2.6　前后相隔30多分钟两个呼应的教学片段

观看教学片段，讨论：

联系起来，看看你有什么发现？

如果课堂处处都能见用心，不需刻意，自然流出，用心意识已经深入到骨髓了，这就是思维习惯。没有这种习惯，会怎样？即使你遇上了可以布下用心的地方，也会被你无视错过，与之失之交臂。

出示教学片段：

第一节：(归路，归途，归悟)
第二节：(归欣，归趣，归入)
第三节：(归绝，归求，归感)
第四节：(归愿，归期，归化)

观看教学片段,讨论:

同样是用填空教《归去来兮辞》的设计,这个设计乍一看,你肯定以为执教者会用这四组每组三个词有序排列,表示理解逐次加深,顺势显现段意概括、阅读理解的层次,呈示有层次阅读诗歌的课堂脉络。大做一举两得的文章。简直神来之笔。多好呀! 但事实却是,执教者没这样做。因为细看你会发现它这每组三个词的摆放都是随意的、杂乱。说明执教者自己根本没想到要在这里这样做文章。为什么会这样? 根本还是执教者没那个用心,教学上没多个心眼。

出示用"兮"切入,从"兮"字的"翻译"上做文章设计《归去来兮辞》的教学片段。

观看教学片段,讨论:

我们绞尽脑汁地想着如何让学生说出"归去来"的心情,人家只从一个"兮"字切入,究一个"兮"字的"翻译"就巧妙而轻松地解决了这个问题,这就是教学有用心!

2. 课堂专注的习惯——跟随课堂,追随课堂。

学生上课会走神,教师上课会不会走神? 你在课堂是否走神了?

有人会说,这个话题似乎是个伪话题,教师跟学生不一样,教师只要是上课了,肯定都是全神贯注在课堂上呀,不然课还怎么进行呀? 课怎么走得下去呀?

学生答非所问,没听清教师的问话,学生说什么教师也没有格外关注,也没有跟随课堂即时地发声回应学生的回答,师生都停在各自的话语系统里,"神"都聚在各自的世界里,不是走神是什么?

一切不追随、跟随课堂进程的教师都是走神的教师。

走神的背后,既有能力问题(想跟没能力跟),也有观念认识问题(没想到要跟,不知道要跟),更有习惯问题(习惯了不跟,本能地不跟)。

有教师说,我在课堂是专注的。课堂专注是什么意思? 是指专注在学生的课堂,专注在学生的反应上,而不是专注在自己的世界里,在预设的世界里。否则你专注了也是走神的。

要树立这样的观念:有一种走神就是教师不动态关注学生,从应该关注的即时现场脱离了,对学生的反应没响应,全神都贯注在了自己的世界里,沉浸在自己的天地里。走神不是无神,是神跑到别的不应该去的地方了,走在学生反应之外

了。(表面似乎是在回应学生,但实质没有回应)

可能有老师会说,我在课堂也是响应学生的呀,怎么还会走神呢?持续了吗?是追随的吗?足够长吗?正是因为不辨这点,才给老师一种错觉,不能警觉到这个走神,而惯下走神这个毛病。

关注应是实质性的,关注就是对课堂学生的反应的持续追随、跟随。

有的教师是因为无力回应学生的反应采取回避的策略,这种走神可以通过提高自己的能力改变。但没有回应学生反应的意识,把学生的反应当作课堂的一个应景,一个摆设,一个修饰而走神,这就是认识问题了,长期下来会成为习惯,纠正就比较困难,而且很可能改不过来了。

课堂专注是教师思维习惯的一种,是教师思维表现最外显的部分,是最优秀的教学习惯。有课堂专注习惯的教师想不优秀都难,有了这种好习惯必定能成为好语文教师。

这里以河南省许昌市襄城高中王自成老师上《归去来兮辞》的两个教学片段为例。①

出示教学片段:

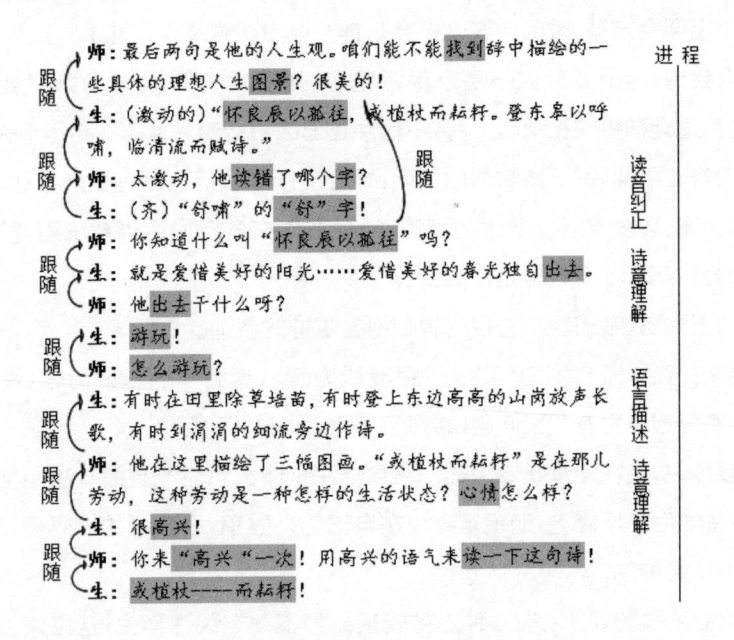

师:最后两句是他的人生观。咱们能不能找到辞中描绘的一些具体的理想人生图景?很美的!
生:(激动的)"怀良辰以孤往,或植杖而耘耔。登东皋以舒啸,临清流而赋诗。"
师:太激动,他读错了哪个字?
生:(齐)"舒啸"的"舒"字!
师:你知道什么叫"怀良辰以孤往"吗?
生:就是爱惜美好的阳光……爱惜美好的春光独自出去。
师:他出去干什么呀?
生:游玩!
师:怎么游玩?
生:有时在田里除草培苗,有时登上东边高高的山岗放声长歌,有时到涓涓的细流旁边作诗。
师:他在这里描绘了三幅图画。"或植杖而耘耔"是在那儿劳动,这种劳动是一种怎样的生活状态?心情怎么样?
生:很高兴!
师:你来"高兴"一次!用高兴的语气来读一下这句诗!
生:或植杖——而耘耔。

(跟随 进程 读音纠正 诗意理解 语言描述 诗意理解)

---

① 王自成.《〈归去来兮辞〉教学实录》[EB/OL].(2014-12-16)[2021-09-13]. https://www.docin.com/p-991798346.html.

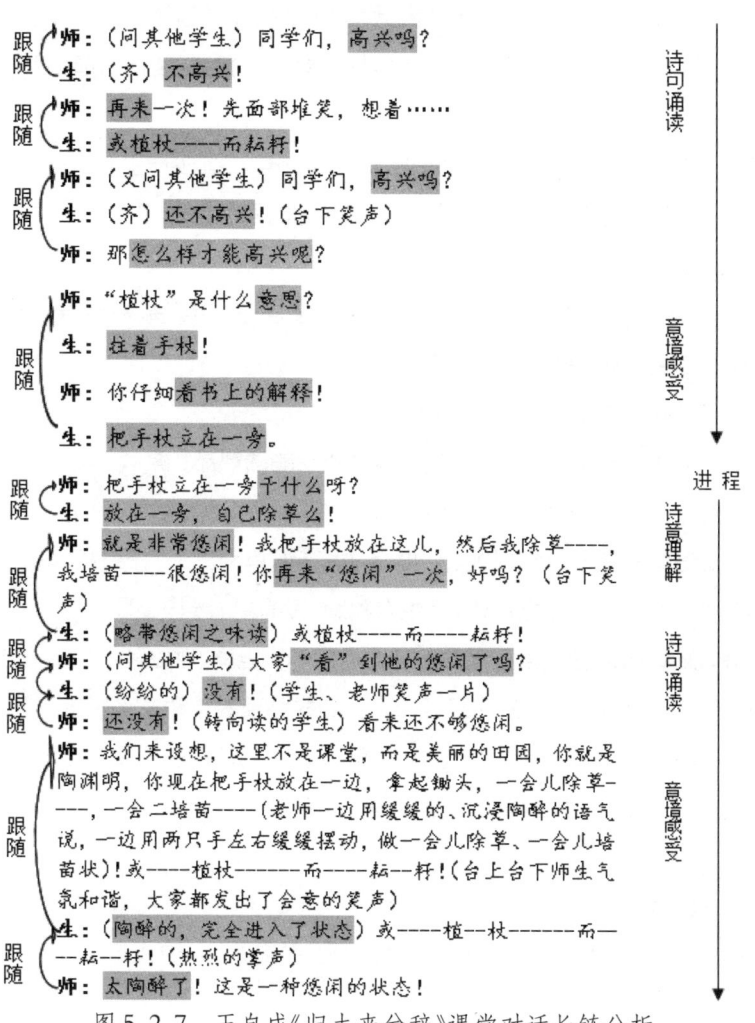

```
跟随 ┌ 师:（问其他学生）同学们,高兴吗?         ┐
     └ 生:(齐)不高兴!                          │ 诗
跟随 ┌ 师:再来一次!先面部堆笑,想着……           │ 句
     └ 生:或植杖----而耘耔!                     │ 诵
跟随 ┌ 师:（又问其他学生）同学们,高兴吗?        │ 读
     └ 生:(齐)还不高兴!（台下笑声）            ┘
       师:那怎么样才能高兴呢?

跟随 ┌ 师:"植杖"是什么意思?                   ┐
     │ 生:拄着手杖!                            │ 意
     │ 师:你仔细看书上的解释!                  │ 境
     └ 生:把手杖立在一旁。                     │ 感
                                               │ 受
跟随 ┌ 师:把手杖立在一旁干什么呀?              ┘
     └ 生:放在一旁,自己除草么!                      进程
跟随 ┌ 师:就是非常悠闲!我把手杖放在这儿,然后我除草----,┐
     │ 我培苗----很悠闲。你再来"悠闲"一次,好吗?（台下笑│ 诗
     │ 声）                                           │ 意
     └ 生:（略带悠闲之味读）或植杖----而----耘耔!     │ 理
跟随 ┌ 师:（问其他学生）大家"看"到他的悠闲了吗?      │ 解
跟随 │ 生:（纷纷的）没有!（学生、老师笑声一片）       │
     └ 师:还没有!（转向读的学生）看来还不够悠闲。     ┘
                                                      ┐ 诗
                                                      │ 句
                                                      │ 诵
                                                      │ 读
                                                      ┘
跟随 ┌ 师:我们来设想,这里不是课堂,而是美丽的田园,你就是┐
     │ 陶渊明,你现在把手杖放在一边,拿起锄头,一会儿除草-│
     │ ----,一会二培苗----（老师一边用缓缓的、沉浸陶醉的语气│
     │ 说,一边用两只手左右缓缓摆动,做一会儿除草、一会儿培│ 意
     │ 苗状）!或----植杖------而----耘----耔!（台上台下师生气│ 境
     │ 氛和谐,大家都发出了会意的笑声)                  │ 感
跟随 │ 生:（陶醉的,完全进入了状态）或----植--杖------而--│ 受
     │ --耘--耔!（热烈的掌声）                         │
     └ 师:太陶醉了!这是一种悠闲的状态!                ┘
```

图 5.2.7 王自成《归去来兮辞》课堂对话长链分析

讨论:

有什么印象和观感?

教学片段顺应课堂,跟随课堂,延续课堂对话长链。

教师的下一步都是承应学生的上一步而来,这样的课堂要走神都难。

课堂出现这样的跟问、跟答长链。这样的跟问跟答长链,一问问出一大片,一跟跟出一堂课。师生全身心投入、专注在即时发生的现场。现场生成问,现场顺应跟。环环紧扣,步步生成。

有了这个对话长链,伸展出极宽的教学作业面、连带面。

有人要问,那要在自己的课堂产生这样的对话长链,需要什么前提?

教学设计?应变能力?备课准备?知识水平?

其实,归根结底还是需要课堂专注!因为这一切只有在专注下才能发生、产生。

当然,这个"专注"是指对课堂现场和课堂即时发生的专注。

由此联想到——

为什么教师会常常忘了评价学生?表面是忘了,实则是没有专注现场的习惯,对即时发生的关注跑神了!

想想我们的课堂是否有下列情形:

(1) 课堂中罕见师生对话长链,长链是课堂的稀缺品。

(2) 对学生的回答常忘了回应和评价。

(3) 对课堂的突发反应迟钝、木讷,不闻不问,只专注于自己的预设。

(4) 课堂是一个个孤立片段,师生有隔膜,没有融合到一起。

那好,恭喜你,你已经染上课堂走神的毛病了。走神,你已经中招了,回头是岸!

所以我有个观点,语文公开课看什么?怎样才能看出语文教师的干货来?

就看你的课堂有没有这种问题对话链,以及对话链的长度及宽度。

因为这才是最见功夫的东西,这才是语文教师的干货!

三、最后总结

要做一位优秀语文教师,从涵养良好习惯开始!

3. 整本书阅读,我们的回应

一、整本书阅读,先定一个"小目标"

在整本书阅读上,我整不出高大上,也搞不出专精深,没这个能力也没这个条件,比如列出一长串华丽而又令人肃然起敬的必读书单(不知推荐人自己读过没有?),延请专家开设讲座,举行阅读报告会,撰写长长的专业书评,能读出核心素养的提高来,还要能发展批判性思维甚至肩负拯救语文的使命等等,这些我也曾垂涎过、仰慕过。想学,后来还是感觉玩不起,自己没有那种高屋建瓴的学识,学生也达不到那种给你玩命读的程度,最后不得不放弃。只能做自己的小儿科,学习王健林,先定一个小目标,从最简单的、最低层次的事做起,比如,让学生能对高考规定的基本篇目产生基本阅读行为,能通读下来,能有个概貌了解,再图谋推进一点。我的阅读设计基本上也就是落在能读下来这样的拿不出手的小儿科上面。

整本书阅读别人想到的是广、博、高、深,我想到的是小、浅、实、简。

阅读的维持很重要,要能坚持下来("活下来")。

二、 整本书阅读要反"干预"

为什么这么说?理由是什么?

1.《平凡的世界》里少平读书的启示。那时并无什么读书倡导和专门的读书指导,读书行为是在当时人们物质生活匮乏、社会诱惑少、思想极端、精神饥饿、追求单一的情况下自发产生的。有意思的是,条件差的读书环境,不仅不影响少平的读书,反倒给少平一种饥饿式的读书刺激,客观上促进了少平的读书行为。这个案例不由让人们想到,读书跟读书条件、读书指导、读书倡导、读书强调等其实关系都不大,读书只跟书的缘分关系大。说白了就是跟你是不是个读书人关系大。

2. 钱穆读《论语》主张的推论。钱穆在《劝读论语和论语读法》里鲜明地表达了反干预的观点。

他说:

读论语并不难,一个高级中文中学的学生,平直读其大义,应可通十分之四乃至十分之五。

读论语可分章读,通一章即有一章之用。遇不懂处暂时跳过,俟读了一遍再读第二遍,从前不懂的逐渐可懂。如是反复读过十遍八遍以上,一个普通人,应可通其十分之六七。如是也就够了。

任何人,倘能每天抽出几分钟时间,不论枕上、厕上、舟车上,任何处,可拿出论语,读其一章或二章。

若使中国人,只要有读中学的程度,每人到六十岁,都读过论语四十遍到一百遍,那都成圣人之徒,那时的社会也会彻底变样子。

因此,我认为:今天的中国读书人,应负两大责任。一是自己读论语，一是劝人读论语。①

钱穆老先生这段话于名著阅读的核心看法我理解为两点：(1)名著阅读宜自读，方法自取随意，少做统整的干预；(2)名著阅读"指导"宜多做"劝读"的工作，少去直接跳出来"指手画脚"，甚至是"帮读"或"替读"。

钱穆还说：

若论语各章各节，一句一字，不去理会求确解，专拈几个重要字面，写出几个大题目，如"孔子论仁"、"孔子论道"之类，随便引申发挥；这只发挥了自己意见，并不会使自己真了解论语，亦不会使自己对论语一书有真实的受用。那是自欺欺人，又何必呢？②

以上说明眼下时兴的《论语》分主题阅读，钱老是反对的，根本钱老反对的是读书中流行的诸如分类的"干预"。

三、我的小儿科——整本书阅读的"小目标"

1. 确定好有限的阅读书目。数量不宜太多，我们的学生不宜读得那么泛。这个观点得到小说家毕飞宇的支持："就在我演讲之前，我刚刚给北京大学的十大读书明星颁发了奖品，我注意到，读书最多的同学一年借阅了三百八十一本书，在此，我要向这些阅读狂人致敬，你们很了不起。可我也想补充一点，有时候，我们用一年的时间只读一本书，这也挺好。对我来说，《红楼梦》是可以让我读一辈子的书。"③具体读书我看除语文课程标准规定的篇目外，加一本《诗经》，一本当代散文集(比如余秋雨的)，外加一两种唐诗宋词选集就行了。一定要围绕基本篇目进行，扩得太开不现实，也没必要。把几本书读细、读透就足够了。

2. 课程安排。每周专门开出一两节阅读课。课的定位和具体内容可以设定为老师选讲、解读，学生作读书成果(批注，写作)的展示和交流。

具体可以分课外和课内两部分安排——

课外(放学时间、节假日)：阅读整本书；完成阅读的"任务"、"研究"。

课内(每周固定的两节阅读课)：选讲，解读；"任务"、"研究"成果的

---

① 钱穆. 劝读论语和论语读法[M]. 北京：商务印书馆，2014：3—4.
② 钱穆. 劝读论语和论语读法[M]. 北京：商务印书馆，2014：13.
③ 毕飞宇. 小说课[M]. 北京：人民文学出版社，2016：39.

分享和展示；阅读的交流和释疑。

3. 阅读方法。教师选讲、解读，教师作示范阅读，学生批注、读写。这个作为整体阅读设计贯穿整本书阅读。

4. 整体阅读设计。比如《论语》阅读，分类阅读是很好的。但如何分类，可以参考专业分类文章，像蒋伯潜的分类。通讲没必要，老师可以在分类的基础上选讲各类里几则典型的章句，目的在于释"类"和领悟主题。接下来应由学生依据对选讲的理解自己去梳理和寻找"类"下面的其他章句，写下归类的理由，积累到一定程度作集中交流，最后形成分类的阅读成果。这就是带着整体意识和任务的阅读设计。学生借这个分类的任务，驱动整体阅读。分类既是目的又是手段又是最后的成果。再比如，《红岩》就可以与《忠诚与背叛》这本书进行比读的方法阅读，并由此形成"找红岩原型"的驱动任务，带动小说的整体阅读。不同的书进行整体阅读设计要采取不同的操作策略。

附：《论语》整体阅读设计

一、做"任务"

1. 梳理成语。

2. "子曰"统计分析。

3. "君子"、"小人"内容的提炼。

在做一个又一个的"任务"的同时，不知不觉完成一遍又一遍的阅读。先铺垫基础，再渐次深入，逐层推进。

二、类读

为蒋伯潜论语分类找对应的章句。

三、解读

精选论语章句作为思维训练材料进行"今读"和"新读"。

四、 回到原点来思考

这轮整本书阅读推动的根本原因来自我们对阅读现状的焦虑。只有先回到这个原点，对它作出理性的判断和思考，并表达看法，才能对整本书阅读作出切合的回应。可以这样说，有怎样的阅读焦虑、理解和对待就会有怎样的对整本书阅读的回应。

我的看法是，我们对所谓的阅读的"缺失"表现出来的焦虑总体上说有一半是过虑了。

为什么这样说？我们的阅读焦虑常常来自于对经典阅读不再的痛惜，来自于我们与发达国家阅读的比较。这里有很多想当然、一厢情愿的成分，是一代不如一代、总是过去好、"这届人民不行"等的心理和怀旧情绪作怪。经典阅读不会也不可能再回到以前的情形。这就好比经典购物，有了京东、淘宝，还会有以前的街市攘攘吗？还有以前的上海滩、王府井吗？还想还原以前实体购物的场面已经不可能了，但购物行为还在，甚至还有增加，只是换了一种形式、形态而已。社会在发展，经典行为出现、替代、消失不断地上演，自成规律。经典阅读，作为经典行为的一种也要在这一视角下审视观照。手机、电视是不是阅读？对这个问题的认识关涉我们对经典阅读的理解。

阅读形态的变化会迷惑我们的眼睛。信息化经过连续发力，已经改变了人们的生活方式，已经造就了阅读的新常态。

阅读的时代——

无论你愿不愿意，我们都必须承认：我们已经进入了信息时代。信息技术突飞猛进、一日千里，以网络、移动、智能终端、虚拟技术为代表的信息化不仅带来了技术方面的革命，还深刻地改变着我们的生活方式，而阅读本质上是一种信息主导的行为，阅读方式是生活方式的一个组成部分，必然也会受到深刻的影响，发展出新的特征。

信息技术还在长足地发展，这种影响和改变还在不断累积，还在每时每刻地发生。经典阅读的思考也就不能完全比照过去。数字阅读的开发和应用也就是顺理成章的事了。

我们对阅读现状的考查，要不要把数字阅读考虑进去？如果这样考虑的话，我们对阅读现状的忧虑是不是可以缓解？是不是就不那么悲观了？

五、整本书阅读认识的四个基本点

故此，基于这种认识，我提出经典阅读、整本书阅读四个基本看法：

1. 人们对经典的崇奉总体是向淡的趋势。

整本书阅读是什么？

从一个时段的角度来看,把时间长度拉得稍长点,比如从历史长河来看,你会发现,任何一种倡导都是某种风尚、思潮的结果。整本书阅读从大的视野看,也同样是一个时期的一个风尚、思潮而已,都是应时之策,不是什么永恒不变的至理。现在把整本书阅读看成是挽救语文缺失的救命稻草,看成是一个灵丹妙药,似乎只要一摸就能触电。自以为以前的一切都是白忙活,现在终于活明白了。这样倡导的整本书阅读,怎么看都觉得是语文人自作的一个闷骚。

我们来看一个有意思的未来预测《300年后的人类,看完让人目瞪口呆!》,如果这个预测是准确的话,几十年后,知识将能够植入大脑中的生物芯片。教育制度将发生根本性改变,人类再也不需要死记硬背了,传统的长达十来年的教育缩短为几周的移植教育。所有学校都会消失,以后"上学",带上传感器就行了。连学校都没有,出来就可以步入社会,和整本书阅读有什么关系?

想想,整本书阅读最需要什么?我想,一个是对经典的信仰。我们以前的整本书阅读是怎么进行的?偷书看进行的!没有什么诱惑比偷书看更强烈了,大家是不是都有过偷书看的经历?现在我们是怎么让学生读起书来的?哀求!以前教师有一个烦恼的事,怕学生课堂上看小说,要抓学生课堂上看小说。现在呢?即使你把名著放满书架,也没谁瞧上一眼,更别说偷书看了。偷书看现在是件稀缺的事情。为什么?阅读信仰丢了。另一个需要,是闲心。有了这两项就会有整本书阅读。而这两项,恰恰是目前学生不具备的。这就导致了无论你在这之外想用何种读书的刺激方式,可以预料,效果都不会理想,都不会有什么好结果。

这里有几个读书上的"无可奈何花落去":

(1)信息化下的信息潮。人们获取信息的数量、方式前所未有,也是以前不可想象的。信息短缺时代带来的信息饥渴不存在了。强刺激,导致重口味,进而产生信息疲劳感,新鲜感减淡,经典感消退。

这点回想一下现在我们在吃的口味上的变化就可知。比较一下短缺时代的吃喝与现在的吃喝,你就能类比出一些读书的道理。

(2)批判意识全社会性的增强,社会消解力量的蹿升难抑、波翻浪涌。信仰下降,经典去圣化。

社会消解力量确实很强大。例如,《史记》无疑是经典。但是现在它的经典存在,似乎更多体现在编段子的时候。史记最大的成就似乎就是贡献了一种"史记体",它的使命似乎就是用来消解批判对象。什么社会上出了个争议明星某某某,一定就会出来一个《史记·某某某传》。人们借消解某某某满足语言狂欢的同时也把《史记》的经典性消解了。社会事件段子化,段子满天飞。这是一个热点难以持续,耐心十分缺乏的时代。创作衰微,唯有段子一枝独秀。在这个热点匮乏的年代,唯有段子不死,常编常新,成为这个时代唯一持续不衰的东西,维持着不竭的"编段子"动力,背后其实就是消解力量在持续发威。这种现象西方也有,唐老鸭化,就是典型的西方式消解。当今世界,最"可观"的创作莫过于段子了。若不带偏见,要找创作成就,百分之九十都在段子里。这是一个段子的世界,段子的时代,也是消解的时代!消解时代是很难形成读经典的环境的。

(3)"经国之大业,不朽之盛事"的文学传统地位倒塌,文学的神圣感不再。

从前,文学还有神圣感。哪怕是杨朔的散文、伤痕文学、《乔厂长上任记》,你都会如痴如醉地读,甚至连一本高玉宝的小说也会引发你阅读的狂热。为什么?根本还在于对经典的崇奉。如果一个社会"一本正经"不起来,那是很糟糕的,对经典阅读的打击是很大的。

(4)浅阅读、短阅读有存在和出现的理由,经典阅读的需求在减少。

用这种视角和观念去看"学生不爱读经典"现象,我们要重视,但不必过于担心。经典阅读是需要有对经典的信仰的。

2. 人们的主流阅读方式和阅读形态发生了激变,新常态应运而生。人们阅读形态经历了这样的过程:背读——吟读——阅读——掌读。

要坦然接受、适应、响应这个变化,不必过虑。过虑也是没用的,怎么来怎么去,自有其规律,无法人为干预,下意识地抵抗是无谓的。

有人对手机阅读痛心疾首,认为它会影响国民的阅读素质,甚至预言将会带来素质、人性的改变,并为此忧心忡忡。不过他们忘了,这种忧心忡忡其实在当年偷菜游戏盛行的时候也发生过。

想想:事实结果如何?偷菜游戏是怎么来的?又是怎么消失的?现在人们还玩不玩偷菜?

一个危言耸听的预言是这样说的:2600年,最后的人类苟延残喘,地球将变成爆裂炙热的火球。霍金呼吁:如果地球不进行计划生育,到了2600年,地球将人满为患,每个人都要玩手机刷朋友圈,光是充电电力消耗就能把地球充着火了!① 由这个调侃预言推想,如果哪天人们不玩手机了,一定不会是在强有力的劝导教育之后,一定是有替代手机的需求出现之后。那时即使你不劝说,人们也不玩手机了。

阅读不断会有新常态,会有形式的更新。其实像书法、写信、胶片摄影等早就是新常态了。这些过去都是人类的经典行为,经典的命运就是不断产生新常态。

记住,世界一直在变,你不主动改变,终究会被世界淘汰!没有人会一直在原处等你!经典阅读也要这样去理解。

3. 整本书阅读≠大文字量的单篇阅读。

我们可以从逻辑角度反问:如果两者等同的话,那为什么还要提出整本书阅读这个专门概念?

整本书阅读一定应该有整体的阅读设计、阅读策略。

整本书阅读绝不是文字量扩大的片段阅读,因为整体阅读的效应不等于片段叠加成整体的效应。因此,必须有着眼整体的阅读设计,而这个设计可以体现在整体任务的设计上,借助整体意识着手实现和完成。整本书阅读是见森林而不是树林的阅读。

片段阅读与整本书阅读印象获得的比较

——以《论语》阅读为例

片段阅读	整本阅读
◇名言、名句 ◇形象单一的孔子 ◇孔子各个方面的思想 ◇《论语》的体系"错觉" ◇圣哲感	◇孔子一生"复杂"有趣的立体观照:思想的、情感的、生活的等等 ◇语录体的直观印象(记录杂乱,没有系统、体系,是点滴的汇编) ◇世情人事

---

① 趣味搬运工. 霍金最危言耸听的五大言论,看完回去反思![EB/OL]. (2016-11-07)[2021-9-15]. https://baijiahao.baidu.com/s?id=1550322851726457.

整本书阅读着眼于书的整体内容或内涵，是以整体获得书的内涵为目标的一种阅读。不是字数扩大版的单篇阅读，也不是以立足于局部内容、情节的了解为目的的阅读。这种阅读，应该吸纳整本书里的整体元素，这就使得整本书阅读必须具备以下几个显著表征：

首先，从推动上说，要有能贯穿整本书阅读的大线索或任务。

其次，从策略上说，应该要有导向整体关注的阅读引导。

再次，从验证上看，要能阅读到站在整本书的视角下才能获得的内容或内涵。

4. 如何"读起来"才是整本书阅读最根本、最关键的问题。读后怎么"讲"并不是迫切需要解决的事，而我们却常常把精力放在这儿。

我们常有这种感觉：看过各种整本书阅读的示例后，并不解乏也不能获得路向。这是因为你示例了人们不需要示例的东西（读后怎么讲），示例的是你预先做好的，依靠的是"假设"和理想化。你把阅读最理想的条件带进去了，再去示例，这个示例肯定漂亮，但有什么实际用处呢？整本书阅读，读起来、读进去才是最关键的。至于读后怎么讲，其实并不那么重要，讲的空间、弹性很大，反而是件很容易的事情。而现在，我们主要精力却是放在这个方面的炫示上，在这上面琢磨来琢磨去。至于怎么吸引、诱发学生去读，想的办法并不多。如果一个展示课是建立在灌读的基础上的，等于课一开始就是暗带前提的。而事实是，大多数情况下，读不读进书本身就是个问题。这也就是各种花式展示过后人们仍不能释然的原因。有"读进书"这个理想条件，讲整本书那还在话下吗？

琢磨怎么让人读上书和读进去远比读后怎么讲和怎么赏重要。

六、整本书阅读的回应和策略

基于四个认识，整本书阅读的回应和策略是这样的：

两条思路并行，开发助读系统。

1. 纸媒阅读：基于整体任务设计及整体导读设计的整本书阅读。

说明：这里提到的"任务"、"研究"、"线索"都不是真正意义上的，只是用来引发整体阅读的"由头"。通过一个指向整体阅读的"任务"、"研究"、"线索"带出整体阅读的行为。

图 5.3.1　基于整体任务及整体导读设计的整本书阅读示意图

图 5.3.2　基于整体任务及整体导读设计的整本书阅读方案

（1）带点小任务。

带成语梳理任务读《论语》

具体安排：

名著阅读课作《论语》阅读前的导读和铺垫；布置具有整体阅读导引的"任务"，教师先示例成语梳理的要求和方法；学生参照注释，通读《论语》；边读边作梳理，完成"任务"。

提取成语后，解释这个成语在《论语》里的含义，再翻看成语词典，提取成语词典含义并进行比较，观察词语语意演进的规律和特点。可以用表格形式呈现，专用一个练习本完成。最后组织学生在各自完成的基础上拼合成一个完整版的《论语》成语梳理表，形成阅读成果，并展示。

带点小任务整体阅读《论语》阐释（带出来的整体阅读是目标，"任务"本身也是目标）：

成语分布在《论语》全书。《论语》的经典性使得从这里"走出"来的成语既丰且多，都是富含生命力和表现力的词语，是成语的重要来源。这就决定了这个阅读"任务"具有全局性、整体性和多重价值。通过这个具有关涉整体的"任务"，能够驱动带出《论语》的整本书阅读，借此理解名著细处，同时又梳理积累了成语，明白了汉语词语演进的规律。更可贵的是，还能让学生形成有关《论语》语言表达风貌的整体印象。

学生要完整提取成语，就得读全篇。要梳理每条从《论语》出来的成语的含义及意义演进，就得理解文本，就得查阅成语词典，关涉整篇，这样整体阅读就有了。且这个任务具有一定的挑战性。完成这个任务同时还对高频成语又有一个习练过程，一举两得。用这样的任务一章一章梳理，这样推进过去，让阅读带着有探究性的任务进行，还能保证阅读的兴趣的维持。

设计的精髓就在这个阅读任务上，由完成阅读任务而产生、派生出整体阅读行为。于是这个任务的设计就成了关键。这个任务要能统贯全书，要有探究性，要巧妙而不刻意。就像流传甚广的犯人设计警察乖乖把自家无人耕种的地耕了几遍的故事一样。

犯人收到妻子来信：

你进监狱了，咱家的几亩地没人翻，公婆干不动，我身体不好，还得看孩子。犯人回信：千万别翻地，地里埋着枪……一月后他妻子回信：警察来了三四批，把咱家地翻了好几遍，累得吐血了也没找到枪，你把枪藏哪了？

犯人回信：

本来就没枪，警察帮忙把地翻了，你赶紧种地吧，其他忙我也帮不上了！①

简直就是不露声色的驱动阅读的绝妙比喻：成语梳理就犹如这个犯人说的枪，通过找枪这个"驱动"最后达到把地翻了一遍的目的，梳理成语最后把《论语》通篇细读了一遍，产生整本书阅读的行为。这就是借助整体任务设计来实现整本书阅读的原理和方法。换言之，我不是硬邦邦地直接交代学生读，我找个由头，借助这个由头带出整本书的阅读。当然，犯人这个比喻用于读书还不是很恰当，因为，枪还只是个诱因，而成语梳理既是诱因也是目标本身。也就是说，整本书阅读是目标，梳理本身也是目标。

这样，整本书阅读的指导就有了一个一以贯之的抓手和巧妙的思路。整本书阅读就能实现常态化。这有利于坚持，有利于操作。

这个任务的设计具有以下特点，蕴含以下设计考量：

① 切入的层次浅。易做、易上手，因而易完成、易坚持。它引导你理解语意，完成阅读的基础性工作，虽浅而实。

② 切入的角度小，以小见大，意义不小。

③ 一举两得。看似不经意，实则藏有用心。

④ 指向整篇，能带出整本书阅读。而且是不知不觉完成整本书阅读。由于这个任务是关涉整本书的，能够统贯整本书，这就使得在这个任务下的阅读带有整体阅读的性质，是真正的整体阅读、真正的整体设计。

⑤ "由头"策略：学生带着梳理成语的任务读《论语》，梳理成语这本身就是一个促使学生理解《论语》、"翻译"《论语》的"由头"。

带整体比（伴）读任务读《红岩》

任务设计：用《忠诚与背叛——告诉你一个真实的红岩》（厉华、何建明著，重庆出版社）这本书跟《红岩》进行比读，带上"给红岩人物找原型"的阅读任务，并借解释说明，驱动小说的阅读。（不同的书采取不同的阅读策略，一书一策推进）

---

① 宝宝知道. 犯人收到妻子来信[EB/OL]. (2016 - 04 - 16)[2021 - 9 - 15]. https://baobao.baidu.com/question/3d95dd156f9fdf53fcd7c68bfcb95488.html.

图 5.3.3 《红岩》与《忠诚与背叛》比(伴)读示意图

(2) 提点小线索

还是以《论语》阅读为例：

提《论语》类析表线索，借类析表分类读《论语》①

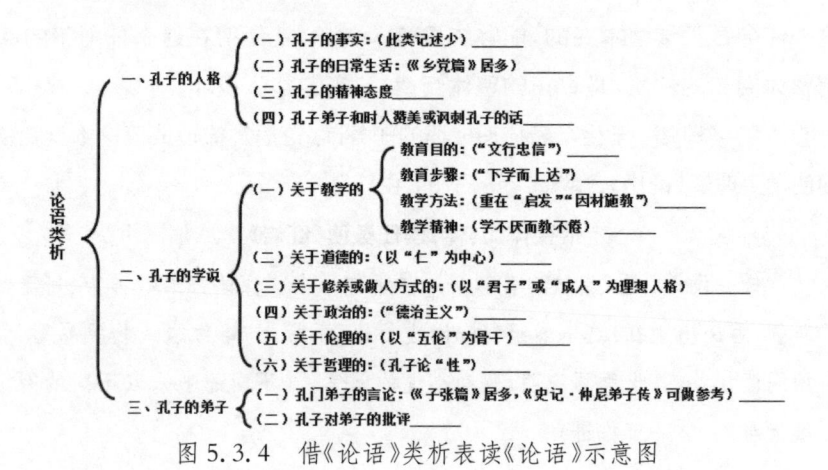

论语类析
- 一、孔子的人格
  - （一）孔子的事实：(此类记述少)_____
  - （二）孔子的日常生活：《乡党篇》居多_____
  - （三）孔子的精神态度
  - （四）孔子弟子和时人赞美或讽刺孔子的话_____
- 二、孔子的学说
  - （一）关于教学的
    - 教育目的：("文行忠信")_____
    - 教育步骤：("下学而上达")_____
    - 教学方法：重在"启发""因材施教"_____
    - 教学精神：(学不厌而教不倦)_____
  - （二）关于道德的：(以"仁"为中心)_____
  - （三）关于修养或做人方式的：(以"君子"或"成人"为理想人格)_____
  - （四）关于政治的：("德治主义")_____
  - （五）关于伦理的：(以"五伦"为骨干)_____
  - （六）关于哲理的：(孔子论"性")_____
- 三、孔子的弟子
  - （一）孔门弟子的言论：《子张篇》居多，《史记·仲尼弟子传》可做参考_____
  - （二）孔子对弟子的批评_____

图 5.3.4 借《论语》类析表读《论语》示意图

---

① 参照蒋伯潜《论语》分类体系设计。

设计阐释：

① 类析表给《论语》阅读提供了大线索。

② 要能给《论语》分类,必须整体阅读并理解内容,"任务"有整体性和驱动性,这个设计能带出整体阅读,贯穿全书。

③ 可作分主题类读。

④ 有权威性：蒋伯潜体系。

再以《诗经》阅读为例：

借《诗经》分类线索,按主题选择部分《诗经》类读。

分主题类读《诗经》①

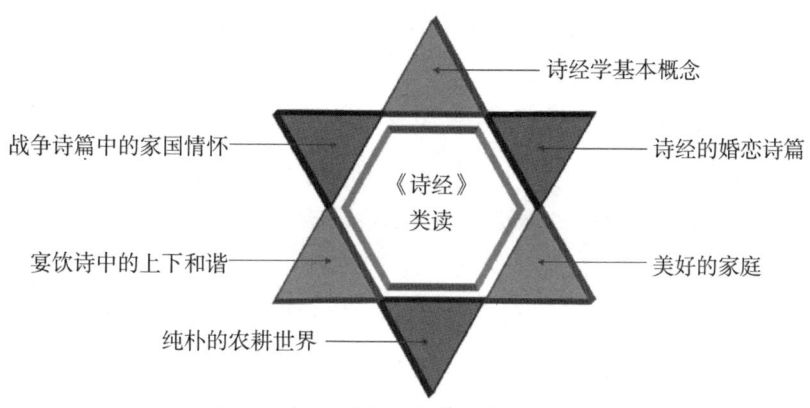

```
         诗经学基本概念
战争诗篇中的家国情怀
         《诗经》类读
                     诗经的婚恋诗篇
宴饮诗中的上下和谐
                     美好的家庭
         纯朴的农耕世界
```

图 5.3.5 《诗经》分主题类读示意图

分类阅读做法的说明：

类读,用分类作为阅读的由头。教师先示例,学生再去作剩下部分的尝试。留一部分分类给学生在理解中完成。否则,这个分类在阅读中就是外在、脱节的存在,与阅读没有联系,分类就成了为分而分。类读,一个主题一个主题分类下来,学生在不断分类的过程中也就不知不觉把书从整体上理解了一遍。这样,阅读理解、习惯养成、内容梳理等一并融合完成,一举多得。要是理解与分类分开,理解失去驱动,也会出现学生不愿读下去的情况。阅读不要把理解、分类看得太重,在反复分类、梳理的过程中,阅读理解会跟随这个过程自然解决。

---

① 参照李山教授讲《诗经》等设计。

(3) 做点小研究

继续举《论语》的例子。

研究《论语》中的"曰"

首先,梳理《论语》中有多少种"子曰",分别是哪些"子曰"。

其次,分别统计这些"子曰"出现的频次。

最后,从梳理和统计中得出结论和发现,并思考和推究其中的原因和理由。

设计阐释:

① 《论语》的"子曰"是全局性问题,能驱动出整体阅读。(古代教书的人被嘲笑为开"子曰铺"卖"子曰"的。可见"子曰"是《论语》代表性内容)

② "子曰"的问题有探究性、研究性:

"子曰",大家都说是"夫子曰",即"孔子说"。但是书中还有"孔子曰"十一处,"有子曰"四处,"曾子曰"十三处,"子夏曰"九处,"子贡曰"六处,"子游曰"三处,"子张曰"二处,其余才都是"子曰"。为什么会这样? 这里有研究空间。

③ 这个话题有专业认可度。

金克木说:"我不怕冒昧,想在文本上做一点尝试。先将文本作一种文体解析,粗分为独白、对话、叙述。从独白中最多的'子曰'开始观察探索。"①

研究《论语》里的"君子"与"小人"

首先,逐篇梳理《论语》中有关"君子"与"小人"的论述并进行对比。

接着,发表你对《论语》里的"君子"与"小人"的看法。

设计阐释:

① "君子"与"小人"是《论语》里的基本概念,因而是《论语》的全局性问题,能驱动出整体阅读。

② "君子"与"小人"的问题有探究性、研究性。

③ "君子"与"小人"概念指向孔子的思想,是探究孔子思想的一个入口。

④ 话题也有专业认可度。

---

① 金克木. 中国文化老了吗?[M]. 北京:中华书局,2016:65—66.

着眼于思维操练的《论语》化读

越是卓越的著作或文本,其生命力越强。诚如有学者所指出的那样:一部伟大作品的伟大之处就在于,这部作品的原点,在历史长河中具有生发意义的无限的可能性。每一时代的不同的读者,在他自己身处的历史语境中,总是能够从这部作品中获取对自己当下生活的新的感悟。① 读出这种感悟就是化读。

所谓化读,就是把作品作为充满人生智慧、人生经验的文字来读,作为思维训练的材料、借题发挥的材料来读,扩大解读空间,用引申思维来读。

例如读《论语》的《天下有道,丘不与易也》。化读:一般人们从"丘不与易也"读到的是有担当的孔子,我读到的是当世的孔子,是孤独的孔子,不为人理解的孔子,落魄的孔子,有血有肉的生活中的孔子,可笑天真的老头。他不仅只会布道,还会为自己急不择言,对天发誓。我还读到,后世的孔子与当世的孔子反差巨大。

再如读《论语》的《子见南子》。化读:让你见到一个急不择言的孔子。这会让你对辩白有新的领悟。辩白这件事看来谁都没有什么好办法,尤其是在撇清与女人的关系的时候,哪怕你是孔子。只要是辩白,百口难辩、着急、急誓,似乎都是一样的德性。能否这么说,有一种通用语言,它就叫辩白?

再如读《论语》的《贤哉,回也》。化读:幸福只是人的一种感受。颜回有一万个不幸福的理由,可他却很幸福。可见幸福是主观的。这个道理是不是也让你明白了好学生的标准其实是什么?

2. 掌上阅读:基于即插批注、精准推送功能的助读系统的开发。

(1) 助读系统——"助读推送宝"模型。

(2) 助读系统模块说明。

(3) 助读系统的层次:三种模式。

---

① 李节语文清话. 读写结合:怎么读?如何写?[EB/OL]. (2016 - 10 - 29)[2021 - 9 - 15]. http://www.360doc.com/content/16/1029/07/36200220_602233092.shtml.

阅读中即时添加6种阅读批注。优秀批注生成参读资源

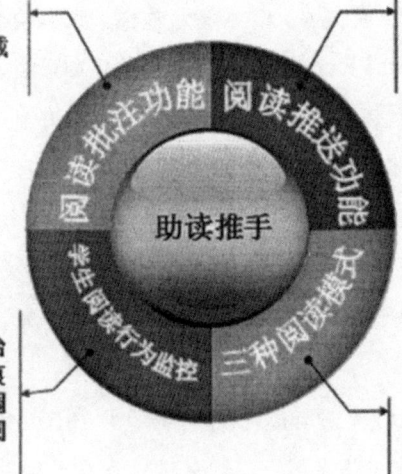

精准匹配推送参读内容。批注匹配、浏览内容匹配、文章关键词匹配

阅读批注功能　阅读推送功能

助读推手

学生阅读行为监控　三种阅读模式

基于基础数据库的后台权限管理：查看阅读痕迹，评价阅读行为，调节阅读行为，实现对阅读的监督、掌控

裸读模式、批注模式、参读模式

图5.3.6　"助读推手"模型

内容管理功能：阅读内容的添加，关键词管理等内容管理。

阅读推送功能：老师推送阅读内容给学生。
阅读批注功能：阅读中添加阅读批注。

基础平台：和学校已有的数据中心平台对接，实现权限管理等基础功能。

模块2　模块3、4
模块1　阅读行为监控　模块5
模块6

后台的权限管理：查看学生的阅读痕迹，评价学生的阅读行为，调节学生的阅读行为，实现对学生阅读的监督、掌控

阅读内容匹配模式：批注匹配、浏览内容匹配、文章关键词匹配

助读系统的层次

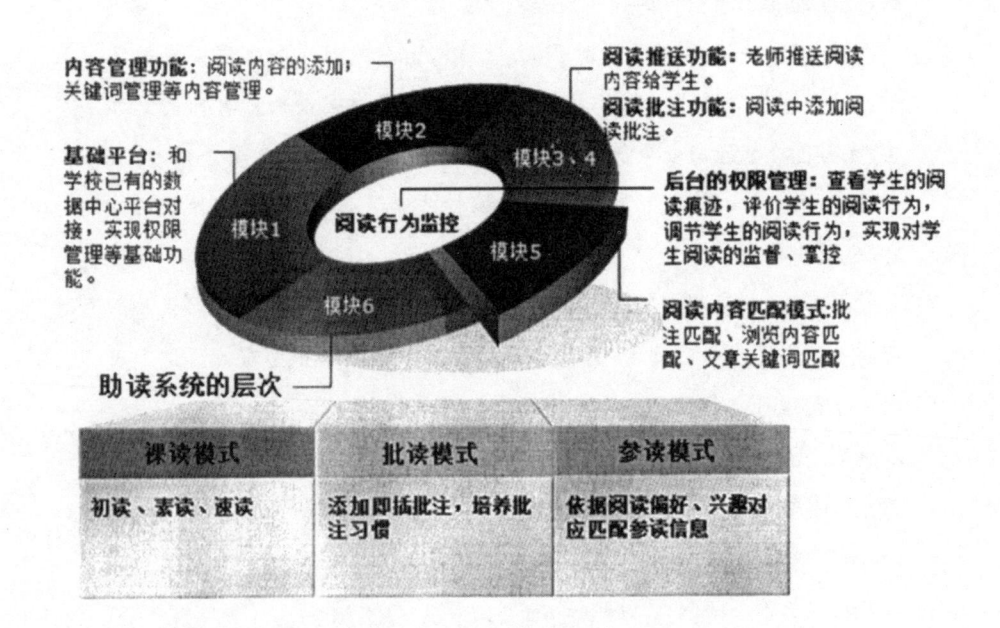

裸读模式	批读模式	参读模式
初读、素读、速读	添加即插批注，培养批注习惯	依据阅读偏好、兴趣对应匹配参读信息

图5.3.7　助读系统模块说明

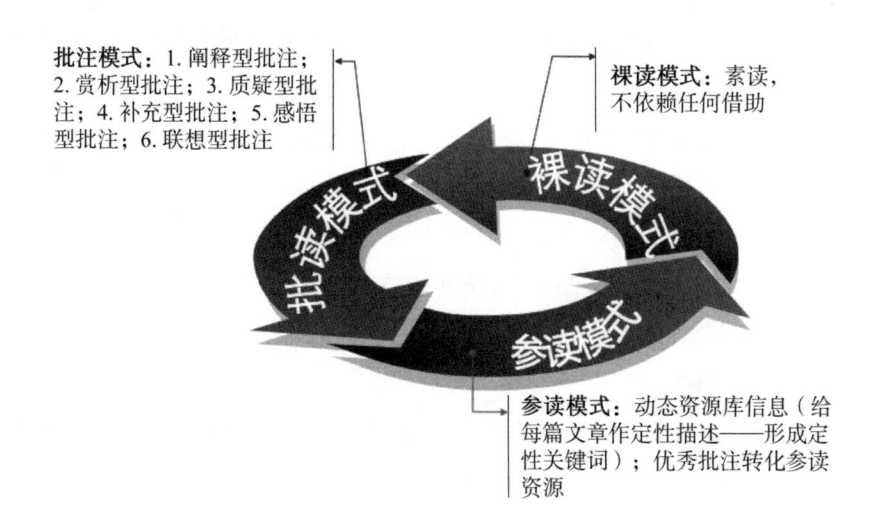

批注模式：1. 阐释型批注；2. 赏析型批注；3. 质疑型批注；4. 补充型批注；5. 感悟型批注；6. 联想型批注

裸读模式：素读，不依赖任何借助

参读模式：动态资源库信息（给每篇文章作定性描述——形成定性关键词）；优秀批注转化参读资源

图 5.3.8 助读系统的三种模式

（4）与助读系统相关的几个重要概念

① 精准推送

首先，我们来想想淘宝和京东。我们都有这样的体验，如果我们在淘宝或京东进行了挑选或购买行为后，就会在淘宝或京东留下淘购的痕迹。然后，淘宝或京东就会依据这个痕迹进行自动的分析，计算出你的购物兴趣和偏好，然后在这个兴趣和偏好的基础上对应给你推送匹配的购物信息。无需满世界里找东西，你心仪的东西就会出现在你眼前。这就叫精准推送。

由此我们联想，名著阅读系统是不是也可以借助这种信息的精准推送来实现有针对性的课外助读指导呢？

首先，我们动态地建立一个做了匹配标签的名著助读资源库。然后，我们持续累积和建设这个助读资源库。有了这个助读资源库，机器在自动识别和分析读者的兴趣和偏好后，就可以依据读者的兴趣和偏好对应推送匹配的助读信息。读者可以方便地读取这些助读信息，从而实现名著阅读的自助阅读和教师的自助指导。

这样一个助读系统对名著阅读会有几大好处：

利用网络的海量资源。阅读活动随时随地。切入课后延时服务，丰富托管工具箱。针对性的智能指导,减省阅读指导的工作量。锻炼学生检索、利用信息尤其是网络信息的能力。

至于信息推送,想象力还可以扩大些。除文章推送外,还可以考虑专业的微博、公共号等的推送。

② 信息匹配

精准推送要建立在匹配基础上,给助读资源标签。匹配要建立匹配原则,匹配可以按以下步骤进行:

第一,建立匹配模型。

第二,对助读资源库里的助读信息进行定性分析和提炼,作关键词的描述。用最全面、最本质、最精当的关键词描述性质。

第三,关键词的标签化。

信息匹配流程综合起来就是,给每条助读信息定性描述——形成定性关键词——关键词标签化——助读信息与读者的兴趣、方向、偏好匹配——实现助读信息精准、个性推送。

③ 助读信息关键词描述

这是一个有挑战性的工作,也是一个难题。对每条助读信息进行关键词的描述,需要考虑哪些元素?阅读层次?趣味方向?阅读倾向?阅读意愿?信息内容?信息名称?信息特色?还有待深入研究。

第六章

简练语文之赏析

　　"内眼"的简练语文旨归于"立片言而居要,乃一篇之警策",显功于"舍弃常规角度,另辟蹊径,采用迂回战术",乐见于"教学步骤的精简,文本解读的练达","真正达到以一斑窥全豹,观一叶见满园的效果";"外眼"的简练语文"没有指名道姓的麻烦与造作,也没有寒暄与客套,任何繁琐的细节都被省略","简约的口头语言再配以同样简单的肢体动作,体现了教师驾驭课堂简洁明快的教学风格","言辞干练,富有气场;课堂幽默,教学愉悦;蕴含启发,提问确切"。

1. 片言以统贯，举重而若轻[①]
——张挥老师"小切入"教学片断赏析

一堂好的语文课，教师播下的应该是"种子"，让"种子"自己在学生心里生根、发芽、生长、蔓延、开花、结果。也就是说，教学只需"点"播，不必和盘托出"芽叶"和"花果"。要做到这点，教学就要有度。过度讲解，已见"花果"，就无"萌蘖"效应可言了。那么，教师讲的"度"是什么呢？是"点到为止"。如果把一堂课比喻成一株枝繁叶茂果硕的"大树"，那么，好的课堂切入点就是这样的一颗"小种子"：其虽"小"，却能得简便的教学路径，并且立片言而统贯，牵一发而动全身，举一纲而提全目。好课，举重若轻；好课，简洁思辨。如何找寻这样的"切入"呢？如何结构这样的课堂呢？张挥老师在教学中就历练出了这样几手"绝招"。

【片段一】一字立骨（《奥斯维辛没有什么新闻》）

　　师：刚才筛选信息的时候，我们发现文中有一个词、一个意思被作者反复提及和强调，是哪一个词？

　　生：没有。

　　师：在文中一共出现几次？

　　生：3次。

　　师：可见反复提及，很是强调。

　　师：奥斯维辛没有什么新闻（用强调语气读加点部分），听得出题目

[①] 吴云辉.片言以统贯举重而若轻——张挥"小切入"教学片段赏析[J].江西教育，2013(08)：38—39.

的潜台词是什么吗?

生：没有新闻。

师：没有新闻。不意味他就没有旧闻,没有的只是新闻。

师：既然奥斯维辛是这么一个地方,为什么会没有新闻?从文中能找到相关的信息和解释吗?

师：提示一下同学们,新闻讲究独特性,讲究新鲜。从这个角度出发,没有新闻,文章给了我们原因的暗示吗?

生：奥斯维辛惨案讲过了很多次。

生：每一个参观者都感到有一个地方对他们特别恐怖。

师：对于追求新闻时效性的记者来说,的确是没有什么新的东西可供报道了。

师：既然没有新闻,那它有什么?

师生归纳得出：

1. 牢房;毒气室;焚尸炉;鞭刑柱;长廊——它有的是集中营的罪证。

2. 默默地迈着步子;浑身发抖;惊惧万分;张大了嘴巴……——有的是人们事经二十多年后依然震惊、害怕、恐惧的反应。(补问：看到遗留尚且如此,如果看到真实场景又会怎样?)

3. 每一个人——有的是作者与参观者得到同样的感受,同样震惊、同样窒息、同样愤怒的人类良知。

4. 阳光明媚,白杨树婆娑,儿童追逐,雏菊怒放——有的是奥斯维辛如今"阳光明媚、绿树成荫",也许"忘却的救世主快要降临了吧"的担心。

师：这些"有"里面透露出什么?

师生共同明确：

愤懑,控诉,感染,共鸣,深刻的揭露。

师：作者实际要呈现的是"有"还是"没有"?那它为什么要反复强调这个"没有"?

生：强调"没有"是要引导你去关注它的"有"。

生：因为人们会这样追问：这也"没有"那也"没有",那"有"什么?便于呈示出"有"之外的事实,获得一种独特的思考方法。

第六章　简练语文之赏析　213

师：直接说出"有"来会怎样？

生：就没有了独特的效果。

师：现在从这个"没有"和"有"里明白了这篇新闻的独特和巧妙吧？

生：明白了。

……

【赏析】陆机在《文赋》中谈到为文之法："立片言而居要，乃一篇之警策。"其实教学亦然。张挥老师上《奥斯维辛没有什么新闻》这篇课文，精准而巧妙地抓住了标题中的立"骨"之词——"没有"，从这一"小切口"切入，并联系到"没有"的反面——"有"进行分析，由此统领并贯串全课，借助这两个词引导学生对这篇新闻稿立意独特巧妙的领会。课堂处理得轻松、简便、清爽。

【片段二】独取一瓢（《雷雨》）

师：在《雷雨》中，侍萍说过一句话——"是的，三十多年前呢，那时候我记得我们还没有用洋火呢。"在此前后，一直都是用"你"或"老爷"称呼，忽而这一处用的却是"我们"，有何深意？为何不用"我"或"你"呢？

生：它可以提示那时你我在一起呢！

生：如用"我"，就没有我们在一起的暗示意思。如用"你"，就显得太直白了。

师：还有一个重要词语"洋火"，"洋火"即火柴，作者为什么单单提起这样一个"意象"？洋火跟下文提到的一件东西有关，是哪件东西？

生：衬衣，——烧破了窟窿。

师：洋火可以用来干嘛？

生：点火，点灯。

师：既然说到点灯，你想象一个场景，——"灯下侍萍"，她可能在干什么？

生：灯下的侍萍——在一针一线地补衣服，绣梅花，绣萍字。

师：我们可以再想象一下，此时的周朴园可能在灯下干什么？

生：灯下的周朴园——看报，甚至可以是看人——看缝补衣服的侍萍。

师：用一个关键词来概括一下，这可能是一种怎样的场面？

生：温馨、和睦、其乐融融。

师：这或许就可以反过来帮我们进一步理解侍萍为什么强调"我们"了。那，侍萍为什么不说灯或别的？

生：灯早已有之，跟三十年前在时间上不合。

生：灯的话语指向性太明显，表露太直白，不是侍萍的性格。

师："我们""洋火"虽仅两词，但它让我们可以想象人物那种欲言又止而又欲罢不能、欲说还休而又"欲盖弥彰"的细腻内心和细微情态。这就是动作性语言，通过语言来展现人物激荡的内心世界！

……

【赏析】《红楼梦》第91回中宝玉有一句话："任凭弱水三千，我只取一瓢饮！"这句话是张老师处理《雷雨》一文教学的很好注释。《雷雨》是一座文学的高峰，课本虽只是一段节选，却是戏的精华，为人称道不已。其中能"兴观群怨"之处何止千万。高峰者，氤氲缭绕，风景无限，所谓横看成岭，侧看成峰，无论从哪里看去都会是一道风景。作为戏剧名篇，《雷雨》可资分析的地方很多，需要详讲的地方也很多，但张老师单从一个角度，即人物对话时侍萍说的一句话切入，重点分析"我们"和"洋火"的言外之意、弦外之音、象外之象，以此把握戏剧的动作性语言，并进而分析人物丰富的内心世界，真正收到"以一斑窥全豹，观一叶见满园"的教学效果。

【片段三】迂回侧击（《包身工》）

师：在《包身工》中，包身工过的是一种怎样的生活呢？课文对包身工的生活和劳动场景有诸多详细而生动的描写。但今天我们抛开这些对包身工的正面描写片段，单从包身工的"管理者"角度，侧面分析包身工的生存状态。那课文中，哪些是包身工的"管理者"呢？

生：打杂的、带工老板。

生：老板娘、东洋婆、拿莫温。

生：还有小荡管等人。

师：都对。"打杂的"是怎样对待包身工的？

生：骂，而且是张嘴就骂，并且带有侮辱性，比如骂包身工"猪猡"。

生：踢，在起得慢的包身工身上踢了几脚。

生：还有打，对生病的"芦柴棒"先是抓头发，后是狠命摔。

生：威吓,对还没起床的包身工动不动就说:"揍你的!"

生：歧视,在他们眼中,包身工只能算是一群"生物"而不是"人"。

师：说得太好了。"只是'生物'不是'人'",简单几个字就道清了包身工的生存状态。那么,老板娘呢?书上不是说,当有些包身工没有盛到第一碗粥时,她还拿起铅桶到锅子里去刮一下残粥,这难道做得不好吗?

生：当然不好,她刮的还有锅焦,这其实是没法吃的。

生：不仅冲的是自来水,而且还用梳了头的油手去搅拌,这也说明在老板娘的眼中,这些包身工和猪差不多。

师：那带工老板对包身工又如何?

生：在带工老板眼中,包身工只是赚钱的机器。包身工"赚钱归带工者收用,生死疾病一听天命"。

生：对于在工作中出错的包身工,带工老板的态度是:"尽管打,打死不干事,只要不是罚工钱停生意!"

生：对于已经快被榨干的包身工,带工老板的态度是:"宁愿赔棺材,要她做到死!"

生：对于写家书说真相的包身工,带工老板是扭头发、踢、打、掷、嚷骂,而且还吊一个晚上。

师：不仅如此,在东洋婆、拿莫温、小荡管等人对包身工的行为上,我们同样可以看到毒打、辱骂、压榨、恐吓、惩罚。我们无需关注太多,你看,这仅仅从一个侧面,即从这些所谓的包身工的"管理者"身上,我们就可以看出包身工非人的生存状态和悲惨的命运遭遇。

……

【赏析】在这里,"管理者"是切入口。然而不知我们注意到没有,张老师选的这个切入口相对于包身工而言是"宾",却时刻指向着"主"——也就是包身工自己,可谓曲径通幽。对包身工"非人的生存状态和悲惨的命运遭遇"进行分析,是讲授《包身工》一文回避不了的重点。但如何处理才能出新、出奇、出巧,十分见施教者的功力。张挥老师抛开对包身工形象的正面分析,舍弃从包身工起床、吃饭、上工等入手的常规角度,采用迂回战术,从包身工的对立面——他们的"管理者"

切入,旁敲侧击,非常巧妙地完成了对真正主角——包身工的形象特征、生存状态和命运遭遇的分析。

（赏析老师介绍：吴云辉,江西省南城县第二中学特级教师,正高级教师）

2. 信息读取、活动立意豁亮了游记散文教学的空间[①]
——评张挥老师执教的《一滴水经过丽江》

散文,尤其是游记体、角度独特的散文,怎么教？观点层面,人们肯定见仁见智,但在实际操作上,惯常的做法还是会大体趋于一致,那就是感知形象、把握情感、赏析语言。《一滴水经过丽江》也就这样教吗？它比较独特的地方怎么处理？就此无视和忽略吗？有没有更能照顾和切合文本特征的教学设计？

张挥老师立足于活动,以活动来组织、建构课堂,给了这个话题一个很好的回应,在游记散文教学上作了"另种"意义上的有益尝试。

一、抓住信息读取这个核心大做文章,适切了文本

一般的游记作品往往是以人的游踪为线索,或定点观景,或移步换景来呈示展现,但无论怎么呈现都是人的视角。而《一滴水经过丽江》却不同,它独辟蹊径,以水的踪迹为线索,全文都以"一滴水"的口吻,娓娓讲述丽江,细腻介绍丽江,动情赞美丽江。这就决定了这篇文章不仅是一篇充满情感的散文,而且还是一篇信息蕴含丰富的旅游说明文,更是一篇可以支持活动安排的趣味游记。教这样一篇课文,若仅重视作为散文的情和景,未免多有遗漏和缺失,但如果把文本当作信息载体,以信息能力的培养作为教学的落点和抓手,就能一下切入文本的核心教学价值,带出种种新鲜有趣的活动,让教学的各种活跃元素牵一发而通体俱出,且得简便的路径。张老师把这堂课的教学目标定位为：1. 梳理一滴水的游历路线,筛选、提取、整理、综合、归纳文本信息。2. 解说游踪,撰写攻略,提炼、加工、转换、改造文本信息。课堂扎实地落在文本信息的读取和处理上,可谓是一"举"中的,找到了一个适切文本的处理角度和方法。

[①] 张挥,吴云辉.《一滴水经过丽江》教学设计[J]. 中学语文,2019(28)：69—73.

二、课堂铺设和推进层层因应，豁显了教学

教学要讲逻辑，教学逻辑是课堂思维有条理的反映，是教学脉络清晰的保证。教学逻辑体现在教学环节安排的关联上。环节与环节之间有交代，板块与板块接续有理由。

张老师的这堂课，6个教学环节都以活动串联。活动独立，但每个活动之间都是因应相承：梳理游踪，整体感知——撰写攻略，聚焦局部——提取形态，深入解读——研读核词，追进思考——说话表达，总结综述——片段朗读，叠加感性。板块上，由探究而领会又由领会而品读。每个部分既是步骤又是铺设：上一个环节是下一个环节的铺垫，下一个环节又是建立在上一个环节基础上的演进。环环相扣，自然过渡，顺势而为。

为了解说好承应关系，张老师的课还作了专门的过渡语设计和明晰教学用意的提示，更加强化和豁显了教学逻辑和课堂脉理。在教学意图的揭示上可谓是用足了功夫。例如，为了让学生在梳理游踪这样热闹的活动中不至于迷失，张老师用"刚才我们是不是在上导游职业技术课？我们明明上的是语文课呀，是不是跑题了？如果不是，那我们学了语文的什么？"这样的提示语对教学用意和教学指向予以揭示，使得学生对活动的认识更加清楚，参与更加有目的性，让学生真正地做了课堂的明白人。再如，在由分散梳理到整合综述的过程中，张老师设计用"有了前面梳理、体味、探究铺设的基础，现在我们就有资格水到渠成地来思考这么一个话题了：对于这篇游记而言，一滴水到底是什么？一滴水能是什么？"的用语过渡，既承启，又概括，还设问，很好地衔接了课堂，而且还起到了解说教学逻辑的作用。

三、布设有承载又暗含机巧的活动，扮亮了课堂

本堂课最值得肯定的还是张老师的活动立意设计。张老师安排了很多活动，全程可以说都是由活动来支撑，活动一以贯之。这些活动都大有讲究而且饱含用心，即便就是一个不经意的教学细节，里面的道理也很多。

布设活动首先要解决好选择活动内容的问题。即活动什么？这事关你要教什么。因为活动不是目的而只是手段。张老师选择什么来活动？选择信息读取来活动，选择听说读写来活动，活动始终围绕这个轴心来进行，直指基本能力，基

本训练，因此有着厚实的教学承载。说到传统的"双基"，温儒敏先生曾经一针见血地指出："现在的语文课出现一种趋向，就是语文的知识体系被弱化，甚至被拆解了。教材在知识体系的建构上，不敢理直气壮地讲语文知识，不敢放手设置基本能力的训练，知识点和能力训练点不突出也不成系列。结果教学梯度被打乱，必要的语文知识学习和能力训练得不到落实。"张老师能让活动落到传统的语文"双基"上，难能可贵。

《一滴水经过丽江》是统编教材课文，统编教材采用"人文主题"+"语文素养"双线单元结构体例，就是要解决以往所选课文"难于照顾到本单元应当学习哪些知识、训练哪些能力"的遗憾和不足，而要教师在教学中"不能拘泥于人文主题，要特别注意语文知识、能力的落实这条线"。张老师用活动让教学很好地回归到语文主线，响应了这一要求。而且，还不刻意为之。本堂课安排的诸如信息梳理、提取、加工、转换等活动，从阅读中自然派生，又不游离于阅读，反过来服务阅读，帮助阅读。当学生在完成这些活动的同时也完成和学会了阅读。

这些活动在设计上，虽"下手"重，却不笨，很机巧。例如，撰写攻略这个活动，挖掘已经很充分了，张老师还能安排围绕暗含训练点揭示的四个要求对攻略进行评点，让学生在评点的同时又明白了训练的要点和方向，十分有心；再如，简图解说，提出要按"因为书上说"的格式交代，撰写攻略，设限"仅依据文本信息"，借助顺手的一个小举措巧妙实现学生对文本关注和聚焦。

需要指出的是，张老师的活动实用性很强，呈现出非常鲜明的语用色彩。像简图解说、撰写攻略都切近实际，生活气息浓厚。语文课程是实践性课程。语文课的终归目的是要回到"用"上来。《义务教育语文课程标准》就提出"激发想象力和创造潜能，在实践中学习和运用语文"的目标要求。因此，张老师在活动上的这个追求也特别值得肯定。

活动中心课程论者认为"通过活动能获得经验，培养兴趣，解决问题，培养科学的思想、态度和思维方法"。张挥老师《一滴水经过丽江》的教学设计，正是以活动为串线，让学生在活动中学习，最终将经验、兴趣、问题带到了课堂，也把思想、态度和思维方法教给了学生。

（评点教师介绍：吴云辉，江西省南城县第二中学特级教师、正高级教师）

附：张挥老师《一滴水经过丽江》教学设计[①]

教学设想

《一滴水经过丽江》是统编初中语文八下第五单元里的一篇课文，属于游记散文。作《一滴水经过丽江》的教学设计，我看重课文能提供较大活动施展空间这一文本特质。故而心生活动立意建构课堂的设想：从体察一滴水叙述视角的独特、巧妙切入，以信息能力的培养为落点，通过指向语文核心素养的活动安排，搭建语用场景，引发、驱动实践学习，打通学生在由掌握游记散文知识过渡到生成语用能力过程中产生的壁垒和隔障，多样化地实现和落实语文的基本训练，超越散文教学的一般"套路"，用另种方式尝试游记类作品的教学。

教学目标

1. 梳理一滴水的游历路线，筛选、提取、整理、综合、归纳文本信息。
2. 解说游踪，撰写攻略，提炼、加工、转换、改造文本信息。
3. 领会用心，赏析文本的写作特色。
4. 生发任务，在语用情境中训练学生的听说读写能力。

教学重点

蕴含听说读写能力训练的课堂活动的参与和挖掘。

教学难点

"一滴水"的文本价值和意义的探究发现。

课前预读

设计《一滴水经过丽江》预读任务单：

1. 在文中勾画圈点出一滴水游历过程中所经之地、所见之景，梳理出作者的游踪，在此基础上画出示意简图，并配上对应的解说词。

2. 仔细阅读一滴水经过四方街部分，充分挖掘里面的信息，参照例文，仅依据文本信息把课文这个部分加工、改造成一篇《四方街旅游攻略》。要求能创造性地利用和反映文本信息。（可配图，提供参考例文）

[①] 张挥,吴云辉.《一滴水经过丽江》教学设计[J].中学语文,2019(28)：69—73.

教点选择

确立文本的核心价值和教学价值,以此决定教点、教法。具体获取路径:

1. 追问。

与一般游记散文相比,这篇游记有什么别具一格的地方?

2. 明确。

与一般游记作品以人的游踪为线索不同,作者化身为一滴水,以水的行踪为线索,全方位展现了丽江古城的自然风光、历史沿革和人文景观,构思新颖,视角独特。

3. 确立。

文本的核心价值和教点:一滴水里面独特的叙述视角和巧妙构思。

4. 决定。

教学策略:探寻文本的独特视角和巧妙构思,挖掘里面的语文元素,由此生发相应的语文活动,建构课堂。

教学过程

一、导入

这是一滴有情感、有思想的水,前世为千年冰川,自从它至玉龙雪山跌落下来,用探奇、历险、亲抚的方式穿过丽江,便惊艳了文字一片,究竟为何?我们不妨来探究一番。

二、探究

1. 游历里认识一滴水。

活动意图:文本信息筛选、提取、整理的体认。

活动安排:梳理游历。

(1) 准备布置。

准备好预读阶段要完成的示意简图和对应的解说词。

(2) 交换示意简图和解说词。

① 提出解说要求。按下面的格式进行介绍和解说:

一滴水的历险始于……,这滴水自……,流经(又来到/穿过/看到/见证/眺望/领略/见证/投身)……,因为书上说……

② 比较、评点、质疑、讨论、补充、订正，然后确认。

(3) 分享信息筛选、提取、梳理及解说词拟写的体会和经验。

问题设计：你的解说词里的信息是怎样获取和组织的？你认为限定格式解说有什么意义？"因为书上说"能够引导你关注什么？

明确：意义在于能够引导我们回归、关注、聚焦文本信息。

(4) 顺势讨论。

问题设计：

① 一滴水是从什么时间起程的？这滴水有哪些穿越？仅是空间吗？落水洞之前的四方街和顺着玉河来到的四方街在同一时间纬度吗？从交代两个四方街的安排来看，体现了作者什么写作用心？

② 这意味着一滴水带出了哪些内容，在文中实际有着什么样的使命？

(5) 据此思考。

问题设计：一滴水跟"我"是什么关系？是什么身份？扮演着什么角色？

明确："我"的化身，却比"我"方便、自由，是个超越、灵动的"我"。

(6) 明晰教学用意。

问题设计：刚才我们是不是在上导游职业技术课？我们明明上的是语文课呀，是不是跑题了？如果不是，那我们学了语文的什么？

明确：画游踪，梳理游历——我们实际进行的是信息的梳理、筛选、提取和组织的言语实践活动，是对文本的聚焦阅读。

2. 亲近中感受一滴水。

过渡语设计：在刚才梳理的所有游踪里，一滴水最强烈要去的地方是哪里？何以说？

活动意图：文本信息挖掘、转换、加工、处理的体认。

活动安排：聚焦一滴水经过四方街部分。

(1) 准备布置：准备好预读阶段要完成的《四方街旅游攻略》。

(2) 激励提示。

不知同学们看出来没有？四方街这个部分说白了其实就是文学版、

艺术版的四方街旅游攻略。攻略所需的所有要素齐备：历史文化、地理位置、古城建筑、风土人情、风光景点、娱乐休闲、餐饮购物……，就看你能不能提取、发掘、加工、转化、改造了。

(3) 分享、展示《四方街旅游攻略》。（可以PPT配合，可以配图）

(4) 分享创作上挖掘、提取、转换、改造信息的做法和经验。

(5) 师生评点。

提出评点要求：从信息挖掘的充分程度、信息的创造性利用程度、限定要求的达到程度和文学信息转换成旅游信息的能力表现程度四个方面评点同学们的《攻略》。

(6) 顺势讨论。

问题设计：

① 结合转换体会，想想：课文哪些内容很难或无法反映到你的《攻略》里？由此比较思考：相较《攻略》，课文并没有多出什么不同寻常的信息，为何课文就更耐读、更有意思？

② 此处的作者要以什么样的身心方式和姿态经过四方街？这滴水替"我"完成了这一使命吗？为什么它能更好地完成这一使命？

(7) 明晰教学用意。

问题设计：

① 是不是又是职业导游课了？刚才的拟写活动训练了你什么能力？你觉得在哪方面得到了锻炼？

② 为什要给这个活动设置"仅依据文本信息"的要求？

明确：训练了信息的提取、分类、整合、挖掘、加工的能力，训练了根据不同语用要求进行合体表达的能力。设置"仅依据文本信息"的限定要求，强化和聚焦了这一活动的目标指向，提高了活动的挑战性。

3. 轮回里理解一滴水。

过渡语设计：课文在叙述上的独特和灵活全靠这一滴水，那我们不妨再走近这一滴水，更深入地理解这一滴水。

活动意图：文本信息梳理、研读的感悟和思考。

活动安排：研读一滴水形态变化部分和文中寓意丰富的语句。

(1) 交流预读作业。

依序写出一滴水在文中出现的所有形态。并思考：这滴水完成了一个什么样的过程？这揭示了什么？

水——（　　）——（　　）——又化成了（　　）
（前世）

明确：完成了一个轮回过程，启发人们从这个自然的轮回里去思考人生内涵。

(2) 顺势讨论。

问题设计：为何要让这滴水经历水的所有形态？这在叙述上能获得什么好处和方便？

4. 综合思考一滴水。

过渡语设计：由远而近，由浅入深，锲而不舍的奔赴，目的只有一个，那就是一川入海。层层的课堂演绎和推进，就为了寻本追终。

活动意图：关键词句研读基础上的文本主旨、意蕴、形象的探究。

活动安排：从全文角度整体赏析一滴水的文学形象和审美价值。

(1) 关键词句研读。

文章最后一句话你怎么理解："以水的方式"的字面义？隐含义？你能挖掘出几重义？

我知道，作为"一滴水"，我终于以水的方式走过了丽江。

明确：

① 化身的方式。"我"化身成水。

② 按水来想象的方式。"一滴水"是想象出来的水。

③ 亲抚、贴近的方式。

④ 流动的方式。

⑤ 最自然的方式。契合丽江的灵魂，全程都暗扣着一条实际存在的水路。

(2) 顺势讨论。

问题设计：为何选择"水"这个意象而非其他意象作为叙述者？

明确：

① 它永恒,千年不断地流淌,惯看秋月春风,具有见证者的特质,而文学化地穿越古今。丽江需要这样的见证者。

② 从玉龙雪山一直说到金沙江,这是丽江一条惯常的介绍路线,这条路线是水路,能贯穿全程的只有水。

③ 水是丽江的灵魂,丽江因水而生,抓住水就抓住了丽江的灵魂。水及水的变化形态雪、雾、气、冰,本身全都是丽江最撼人心魄的组成部分。

④ 水的流动性及多种形态可以借用并生发出多种表现角度,最大限度支持灵活、方便、自由的拟想。

三、领悟

过渡语设计:有了前面梳理、体味、探究铺设的基础,现在我们就有资格水到渠成地来思考这么一个话题了:对于这篇游记而言,一滴水到底是什么?一滴水能是什么?

活动意图:指向理解的说话训练。

活动安排:在课堂综述和总结中渗透听说活动。

1. 出示说话任务。

围绕主话题"一滴水是什么",以"一滴水是(能带来)"句式说话,说说对一滴水匠心安排的领会。

2. 示例:

(1) 一滴水是<u>想象河</u>。多少拟想借此流经而出。

(2) 一滴水<u>能带来第一人称叙述和人格化的表达</u>,使叙述获得童话历险般的风格和表达色彩。(第一人称:身临其境、现场感、直接)

3. 交流、分享、表达。

四、品读

过渡语设计:一滴水是有情的水,一滴水是多感的水。选择你认为一滴水最有感有情处,片段朗读,把一滴水的感情读出来。

活动意图:兼顾情理,增强阅读的感性品味。

活动安排:领会基础上的朗读。

1. 指认最打动你的片段,并解释动情的理由。

2. 片段朗读。

3. 评点朗读。

五、收束

一滴水，一双眼；一方城，一段情。我们通过活动，不仅了解了一滴水奇幻的生命旅程，更通过这颗"眼睛"，见证了丽江古城的神奇与魅力，也通过这滴特殊的"水"，感悟到了作者文学处理手法的新奇独特和对人文丽江的一片深情。

3. 用"叙述担当"教水浒传，盘他；以"简练语文"劫生辰纲，智取

岁末收官，2020年12月26日下午，张挥老师在北京市第十中学初三(7)班完成了他本学期第二次也是最后一次北京市开放型教学实践活动——小说《智取生辰纲》的教学。张挥特级教师工作室部分成员参加此次活动，观摩听课。

这堂课，张老师依然秉承他一贯坚持的简练语文教学主张，依照简练语文教学理念设计教学，独具匠心地选择文本的"叙述担当"作为教学的核心价值处理教材。在这里，张老师把文本价值与教学价值作了审慎而又清晰的观照和区分：注意到了"智取"情节虽是小说的文本核心但却又是一看就懂、不需要多教的显性信息这一特性，果断舍弃了"智取"情节赏析这个通常的教学处理，而选取了一条看上去走起来比较艰难，但风景肯定绝特的探胜之路——小说的叙事赏析。从"叙述担当"小角度切入，借助这个切入，贯串起四个环环相扣的教学环节，组织教学内容，引导学生精细阅读，领略、欣赏小说的情节叙述和人物刻画技巧，探寻古典小说欣赏的门径。

张老师这堂课的主要教学环节为四个清单的罗列：罗列失去清单、罗列困难清单、罗列化解清单和罗列获益清单。这也就相当于用具体案例的方式对简练语文教学的两个核心话题作了回答：1. 何以能简练？抓住文本的核心教学价值！2. 如何简练？片言统贯、切入贯串！体现了简练语文教学的精髓。

张老师对上课有股较真的劲头，喜欢在简练上面研磨，套用现在的流行语，叫作"盘他"。正是这种"盘"劲使张老师创生出一套独特的教学处理方法，简练语文就是他耗费时日"盘"出来的教学心得。

课后，听课老师纷纷发表了他们的听课感受。

感受一：

印象最深的是四项清单罗列任务，放手让学生在课上探究，在质疑和提问中推进理解。经典文章的讲解最考验功底，尤其是经典名著的讲解。听了张老师的课更让我看到了成为一位优秀的语文老师还有很长的路要走。

感受二：

张老师具有特级教师的独特风格。这节课的设计别出心裁，令人耳目一新。张老师与听课教师一起领会情节研读在小说教学中的作用，还与听课教师探讨以情节为对象的小说研读的路径和手段，最后又与听课教师共同提炼以情节为对象的小说研读的方法和策略。这种高屋建瓴的解读方式对我启发很大。

感受三：

典型的大师风范。立意，施行，无一不精，特别让人有收获。

感受四：

张老师从很不起眼的"时间"、"地点"切入，调动学生深挖，挖出了出人意料的效果。实在是妙！

感受五：

有幸听了张老师两节小说阅读课，总体印象就是八个字"以小见大，出生入死"。小说情节的梳理逻辑绵密，这是张老师特别震撼我的地方。训练学生的预设巧妙又精准，这样的以读导写训练，学生不长进都难。

无限风光在险峰。难中求胜的叙述，可以说是近代之前传统小说的一个模式。这种模式显然是由其创作目的和条件决定的。同时也留下明显的不足，会削弱人物性格的刻画，从而削弱文学反映生活的职能。如果无取舍地学习，学生也会学不知所用。就现阶段的多数初中生来说，写清楚事情、有理有据、入情入理已是难得，冒然跃进还需谨慎，否则邯郸学步就得不偿失。

（张挥特级教师工作室）

附：张挥老师《智取生辰纲》教学简案
在情节中"出生入死"
——《智取生辰纲》的"叙述担当"赏析

教学目标

1. 欣赏小说情节编织上"自讨苦吃"、"难"中求胜的叙述艺术。

2. 领略小说人物塑造和刻画的方法。

教学过程

一、引出话题

由庆祝中华人民共和国成立 70 周年联欢活动执行总导演甲丁的感慨引出艺术担当话题：

任何奇迹的创造，都要承担风险，但要是没有这个担当，出来就是一般的行活儿，必须扛住——担当才能出绝活儿。

二、解说话题

释"叙述担当"：叙述上的"冒险"。叙述上的"难"中取胜，叙述上置之死地而后生——在情节中"出生入死"。

三、体认话题

话题：《智取生辰纲》里的"叙述担当"。

1. 梳理小说的情节结构。

明线。

暗线。

2. 明确明暗线两个交织点也就是共同借助的两个<u>关键元素</u>——时间和地点以及其指向意义。

时间：六月初四正午——炎热

地点：黄泥冈松树林——偏僻

3. 领会两个元素对于小说情节编织的关键性作用。

罗列失去清单：没有这样指向含义的两个要素的存在，小说会失去哪些东西？失去意味什么？

4. 分析两个元素在叙述上的"难"。

罗列困难清单：小说引入"炎热"和"偏僻"这两个关键元素于叙述难不难？难在哪？

提示：(1)用小说里面人物自己的话分析：好歹不均匀；尴尬去处等。(2)有了这两个元素哪些地方就会不合理？

明确：反常理、不合常情——写反常难。选择了叙述上的冒险，走的是一条难路。

5. 顺势讨论。

(3) 罗列化解清单：梳理、分析不合理情节——找对应化解之道：

最后这条困难的叙述之路走通了吗？怎么走通的？不合理最后合理了吗？借助什么来使情节合理？具体是怎么一一化解的？这一"化"，"化"出了什么？

（领会小说借情节的极端，编织对来求取人物性格极致塑造刻画的用心）

(4) 罗列获益清单：从情节和人物获益角度分析：

明知走的是条反常理的艰难的叙述之路，小说为什么偏偏还要自讨苦吃，迎难而上？

6. 总结性讨论。

叙述担当、难中求胜的探讨给我们阅读和写作什么启示？

明确：叙述上也讲无限风光在险峰。叙述的担当出叙述的绝活。

四、收课总结

经典，就是值得玩味，值得我们一遍又一遍地反复阅读。希望我们的《水浒传》阅读之旅从对《智取生辰纲》的深读开始。

4. 简约而不简单

——张挥老师个性课堂用语赏析

非常幸运听了一节由特级教师张挥执教的《春江花月夜》诗歌欣赏课（张挥执教的《春江花月夜》教学设计见本书第三章）。让我这个语文教学的门外汉，有机会与学生一起，和着音乐，反复吟诵，慢慢地融入了唐时明月，情满春江。

张老师的课堂教学给听课者留下了深刻的印象，而其个性化的课堂语言更让人耳目一新，细细品味，简约而不简单。

"如何"、"坐、请坐"、"读、齐读"等口头用语，在张老师的课堂教学中俯拾皆是。迎面而来的古汉语式的口语，用语简洁，节奏明快，质地纯朴，文学气息浓厚，营造了一个与众不同的语文小天地。同时，简洁质朴的语言，指示明确，表达清晰，干脆利落，没有任何拖泥带水。简约的口头语言再配以同样简单的肢体动作，体现了教师驾驭课堂简洁明快的教学风格。

语不在多,有效则行。课堂上,张老师常常是寥寥数字,却起到了四两拨千斤的效果。几句平淡的"坐"之后,张老师中间突然来一个"请坐",被请坐的学生在老师赏识的眼光下,伴着一片掌声欣然入座。

"如何"一词,张老师也是接二连三地巧妙使用。一个学生精彩诵读之后,老师淡淡地来一句"如何",简单的互动,教室里随即响起一阵掌声。学生的回答还不是很到位时,老师使用一个表示不很满意的"如何",此时,学生的思维仿佛受到了启迪,立刻就有学生心领神会地举起了手。等学生补充答案之后,老师再来一个煽动性的"如何",台下旋即掀起一片热烈的掌声。学生在张老师的课堂上似乎特别不经夸,一夸一"忽悠",学生就热情高涨,思想涌流。简短的评语,比作业本上的红对勾还要简洁有力。

教学舒缓处,老师点几个名字或者轻轻的"你来"。情绪激昂处,一个接一个的"你、你、你"不停地追问,一个个学生在"你、你、你"中接龙回答。教学紧凑、一气呵成。此时,课堂学习变成了一次诗歌欣赏的文艺沙龙,没有指名道姓的麻烦与造作,也没有寒暄与客套,任何繁琐的细节都被省略了。"你我"相呼在这里看不出居高临下的姿态,老师平易近人的气质,平等对话的环境,师生关系自然而融洽。从教师语言有意简略、浓缩的背后,我们能领略到,学生在课堂上的空间与时间得到了最大化的扩张与放大,你我之间形成了一种小我与大你的关系,体现了张老师所推崇"放低自己、抬高学生"的教学主张。

"落月摇情满江树。"当下课铃声响起时,师生们意犹未尽,仍然沉浸于课堂教学的诗情画意中。如果把这节课比作一幅精美的山水画,那么教师的语言则是留白处的题款和一枚小小的印章,简略而意义深远。

(赏析老师:刘进华,江西省南城一中政治科教师)

5. 听张挥老师的课堂

2012年11月9日,我校举办了一场长达2小时的听评课活动。语文特级教师张挥为我们奉献了一堂别开生面、精彩纷呈的示范课(张挥执教的《春江花月夜》教学设计见本书第三章)。

张老师讲的是人教社普通高中课程标准实验教科书语文选修教材《中国古代诗歌散文欣赏》里的张若虚的《春江花月夜》。他从"梦回唐朝"——鼎盛繁荣的唐朝,离不开千古绝伦的唐诗开始导入,引出本课。

然后,张老师就本诗的"欣赏准备"进行一些提问,比如,评价?抒发了哪些诗情?结构?意象特点?想象在诗中的作用?告诉我们怎么诵读?等等。

"欣赏准备"之后,踏上"赏读之旅"的"诵读"环节。利用多媒体手段,伴随诗歌跌宕起伏的音乐美,以及变换的一幅幅饱含诗情画意的月下风景图,张老师鼓励、引导学生有感情地诵读。其后,张老师对诵读环节用一屏幕的话语概括、提炼:《春江花月夜》最为形象地反映出领大唐文化风气之先的少年诗人蓬勃向上的精神风采,使人欢快、鼓舞和奋进。诵读的过程就是美读的过程。难怪闻一多先生会把最绝妙的赞辞慷慨地送给它——诗中的诗,顶峰上的顶峰!

美丽的事物需要一双发现美的眼睛与之遇合。给予学生美的享受后,张老师借机开展启发式教学,以学生为中心进行探究性学习,开启"发现之旅"——只要你愿意找寻,《春江花月夜》之旅就是一个发现之旅,有很多美妙的发现等待你的眼睛与之遇合。学生参与辐射面广的提问式探讨之后,又是一屏幕话语小结:景、理、情——写世界的美;写生命短暂的忧伤;写游子思妇的相思。

发现目标,穷逐不舍。接下来,张老师带领学生行走"逐月之旅"——大问题一:春的复苏、花的璀璨、夜的沉寂,题目本身即暗藏了发生、高潮、结局的完整生命过程,每个意象都是诗的重要组成部分,但这里仍有一个意象是关键,是灵魂。如果要你来选择,你会把哪个看作诗的关键词?为什么?大问题二:张若虚笔下的月都照到了哪些地方?到访过哪里?——就"月"这个意象张老师花费大量时间苦苦追逐。

撒网是为了收鱼,本节课做足伏笔、撒网工作后,张老师以本堂课《春江花月夜》为例回归教科书的单元目标"置身诗境,缘景明情",作最后画龙点睛式的收课总结。

整个活动可以说,听课、说课和评课都给我耳目一新的感觉,令我受益匪浅。听课,是一堂盛宴享受。张老师,言辞干练,富有气场;课堂幽默,教学愉悦;提问明确,蕴含启发。听君一席话,胜读十年书。说课,是张老师作为特级教师毕生的教育主张:一字立骨,独取一瓢,走出泥潭,回归本色。评课环节,吴春凤老师的评语,言之有理,切中要害,不慌不忙,有条不紊,给我冲击,引发反思。她的点评,一样精彩!

不登高山,不知天之高也;不临深渊,不知地之厚也;不闻先生之慧言,不知学问之大也。听张老师的课,鉴吴老师的评,须臾之所学,然知浅薄。

（赏析老师：阙志武,江西省南城一中物理科教师）

第七章

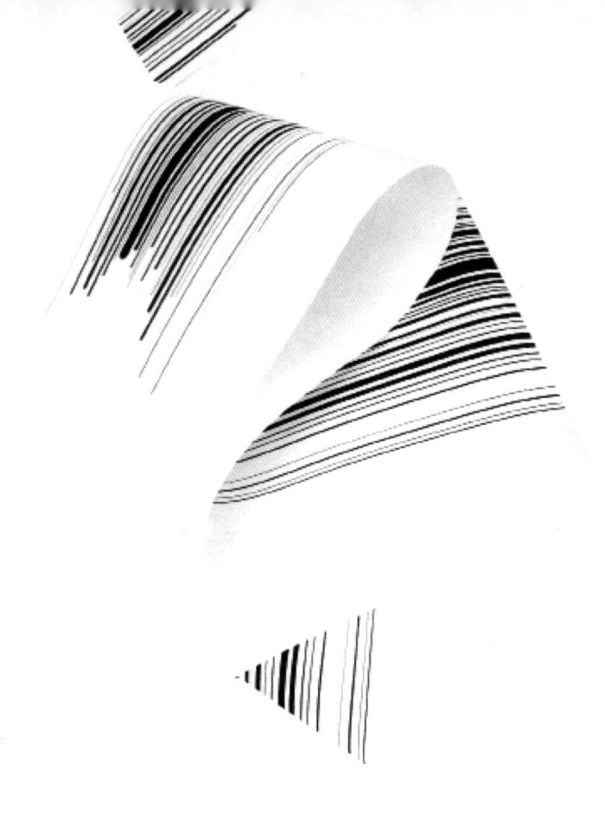

简练语文之审思

简练的本质说到底就是去粗取精，除繁披芜。我们面对的是一个多元而复杂的时代，与社会生活关系密切的语文，热点不断，议题层出不穷，这些热点和议题为思考提供了源源不断的素材，考验审辨和围观能力，磨砺和锻炼简练思维：为疫情下的公民成长和语文进步如何同时发生去审思居家"宅学"的内涵和方向；为高考命题技术和方式如何学理呈现去审思考试选拔的依循和省检；为高考命题质疑和完善如何思维提升去审思题目细节的斟酌和推敲；为当下读书观点、读书现象如何理性思辨去审思锐气批判的立场和洞见。

1. 加"力"蓄内功：给疫情期间学习语文的孩子的几个建议[①]

"语文清话"编者按：

举国抗疫,足不出户。

停课不停学。人教社开放了电子教材和教师用书,供学生免费下载。随着开学的到来,孩子们开始在家上网课了。

大疫之中,每天有那么多新闻报道、评论分析、社会表达……消息扑面而来,是视而不见还是积极关注？有人呼吁,不要在这个时候,只让孩子安心读书。

语文学习的外延就是生活的外延。疫情是一场灾难,也是一个了解社会、增长知识、认识人性的窗口。关注疫情,阅读、思考、判断、表达,这些本就是语文学习的一部分。

疫情之下,人的成长和语文的学习同时发生。这就是语文教学的价值和独特之处。引导孩子关注疫情,独立思考和认识疫情期间出现的种种言论,可能将是一把衡量语文教师是否具有社会担当意识的尺子。中国有骨气的文人,向来不是两耳不闻窗外事,而是家事国事天下事,事事关心。

北京十中语文特级教师张挥的文章,给孩子的语文学习提出了设想和规划,在居家"宅学"的日子里,除了学课本,还有哪些值得关注

[①] 张挥[语文清话]. 加"力"蓄内功：给疫情期间学习语文的孩子的几个建议[EB/OL]. (2020-02-22)[2021-09-09]. https://mp.weixin.qq.com/s/V8Ux_S_3dytJg6oaGCWepQ.

和学习的内容？这篇建议的底色含有公民成长和语文进步的双重考虑。

（李节）

突如其来的武汉疫情，几乎打乱了所有人的节奏，让人们在毫无准备的情况下仓促进入了工作、生活、学习的强制"调适"模式。随着时间的推移，同学们陆续走进空中课堂，开始了各种形式的居家学习。这当中，有些同学陷入茫然和无措，有些同学表现出各种不适，还有不少同学依循惯性把这种学习仍然局限和定位在原有的既定的课业上。这里，我特别想跟同学们交流一个想法，也务必请同学们明白：单纯的文化学习当然是停课不停学的应有之义，但别忘了，疫情本身就是最好、最生动的书本，就是最值得挖掘的学习内容。正如有人说得好："现在，我们需要让每一个孩子意识到，眼前正在发生的一切，就是一本生动而深刻的教科书。防控疫情，推迟开学。其实，孩子们眼前就有最好的学习素材。每一位家长，都是孩子生命中的老师，请与孩子们一起读懂世界，读懂教育……人人都是时代的主角，让我们和孩子们一起，学会敏锐地洞察，深刻地反思，从容地应对，智慧地学习，努力地付出，慷慨地给予。"[①]我们相信历经风雨的孩子终将长成大树。经历这次疫情的一代必将是思维更成熟、思想更深刻的一代。天地大舞台，最终能顶天立地、堪当大任的必将是你们这批勤于思考的孩子。无论你们愿不愿意，这场犹如大考的疫情注定要成为同学们思维加速成长的助推器和催化剂。请同学们认识到这个催促的意义，在疫情的背景下找到学习的着力点，不做思想的旁观者、封闭者、隔离者，做时代的思考者、参与者、行动者。语文是一门用文字思考的学科，是一门仰靠"功力"的学科，需要你们的思维力和思考力。说一千道一万，"语文不会"的问题根本上说就是不会思考的问题。思维的操练是语文学习最上位的东西。因此，疫期居家学习，语文学什么？怎么学？我们就应该追问：疫情里面有哪些可借助的语文学习资源？如何利用这些资源来蓄积和强化语文的功力？为此，张老师提几个小思路、小建议给同学们：

---

① 夏风.推迟开学，孩子们眼前就有最好的教科书[EB/OL].(2020-02-06)[2021-8-18]. https://mp.weixin.qq.com/s/a2Cb5NhwBkqvk-8bFK-kIA.

一、调节穿插活动，加"类"，记诵训练蓄内功

宅学让我们一下变成读屏一族，居家学习，空间非常局促，读屏使视力容易疲劳，因此，需要通过穿插、转换来调节缓解。最有调节"气质"，最适宜扮演这个角色，最具"性价比"的活动，莫过于语文诗文记诵了。线上学习间隙，记记背背所学诗文，大脑休息之余，语文积累、语感涵养也暗生其中，一举两得。而且这项活动适宜固定下来，每天进行。但这里我建议，不要局限于简单记诵，可以给记诵加"力"：添加一些有挑战和有技术含量的元素，增加记诵的难度，如分类记诵，结合当前的疫情从主题上给诗文分类：家国情怀、忧国忧民、自强不息、责任担当……让记诵附带梳理动作，既强化理解，又巩固记忆。

还可以把父母亲争取过来，权做监背人，共记共诵，你测我背。提高活动的实效性和参与性。

二、集词集句活动，加"恒"，素材积累蓄内功

居家学习多做积累蓄内功是语文最好的学习策略。全民抗疫，情势震撼，犹如战争。疫情大大刺激了社会表达，使全民言说得到极大的激发。围绕疫情产生的新词劲句、标语口号、对子联语层出不穷，创意表达才智尽展。其中涌现出不少有思想、有意味、有感召、有力量、有品位、有创意的新语汇、新表达，如：战疫；疫情；疫期；国士；逆行者；疫往直前；疫不容辞；心往疫处想、劲往疫处使；云端课堂；居家学习；共同战疫、绝不孤读……日日你都会有发现，时时你都会有遇见。若能细心捡拾，勤奋收集，必有满满收获之喜，久久累积之功，极大丰富、充实你的词汇语库，启发你遣词用语的思维灵感。因此，不妨来一个"疫期新词新语录"，"疫情中，那些振奋人心的句子"之类的收集，通过这些活动，网罗这段时间涌现出来的有创意的语汇，练一回语文积累的内功。

三、话题思辨活动，加"量"，思维操练蓄内功

疫情把一个社会放大了，让我们近切地去感受、观照和洞悉，我们的大脑每天都面临着信息洪流的冲击。信息洪流里夹带出太多的话题、太丰富的角度。人性、大爱、生命、自然、科学、历史、文化等重大的、根本性话题如此复杂而又深刻地呈现在我们面前，给了我们关心社会、打量世界的契机，我们应该把宝贵的注意力

交给思考。

那就不妨从中选择、提取我们能够参与又有思维含量的网络"热议"话题,开展屏前辩论和讨论,锻炼自己的思考力,促进思维的成长。为了加强练习的力度,可以给话题的角度加力,给思考的数量加码。如在这次疫情中不少专家登台亮相,然而雷言雷语,口误不断,令人大跌眼镜。如何避免专家触雷?我们就可以设计"避免专家触雷的十个非专业方向的建议"话题,展开讨论。用"十个"故意加"量",用"非专业"限定范围,逼促讨论在广度和深度上展开,训练思维。再如日本友人捐助我国迎战新冠疫情的物资包装上出现"山川异域,风月同天"、"岂曰无衣,与子同裳"等中国的古代诗词,引发人们跟我们的"武汉不哭,武汉加油"的标语的比对审美,触发了文字雅俗的争论,我们就可以设计话题:文字的雅俗是否是优劣的标准?来一个辩论的头脑风暴。

四、编辑推荐文选活动,加"程",综合学习蓄内功

疫情带来的信息流是平时不可比拟的,最美逆行,抗疫事迹,凡人善行,疫病知识,防疫调度,衍生话题……选文视角丰富,这给我们编辑《抗疫推荐文选》提供了施展空间。依照主题遴选时文,写出推荐理由,编辑一本推荐文选,争做一回主编就成了一份有现实和锻炼意义的工作:在编辑中我们可以培养获取、收集、分辨、甄选、整理、组织、加工信息的能力。并且通过发布、交流分享,又可以体验分享带来的成就。其意义还在于让我们能够感受文字的力量,理解分享的价值。

同学们可以商量、讨论,给活动拟定具体步骤和活动流程,依照拟定好的步骤和流程分工合作开展活动。设定栏目,拟写推荐语,编辑出文选。并随时补充添加内容,动态完成,让活动贯穿整个疫期。

五、琐细记事活动,加"小",点滴表达蓄内功

居家,也是一种特殊状态,它反而让你有新奇的感受和发现,这往往会激发你的表达欲望和写作灵感。你完全可以拿起笔,从小视角出发,铺展开你的叙述,来一个居家记事系列,培养挖掘能力。点滴的表达,狭窄的范围,自然给你的写作形成"小"的加持,对你表达的角度、发现、寻获、方式带来考验,从而涵养你的写作内力。不要小看这种小写作,它能让你个体化、生活化地记录和反映时代,促发你对生活与写作、写作与写作欲望关系的切身感受和体验，更好地理解、感悟写作的奥妙和真谛，同时留存一份珍贵的疫期文字纪念。

六、编写疫期每日大事记活动，加"续"，天天录记蓄内功

疫期每天都会发生很多大事。若能一一记录、梳理，形成清单，回看就是一段清晰的过往。编写大事记看似简单，实则需要动用你搜索信息，全面把握信息，甄别、确认重点信息，提炼、加工信息的能力，非常考验一个人的语文功力。若能以此为线索，把它固定为每日都进行的"功课"，天天坚持收集续记，持续一段时间，有了这么一个过程，不仅能让你自然保持对抗疫全过程的持续而又深入的关注，而且必定还会对你的语文信息素养和能力的形成有一个强促进，整体带动你的思想认识，思维总结，文字理解、领悟和处理水平的提高。可谓一个小举动，促成语文功力方方面面的大撬动。

这里建议同学们以新华社、人民日报、央视、头条号等媒体为主要信息源。

总之，扩宽思路，活跃行动；疫期居家，"加力"学习；涵养内功，语文进步：你，完全可以。

（本文原载 2020 年 2 月 22 日语文专业自媒体"语文清话"，有改动）

2. 守与变：高考语文北京卷的两个观照角度[①]
——以 2020 年高考语文北京卷为例

在所有自主命题的高考语文卷当中，北京卷是最具地方特色的试卷之一。其中城市精神、文化品位和首善特质鲜明，是一张凝聚了北京精神的语文卷。北京精神是什么？爱国、创新、包容、厚德。北京卷可谓是"北京精神"在试卷上的反映与展示（2020 年北京卷尤为如此）；同时，北京卷又是诸多高考卷中注重反映和体现命题学理，个性和创新也都张扬的语文卷。

2020 年北京卷秉承了一贯的命题思想，保持了对命题学理的坚守，基本面稳

[①] 张挥. 守与变：高考语文北京卷的两个观照角度——以 2020 年高考语文北京卷为例[J]. 语文教学通讯，2020(31)：72—74.

如磐石,首都特色风采依旧,北京元素的辨识度依然很高。其中命题信息丰富,看点很多。如若概括,"守"与"变"当是描述2020年北京卷印象的两个关键词,也是提炼试卷命题信息的两个切入口。

一、守:思路风格延续,命题规律清晰可辨

2020年北京卷在变量聚集的年份保持了很强的命题定力。

长期以来,北京卷坚持自己的命题理念,形成了一套独特的命题体系,沉淀出鲜明的个性风格,显见为试卷上的北京元素和命题特色。

1. 北京元素。

看了2020年北京卷你会有种直觉,北京元素充盈。那北京元素到底是什么呢?

(1)开阔大气、与时政结合紧密的命题风格,善于在选材上做育人文章的命题习惯。

2020年北京卷的多文本阅读选择了嫦娥四号探测器成功实现人类首次月背软着陆的材料,展示了我国的科技成就,厚植了国家认同情怀;大作文题1采用北斗三号卫星发射的素材,鼓舞人心,增进了文化自信,激发了民族自豪感;微写作题3以疫情中感动中国的凡人壮举作为对象,点燃考生对快递小哥的赞美之情,配合主流舆论宣传……①选材视野开阔,正向大气,突出教化育人功能。语言基础运用题虽是一道新设题目,也同样选取一则"脱贫攻坚"的新闻报道材料,引导考生关注和了解国家迈进"小康"社会的步伐和取得的成就,让我们看到了命题人对北京元素的认可和维护。

(2)最小的命题细节里也有寓意寄托的命题用心和隐秘手法。

需要指出的是,北京卷里的北京元素既有显性的也有隐性的,并不都是表现为外在的高大上。风格元素在试卷中还有更为细腻的表达。这些为我们所忽略的隐含的北京元素,更加值得注意和玩味。

比如,微写作里的名著题,作为思想故事代表的《平凡的世界》场场不落,作为

---

① 北京教科院基教研中心,北京教育考试院.专家点评2020年高考语文北京卷:变中求稳,正面导向[N].现代教育报,2020-07-07.

红色经典代表的《红岩》也几无缺席(2020年北京卷没有《红岩》),题目的象征意义大于实际意义。借篇目筛选这样的命题细节来蕴含立德树人的导向,隐性传递着北京卷的命题特色。

再如,命题上取消字音、字形题,减少细碎的考查,更加注重完整的语言情境的呈现,这是从命题手法上体现大气风格。

就连文言文也没有放弃这种命题的努力。2020年北京卷的文言文选取了涉及"唇亡齿寒"典故的文言语料,选材路线非常大众。但如果把语料可能的引申与当下的大国关系结合凝思,你会发现,这个语料也隐藏和暗扣了国际形势,以历史借鉴、劝喻暗含的方式,遥相呼应和介入国际焦点话题,展示了这个话题的中国思考和中国理解。

微写作题2让考生介绍自己擅长的一项生活技能,这是一个具体的写作任务,看似与风格元素无关,其实是关联了劳动教育这个背景。

北京卷的风格特色是由显性和隐性、大大小小的命题元素共同支撑起来的。风格元素渗透到了试卷的骨髓、血脉里。

(3)命题参考首都功能定位、北京精神带来的"北京味"。

首都功能定位、北京的城市理念是北京卷的地方特色。地方特色进入命题人的思维,转化为命题的参考、思路、线索、走向。语文卷命题离不开话题和语境这些构件,北京卷选择了北京人需要思考的话题,采用了北京人会高频遇到的说话语境,这些映射着城市风貌的命题元素在试卷里最终都会凝结成表现"北京味"的印象格调。

最典型的例子就是2017年北京卷的作文题:请以"说纽带"为题,写一篇议论文。"纽带"可谓是首都城市定位最为形象的诠释,而"纽带"话题是北京人的必备话题,因此这道作文题非常"北京"。2020年北京卷的"北京味"更浓。如大作文题2"请以'一条信息'为题,联系现实生活,展开联想或想象,写一篇记叙文",这又很"北京"。北京的首都定位决定了北京同样也是全国乃至世界的信息中心,是国家信息的"策源地"。北京人对信息情有独钟,体验最多,感触最深。这道题让我们看到了北京卷很"北京"的存在。

2. 命题特色。

除了北京元素,那些属于北京卷的命题特色和命题传统也在2020年北京卷中得到了保持甚至强化。北京卷的命题特色和命题传统体现在很多方面,包括题型、命题方式、命题技术等。

(1) 名著经典专考。

自从 2018 年首次出现独立的《论语》题后,北京卷便开启了专考模式。专考是北京卷的命题特色。这个特色在 2020 年北京卷里不仅继续保留,而且还扩散了,由《论语》延伸到了《红楼梦》。把奠定民族思想观念、审美观念的经典抽出单考,不仅是一种考试形式的推出,还反映了北京卷对核心知识和深读、精读的重视。专考题让我们看到了命题人在这一考查上的"固执"。

(2) 选择性。

命题开放、包容是北京卷的又一命题特色。增强题目的选择性是北京卷一贯坚持的命题理念之一;而能给选择尽量给选择,更充分体现了北京卷的包容精神。很多题都有选择设置,大作文有,微写作也有。这一特色在 2020 年的试卷里也得到延续。就连新增的《红楼梦》题,命题人也没忘记通过"四选三"来贴上北京标签,打上"选择"的烙印。

(3) 诸如散文选材偏好等这些命题传统。

北京卷在文学作品阅读题上有个传统,就是喜欢选择那种小处发现、别有感悟、偏于理性风格的语料。像 2017 年的《根河之恋》、2018 年的《水缸里的文学》、2019 年的《北京的"大"与"深"》,皆是如此。这个传统保持到了 2020 年。2020 年的作品选择的是沈从文《关于西南漆器及其他》里面的一个章节——《从音乐和美术认识生命》。作者通过对自然万物及人世间种种细节的观察与叙写,表达出对音乐与美术的独特理解,提醒人们重视具体事实与感官经验,去发现蕴含在平凡生活中的美与诗意,这是篇典型的切入小、生活悟、理性思的散文。

(4) 明确的考试分工,细致的考查定位。

题目分工明确,区分清晰,定位细致,也是北京卷的命题特色之一。分工明确能让单位考题布设尽量多的考点。这种命题方式提高了命题的效率和考查的容载率,方便落实命题立意,体现命题学理,利于设题的表达。分工明确细致这一点在北京卷微写作题上体现得最为明显。三道微写作题,一道定位为兼考名著,一道定位为实用表达,一道定位为感性抒发,各有各的任务方向。这种分工的命题传统 2020 年还延伸到了新设的语言基础运用题上。语用选择题四个选项分设四个考点,各自考查指代、虚词、近义词、语序,把一道选择题变成了一道综合性很强的题目。把分工意识渗入了题目内部,甚至考虑了像选择题的选项这样的命题细节。

(5) 兼考。

一题多考,兼带考查,作为一种命题技术在北京卷里用得很纯熟,这也是北京卷最为独特的地方。名著方向的微写作的题,考的是写作,连带的是名著,兼具阅读与写作;文言阅读主观题,明考分析、归纳、概括、提取、推理,暗考文言翻译理解,也是两兼。北京卷的兼考有两种兼法:一种是一个题含几个小题,分领不同的几项考试任务,如微写作;一种是一个题里自身蕴含多个考查侧面,如文言文阅读的主观题。这个命题特色,2020年北京卷在原有的基础上还发展到两个新设题里:《论语》专考题,在考经典阅读的同时兼考了文言;语用选择题,通过多个选项分揽语用的多个考点。可以说,兼考手法在2020年北京卷中得到进一步发展,兼考题的地位更加巩固。

(6) 随文出题。

在找不到命题支持的情况下采用权宜之计,随题目的选料特点出题。不为设题而设题,命题迁就选料。在不影响总格局的前提下,打破"常规",依循选料实际,有什么出题点就出什么题。如2016年北京卷的文学作品阅读,选料《白鹿原上奏响一支老腔》的鉴赏点多,命题人就照选料特点随文设计了两道分析手法的赏析题。2020年北京卷更多地延续了随文出题的传统。2020年的文学作品阅读,文本比较含蓄,内容理解需要归纳概括的地方多,命题者于是打破只设计一道理解概括题的做法,随文设计了两道理解概括题。文言虚词题,一般要考查典型虚词的典型意义,然而2020年的选文里很难找齐四个典型虚词,于是命题人就临时设计了单考一个虚词"以"的虚词题。

二、 变: 应新高考而小变,为新教材、高考评价体系作微调

2020年北京卷在总体维持平稳的前提下也进行了一些局部的变动。但这些变化基本都属于调整、连带和腾挪添减性质,只涉及题型、赋分、题目设计等方面,试卷的整体结构未有撼动。集中起来有下面几点:

首先,最核心的变化是增设了两道新题:《红楼梦》整本书阅读专考题和语言

基础运用题。为了保持题量不变,相应地在多文本阅读题上,继2018年题量削减至7题、2019年削减至6题之后,继续减少到5题,选料减为两则,分值减至18分。

其次是题目设计。两道题有些细微的变动:一是文言词语题,实词、虚词分开考,虚词只集中考查一个"以"字;二是《论语》专考题,选料由单则改为多则,性质也因此由片段阅读考查调整为实质性整本书阅读考查。

即使是变动,理据也交代得非常清晰。

1. 变之有据。

2020年北京卷更加突出核心内容、关键能力和必备知识的考查以及情境的提供。这些变化有着多方依据:其一,北京新高考要求。从2020年开始,北京首次实行"3+3"新高考方案改革,变化契合改革精神。其二,新旧教材的过渡和预接。新教材整本书阅读突出经典,采用必读代表性作品的编写思路,北京卷专考《论语》和《红楼梦》正是基于此。其三,对《中国高考评价体系》的遵循。高考评价体系成为考试大纲退出高考后的命题准则,且首次提出了高考语文科的考查载体——情境,并特别强调了对语文学科核心素养的考查。[①]

2. 变之有理。

这个"理",是命题的学理,学科的规律。其一,增减里面的"理":2020年北京卷的变化看似只是一些增增减减,但增减背后都有学理的考量。减多文本阅读题,减的是考点的重复;增《红楼梦》题和语用题,增的是关键能力和必备知识的考查。其二,命题设计调整里面的"理":表面是设置的调整,实质是合理命题认识的调整。实、虚词分开考,更加尊重文言词语的特点和规律,也更有利于命题的严密;《论语》题选料由单则变成多则,调整定位,改变性质,更有利于落点的合理。

3. 变之有方。

在试卷的变化、调整上,北京卷采用的是"小动作"的操作思路,既达到变动的目的,又尽量维持了试卷的原貌,不会让人觉得不适应。

减量不减题。在这个"减"字上,只减小题数量不减题目本身。合并同类项,原题得到保留,题目原本的机理保持不变,不影响题目的功效,又腾出了新题的添加空间。比如多文本题,减少了命题方向重复的几道题,但这道题的立题根基没

[①] 教育部考试中心. 中国高考评价体系[M]. 北京:人民教育出版社,2019.

有受到任何影响。

　　小动"手术",坐地斧斫。要改变题目考查的性质,只在原题上动些"小手术",不作颠覆性的推倒重来。最典型的就是《论语》题。把 2018 年片段阅读定位的《论语》题变成 2020 年真正体现整本书阅读理念的《论语》题,命题人只在题目本身的选料上动了个由单则变为多则的"小手术",这道题的性质就完全按照命意改过来了。

　　总之,北京卷的"守"与"变"里有乾坤,"守"与"变"仍然是观照北京卷风格、特色最好的切入角度。

(本文原载《语文教学通讯》2020 年第 31 期)

3. 置考生于一个三难选择的境地[①]

　　——我对 2019 年北京语文高考作文题的一点看法

　　2019 年北京大作文题一,出得很正,我没有什么要说的。我要说说题二,先看题——

　　　　色彩,指颜色;不同的色彩常被赋予不同的意义。2019 年,我们隆重纪念五四运动 100 周年,欢庆共和国 70 华诞。作为在这个特殊年份参加高考的学生,你会赋予 2019 年哪一种色彩,来形象地表达你的感受和认识?

　　　　请以"2019 的色彩"为题,写一篇记叙文。

　　　　要求:思想健康,内容充实,感情真挚,运用记叙、描写和抒情等多种表达方式。

　　"2019 的色彩"这道题约略可以等于"印象 2019"。那么这道题成立的前提就应是,2019 首先得是个确定的概念,就像旅游节目《印象云南》一样,这个"云南"是过去的、现有的、确认的云南。然而,2019,才过了一半! 对于 6 月 7 号参加高考的考生来说,2019 是个没有走完的时间,是一个没有完全确定的写作对象,这个 2019

[①] [语文清新]孙晋诺,张挥等. 名师评析 2019 年高考作文题[EB/OL]. (2019 - 06 - 09)[2021 - 09 - 09]. https://mp.weixin.qq.com/s/LmIJvev-eX41XiyUE1iYSg.

的印象只能是半个印象。半个印象,那到底是写现实印象,还是认定印象,还是两者兼有?这就很纠结了,因为都不好处理。这就置考生于一个三难选择的境地:

1. 选写现实色彩,好写,但2019后半段不提会有遗憾,何况建国70周年等重头戏还在后面呢。

2. 选写畅想、认定的色彩吧,可以一任想象,但假拟的口气如何兼顾和涵括已过去的现实的上半年?像"五四"100周年这样已经过去的重大事件?

3. 若这样想,势必既现实又畅想,一半现实一半认定,一半是火焰,一半是海水,那你得在这两者之间跳转,这样写作难度和挑战是极大的,只有王朔才玩得转,限时的考生让他们这样写,显然勉为其难。这在考试中会有很多困扰。一犹豫,一迟疑,时间就被无谓地消耗了,非常要命。

有人提出,这个题可以写诗,写献词,写抒情散文。这似乎是个策略。但如果是纯写诗,写献词,写抒情散文,也特别容易让话题滑向空、大、泛、虚的境地,难以聚焦到具体、细节的地方,会缺少血肉和实感,那这也不是高考提倡的文风和方向!何况,这种抒情维持,写一个300字的微写作还凑合,但这是大作文,是要写七八百字的记叙文,怎么纯抒情得下去?不能要求考生都是一洒潘江、各倾陆海的激情诗人。而且,这样的抒情很容易虚情假意,因为还没过完2019,抒情必然只能建立在展望、畅想和假拟上。

细加思量,站在考生实际操作角度体察:这道题也是比较拗的。拗有两个地方:

1. 2019年只过去了一半,要"赋予色彩",盖棺论定,那这个"赋予色彩"只能是假拟、设想、想象。这样命题很讨巧,但写作逻辑则很不好处理,考生会很纠结、困扰,而且写作容易走向空和虚。命题者没有站在考生的角度去度量,这并不是一种值得倡导的写作导向。

2. "赋予色彩",还要写记叙文,这又是一个拗的地方。本来闻听这个话题最可能的下意识反应是回应为何是这种色彩,写议论文最合适。赋予色彩,从性质上说,相当于立论,这是要写议论文的。证明自己的色彩论,因果逻辑。题目也是要求写出"感受和认识",但命题者却要你写记叙文了,这就让"色彩"等于只是一个帽子,一个形象化的叙写方向的提示,不是写作的真正落点和写作本身,写作的真正落点应该是支撑这个色彩的叙事(人和事),但你这样命题,很容易引导考生去写色彩本身,这就有很大的审题的迷惑性,生出个无谓的写作坑。事实上,从命题用意去推测,让考生去写色彩也不是命题者的本意,出题人的本意显然是要你通过生动的叙述,写出对2019的感受来。那直接就告诉考生不就得了吗?为什么要绕一下?不怕给考生带来审题、立意上的困扰?

从命题技术上讲,这样出题,是为出题而出题,为"色彩"而"色彩"。这样命题是不够成熟的,是没有写作立场、考生立场的,也是没有考虑写作实际感受的。

同样的命题思路,大家比较一下2019年北京市丰台区高三一模作文题,就可以把上述问题看得更清楚:

"长江云"热烈憧憬:2019,正在输入。新中国成立70周年,五四运动100周年,这是一个特殊的年份。

有关部门振奋披露:5G手机有望明年上市,你想象不到的便利、智慧生活即将来临。

留下来年期待:过去的一年很多公共事件一遍遍拷问我们的良知,让我们一起少犯一些"车闹""机闹""高铁霸座"等道德伦理规则方面的常识性错误。

……

2018年岁末,人们这样献词、推送。

假如现在是2019年岁末,人们又会怎样回首、总结、期望、畅想呢?请自拟题目,并以"2019年最后一天的早晨,我打开电脑,一条信息蹦弹而出……"为开头语,写一篇记叙文。要求:立意积极向上,想象合理,有细节,有描写。

同样的命意,丰台题就考虑到了现实与畅想的纠结问题,照顾到了记叙文记叙的入手问题。命题信息的交代也更清爽、干净、明确、有逻辑。

(本文原载2019年6月9日语文专业自媒体"语文清话")

4. 当下读书观点、读书现象五批判

一、热衷于推荐"必读"书目,荐书

好像老舍的读书观就是跟时下这个热衷唱反调的。老舍在他的《如何有趣地读书,我有5个简单的小方法》一文中说:"我读书没系统。借着什么,买着什么,遇

着什么,就读什么。不懂的放下,使我糊涂的放下,没趣味的放下,不客气。我不能叫书管着我。"① 话里说得很明白,就是我的阅读我做主,根本就没荐书什么事,不吃"必读"的那一套。其实,当代也有人反感这股愈演愈烈的荐书风。复旦中文系教授专门写了一份"不必读"书单与热门推荐对冲,给荐书热当头浇了一盆冷水,可谓"直冷"。这份"不必读"书单看上去也很有道理。这使我想到,"必读"推荐之类的东西也就那么回事,看看就得了,千万不要太当真。对于动辄冠以"必读"字眼的书目推荐,我的看法是,无论出自什么人之口,无论什么理由,一定要审视。很多煞有介事的"必读"推荐,背后不过是名人站台、生意唱戏、学术包装的一种商业行为。较真了,全信了,你就天真了,幼稚了,上当了。姑妄听之可矣。哪个读书成功的孩子他们丰富的阅读史是靠别人拟定好阅读规划获得的?

我们必须接受这样一个客观事实:读书的推动,需要的是冷功夫而不是热推介。

二、读书上操心过多

具体表现为:1. 看不得学生阅读行为上的幼稚表现。在阅读上抑制不住替代的冲动。2. 常常对学生不爱读书生出标牌式抱怨:现在的学生就是不读书!3. 读书上总有一代不如一代的想法和错觉,并为此产生阅读焦虑。4. 为达到让学生读书的目的,夸大读书的作用。5. 在阅读上咋咋呼呼,运动式推广读书。对阅读倡导带来的推动太过理想化,给予太多幻想。

操心过多的后果就是产生怕学生读得浅、读相难看的心理障碍。对学生读得"幼稚"看不下去,急于把大人"高明"的阅读灌输给孩子,没读到就认定为阅读缺失、阅读低下。心里就无法逾过这道坎,无法释怀,心生失落和抱怨,忍不住要跳出来指手画脚,替代阅读,把大人有的阅读体会和程度想当然地认为是学生也应该有的,在读书的"深浅"上操心过多。殊不知,阅读这事,老师的就是老师的,学生的就是学生的。读得深也是老师的,读得浅也是学生的。

至于抱怨,是不是要这样想,我们的学生不爱读书,言下之意是学生是爱其他的,比如爱科技、爱玩机器人等,把精力全放在那里去了。学生真的都爱科技、爱

---

① 十点读书. 老舍:如何有趣地读书,我有 5 个简单的小方法[EB/OL]. (2017 - 07 - 21)[2021 - 8 - 18]. http://suo.nz/4VQlzY.

玩机器人吗？是否一说到科技、机器人都会两眼放光？答案显然是否定的。那学生不爱的就不仅是读书了。可是为何你觉得学生只不爱读书呢？人家只是不抱怨而已。有时候我就在想，理科老师与语文老师最大的不同在哪？标志性区别也许不是文理的差异而是爱不爱抱怨。进而想，读书如果就是抱怨的话，我们老是带着这种意念，那么我们陷于课程的这种困扰何时有个休止？阅读的"怨妇情结"何时会有个了结？这样的抱怨于事有何补？

　　读书上的很多事要看到其本质。阅读上的焦虑，表面看缘于一个看上去顺理成章的逻辑：学生不爱读书——读书又是如此重要，关涉语文，关涉人生，关涉成长——这怎会不因此让人焦虑？逻辑很硬，没毛病。善良的人们也就因此认可阅读焦虑的泛滥。不过大家注意到没有，在这个逻辑链里，哪一环最关键？读书的重要性这一环！而这一环很多时候却是被人拿来去制造阅读焦虑的。你还没打算做什么，铺天盖地就是一通阅读强调、阅读呼吁，中间夹杂着各种剖心掏肺甚至是危言耸听，比如：

　　　　世界正在惩罚不读书的人

　　　　一个人的气质里，藏着他曾读过的书

　　　　人生最大的捷径就是读一流的书

　　　　你在读书上花的任何时间，都会在某个时刻给你回报

　　　　读懂文本为一切学问之关键

　　　　语文老师心中的痛，阅读比上课更管用

　　　　学语文是为你一生打底子

　　　　生命因阅读而浩大

　　糙一点的，直奔"主题"的，如：

　　　　每年只读8本书，你的孩子将被高考淘汰

　　　　阅读的重要性，绝对超乎你想象

　　　　再不阅读，连试卷都做不完，还谈什么不怕孩子输在起跑线上

　　　　教育最大问题是不读书

　　最夸张的是这个说法：新教改后，你的孩子已欠下100万字的阅读"债"。这些满腔"热情"、饱含"情怀"的助读"金句"看似是对读书的发现和热心，实则却是读书的祸害和毒药。不仅没有增加学生对阅读的亲近，反而制造了阅读的疏隔。

这些对阅读的呼吁,事实上营造了阅读的危机,并借危机生出商益:打着重视阅读的名义,制造更大的恐慌,并最终把这种恐慌变现为自己的收益。每一次这样的鼓吹,都会在学生心中留下伤害。上次的不安还未了,下一个不安又在下一个热点来临时被点燃。击鼓传花,接棒传递,让人没完没了地产生并无限循环这些焦虑:1. 我没读到人家说的那么多书怎么办? 2. 我没读到人家说的那种境界,获得那种收获怎么办? 3. 我错过了所谓的阅读的关键期怎么办?等等。基础教育的名著阅读,就陷入了这些人鼓噪的亢奋中。阅读建议,什么人都可以介入进来,都能说上两句,都能留下些阅读危言、阅读"金句"。这些危言、"金句"从实际效果看,玄虚的多,搅局的多,制造恐慌、焦虑的多。唯独建设的少,尤其是可执行、可操作、得到认可的少。

我要说,这些阅读的鼓噪实在是在以"助读"的名义反"阅读",以"推广"的名义反推广,是扯读书大旗"吓唬"孩子!

由此说,老师们在读书上表现出来的所谓"焦虑",很大程度上就是被这些人恐吓出来的。明白了这点,再"焦虑"就是一种"矫情"了。现在读书里的倡导确实集中了太多太多的说过头、做过头。

至于阅读一代不如一代的想法,这里我想引用一句话来稀释:一代人有一代人的不容易,现实如此,不必过于愤世嫉俗。但如果"一代人更比一代人不容易",人人都在怀念"旧时光",这个时代肯定有病,也很可悲,这种病加重的速度,似乎越来越快了,以往还感慨"没赶上十年前的好时候",现在是每早出生一年,就会少吃一点亏似的。在北京这样的大城市,焦虑的更迭和升级尤其迅猛。①

最后再来看看运动式读书。"读书运动"是我们这个时代抑制不住的极端思维、运动思维在阅读上的一个典型反映。我曾经在教研组会上预言:别看"读书运动"如火如荼,但我们很快就要开始反思了。果然,这个"很快"在2017年读书日的这天到来。陈丹青发表观点"不要夸张读书的作用",西坡发表观点"把读书拔得太高有刻舟求剑之嫌",读书日里集中检讨读书的作用。"阅读运动"还没怎么展开,人们对夸大阅读的作用就开始警惕,这是不是有点反讽?

要防止读书上的操心过多,尤其是孩子还处在浅阅读的阶段。

---

① 靳静.魔性的北京容忍你可劲儿地"造"[N].中国青年报,2017-03-24(2).

三、呼吁所谓"关键年龄"读"关键的书"

先来看一则报道：①

教育界专家呼吁让孩子"关键年龄读关键的书"

在4月23日"世界读书日"前夕，《关键年龄，读关键的书》新书发布会19日在北京举行。多位教育界人士呼吁，让孩子在关键年龄读关键的书、让家长了解不同年龄段哪些书是关键的书，应该得到更广泛的普及。

北京翠微小学联合众多青少年阅读领域的专业人士，历时三年，完成了这本阅读指导实践操作手册。针对不同年级学生，从选书到读书，再到读后内化输出，提供全程指导和陪伴。通过一本本经典读物的阅读实践，解决不同发展阶段学生的阅读问题。

……

读完这本书，你会找到小学生各年级的阅读密码，更会收获小学生精神世界的成长指南。

对于上述报道中说到的"关键年龄"，有更具体的说法：②

人生以后的历程，只不过是前面14年所阅读的东西的展开。事实上，孩子长大以后，是用在14岁以前所阅读的东西、所体验的东西、所经历的东西、从书本当中获得的基本价值观，用感恩、慈善、友爱等这些最伟大的观念和知识在建设。

关键年龄，读关键的书，说得很励志，果真如此吗？

感觉这只不过是读书界里制造、贩卖焦虑又一起事情罢了，焦虑植入得再隐蔽毕竟是焦虑，不可能靠包装改变其性质。

阅读的关键期在14岁之前，这是当下"张嘴就来"的又一个生鲜例子：所谓张嘴就来，就是观点来自感觉。人们不禁要问，为什么是14岁而不是13岁或者16岁？依据是什么？14岁以后读书就不关键吗？就没有希望吗？到底存不存在着

---

① 中国新闻网（记者：马海燕）.教育界专家呼吁让孩子"关键年龄读关键的书"[EB/OL].(2018-04-19)[2021-8-19]. https://www.chinanews.com/cul/2018/04-19/8495589.shtml.

② 朱永新的博客.朱永新：阅读的关键期在14岁之前[EB/OL].(2012-12-05)[2021-8-19]. http://blog.sina.com.cn/s/blog_4aeb7d930102e851.html.

所谓的"阅读的关键期"？如有,这个关键期是社会学意义的？教育学意义的？还是生理学意义的？哪怕我们就是有 14 岁以前阅读确实很关键的感觉,它也不能成为张嘴就来的理由。这背后的科学依据弄实了没有？做了大规模的数据统计调查没有？数据的结论是否支持这个提法？如果没有,那这个提法只能说是个人感受。个人感受进入公共话语,就要接受严厉的质证。更主要的是,这个主张似乎看上去还不是那么"人畜无害"。因为这个主张表面看上去好像是鼓励了早期阅读,但不可否认对晚期阅读是个打击。14 岁以后就不关键了,那我还有阅读的动力吗？还有终身学习的愿望吗？你鼓励了一片又打击了另一片,何苦来哉？炮制这样一个"阅读关键期"的概念,于读书的意义何在？

直觉告诉我们,所谓"关键时期""关键的书"之类的说法很可能就是个忽悠,就是带节奏。这不,终于找到反驳的依据了:

> 不知从何时起,我们的学校教育中充斥着诸多这样的神话。比如,在学前教育领域,"关键期"的观点非常流行。"关键期假设"主张,儿童在成长过程中存在几个关键时期,错过了这个时机,某些学习不会有效果。
>
> 人类的大脑重量不过 1 400 克左右,却产生了记忆、感知,塑造了人的个性。但不幸的是,对大脑的无知也导致了各种各样的误解和神话。在取得每一项真正突破的同时,也伴随着挥之不去的骗局。甚至连一些科学家和教育学家也无意或者故意错误地使用大脑的研究结果,这使得大脑研究在大众眼中被严重曲解。
>
> 2017 年 3 月 12 日,英国《卫报》(The Guardian)发表了一封公开信,它是由来自美国和英国高校和科研机构神经科学、心理学和教育学 30 位知名学者联名撰写的。在信中,这些科学家们表达了对于当前在学校教育中流传较广的"神经迷思"的担忧,如认为学生可以通过自己偏好的学习方式取得更好的成绩的"学习风格"论。他们认为,这样的一些传闻不仅会浪费资源,甚至会影响到学生调整自身学习方式以适应学习环境的内在动力。[①]

[①] [英]菲利普·阿迪(Philip Adey),贾斯廷·狄龙(Justin Dillon). 糟糕的教育:揭穿教育中的神话[M]. 杨光富,主译. 上海:华东师范大学出版社,2018:180—200.

看到了吧？所谓的学习的"关键期"也许并不存在。那么你为它如此张目,除了制造一些紧迫感外,于读书来说到底有何益呢？而这个紧迫感具体到目前读书的现状,又除了徒增焦虑和放弃外还能有什么呢？

说到阅读中这种炫耀式、警告式鼓吹,这让我想起有人分析印度教育时,提到一位印度教师说过的一段话：

"科学教育的器材应该是任何阶层的孩子能负担得起并且能参与制作的。如果你去看许多大型的科技馆（科学博物馆）,你会发现大多数的项目都是仅供展示的。"

"如果一个孩子在这样的博物馆花了3个小时,看那些激光装置、那些玻璃仪器和各种发光,然后三小时以后这个（普通阶层的）孩子会感到完完全全的无助、深深的无力感。因为当他或她回家以后,什么也做不了、什么也无法延伸。这些巨型的机构,更像是权力和财富的炫耀品,而不是亲近这些孩子的教育载体。"[1]

这段话引申到我们说过了头、做过了头的阅读呼吁、阅读推广上,有什么启示？

启示就是它给了我们一个隐喻：过头未必是好事。渲染、鼓吹未必就能产生吸引。很多时候,我们不惜用刺激的方式冲击孩子的心灵,然而,实际结果却可能是反倒把孩子震慑了、吓着了。我们实际扮演了"恐吓"的角色。

我们现在的读书推广和指导,是不是很多时候正做着印度教师说的"建造炫人眼目的博物馆"的事？把读书说得神乎其神,把指导做得玄而又玄,结果必然也像这类博物馆一样,自己反对了自己。你不但没实现你的初衷,反而给人们带来了对阅读的无力感和恐惧感,带来了对阅读的焦虑。于是就出现了当下最反常的怪现象：鼓吹读书越得劲,人们疏离读书就越远。鼓吹阅读的人扮演的却是把人们从阅读上赶走的人。

除了焦虑外,这个呼吁里还有一个矛盾的地方：一方面我们把大量的精力放在关键年龄读关键的书的鼓励上,貌似我们意识到了读书的阶段性问题,很重视

---

[1] 郑林允. 和他们比,我们送出国的"精英"其实是整体溃败[EB/OL]. (2018-04-19)[2021-8-19]. https://www.sohu.com/a/228119550_177272.

读书的年龄差别。而另一方面我们对读书的阶段性问题又视而不见，真正地忽略了对阅读理解的阶段性的接纳，漠视了它的存在。有篇颇得中年人共鸣的网红文章《人到中年的几个特征》，里面有一条是这样说的：

    开始买书看，但是把于丹、易中天等网红全部请下书架。对《论语》、《道德经》有了再认识，不再觉得是无用的废话。

  这条人到中年的特征可谓是歪打正着却又直观形象、一语中地说出了读书理解的阶段性表现。

  读书是有阶段性的，读书的理解和接受跟年龄和阅历有关。年龄和阅历无法跨越，这决定了读书阶段性的鸿沟无法人为跨越，无法靠阅读"指导"去填补。可我们却又容忍不了孩子读书的"幼稚化"。别忘了，"幼稚化"恰恰是阅读阶段性的反映，是阅读真实的一面，它也是可贵的、有价值的。有的人看到学生阅读理解幼稚可笑，就着急，就想直接跨过这个幼稚阶段，抵达所谓的成熟、深刻。这其实就是无视阅读阶段性存在的反映，是催熟行为，是阅读的大忌。

四、热衷于阅读干预，过度强调读书指导，没有无干预阅读、听凭兴趣阅读的意识

  书从历事方知味，理到平心始见真。人的阅读是有阶段性的，如果他的思维和阅历没有同步跟上，干预基本上是没用的。读书的阶段性决定了读书要少干预。处在浅阅读阶段你强行深阅读，深的是皮毛，得来终觉浅。人的成长与读书的精进是同步发生的，由浅入深的过程不能省略。什么年龄段就会有什么年龄段的读书理解（不能以个例解释一般）。很多阅读体验和理解是要靠年龄和阅历赋予的，要靠年龄增长自然获得的。生活、时间和阅历带给读书的"指导"超过了任何教学指导。读书的教学指导不应该做超越学生阅读阶段的事。

  无论怎样的阅读指导，本质上都是一种阅读的干预行为。对于阅读来说，这种干预越少越好。最高境界是无干预。无干预于阅读的意义就是归还阅读的天性、天趣。阅读对无干预状态是有需要的，不是指导得越多越好。让阅读在自然状态、渴求状态发生，就是阅读指导最大的功德。我们要做的就是去成全这种自然状态、渴求状态的阅读。

  有意思的是，相对老舍称为兴趣阅读的做法，我们现在流行的阅读指导的做法无一例外都属于干预式阅读了。老舍的 5 个兴趣阅读做法是：第一，读书没系统；第二，读得很快，而不记住；第三，读完一本书，没有批评，谁也不告诉；第四，不读自己的书，不愿谈论自己的书；第五，哼，算了吧。① 而我们的做法是：信任教学阅读，热衷于列书单，开讲堂，做解读，发导引。

干预式阅读不稀罕，课堂教学就是干预式阅读。稀罕的是无干预式阅读。现在我们倡导整本书阅读，目的就是希望它能实现无干预式阅读。现在整本书阅读也采用教学阅读方法，岂不是买椟还珠了？当前整本书阅读把重心和追逐放在方法和指导上是值得反思的一件事。

曾经读到一则消息，说有基层医生说心里话了——百分之九十的小孩的病是不用治疗的。小孩常见的病，比如手足口病，大多可自愈，不乱打针吃药是最大的关爱。过度的关爱可能是害！无为未必是不作为。跟过度医疗一样，读书也有一个过度教育、过度指导的问题，得纠偏。读书也需要倡导无为阅读。

读书指导上的无为就是承认读书是个人禀性，就是承认阅读是人的一种信仰。阅读要为兴趣而读书。阅读信仰才是阅读的根本动力。这一点两个读书人能给我们证明。哪两个读书人？鲁迅和《平凡的世界》里的孙少平。在阅读的研究上他们特别具有典型意义，最可作阅读态度考察。

为什么这么说？

先说少平阅读的启示——

少平的阅读可谓最纯真、最理想，也是我们最渴望发生的一种读书行为。他为我们提供了一个自发阅读的典型样本。

少平是怎么读起《红岩》等书的？想想，是不是一靠时间，二靠信仰？尤其是后者。少平读书没有谁引导，谁强求，更不用说阅读指导。他就是拿来读，如饥似渴地读。而就是这个读，成了重塑少平品质的重要力量，改变了少平的人生。

少平的读书行为是怎么发生的？你看，在这里，缺少阅读方法肯定不影响少平的阅读，但如果缺时间呢？缺对阅读的渴求呢？肯定就没了少平的阅读了！

---

① 十点读书. 老舍：如何有趣地读书，我有 5 个简单的小方法[EB/OL]. (2017 - 07 - 21)[2021 - 8 - 18]. http://suo.nz/4VQlzY.

当然助推少平阅读的还有那个时候人们无其他兴趣,诱惑少,物质、精神生活贫乏等因素。但别忘了,同样的条件,在小说里只有少平在那里如痴如醉地读书,他的大多同学却不读书,为什么？根本还是没有阅读信仰！

这说明,读书,阅读的信仰、时间、闲心才是最关键的要素。有之,方法何谓？无之,在书上跳舞也是白搭。在整本书阅读上,我们现在似乎陷入了一个误区,就是大家都把心思花在怎么读的方法上,而对学生能读起来的安排和保障考虑得很少,致使表面轰轰烈烈,实际效果难以令人满意。

其实方法是很无谓的东西。试想少平如果有阅读指导的话,那会是一种什么情形？那个时代反倒无论如何都摆脱不了阅读的干预,都不可能获得纯正的阅读。想想要偷书看的年代,我们都有过胆战心惊偷书看的经历,是不是偷看的书反倒印象最深？多少节语文课早已湮灭于无形,唯有偷看的书刻骨铭心。越是这种紧迫的阅读,读书的效果越好,为什么？无功利阅读。

功利取向的社会对任何悠闲的事业的打击都是毁灭性的,传统阅读的荒废只是其中的一项罢了。传统阅读的振兴根本在于社会心态的重建。

另一个要说的读书人就是鲁迅。考察鲁迅的阅读行为我们有几个视角：

1. 鲁迅对寿镜吾读书不自觉的忘情观察：

> 我疑心这是极好的文章,因为读到这里,他总是微笑起来,而且将头仰起,摇着,向后面拗过去,拗过去。

平时我们总是把这个句子当人物描写来欣赏。我们能不能换个角度想想,我们能从这句话里获得什么信息？它透露出什么？这是孩子读书天性的自然反应。鲁迅有着对读书的天生的敏感！这种对读书的观察和对读书忘情的捕捉,没谁教他,就是他天生这方面的聪慧和反应。可见对读书的热情也是一种天生的素质。不是单靠激发就能获得的。

2. 鲁迅背着老师做的那些事：

> 先生读书入神的时候,于我们是很相宜的。有几个便用纸糊的盔甲套在指甲上做戏。我是画画儿,用一种叫作"荆川纸"的,蒙在小说的绣像上一个个描下来,像习字时候的影写一样。读的书多起来,画的画也多起来；书没有读成,画儿的成绩却不少了,最成片段的是《荡寇志》和《西游记》的绣像,都有一大本。

鲁迅背着老师做的是什么事？是他当时自己没意识到的兴趣活动、读书活动！然而这些活动都是背着老师干的。这说明什么？自然发生的阅读行为就是要让指导、干预走开！

3. 鲁迅对于得到《山海经》的反应：

　　我那时最爱看的是《花镜》，上面有许多图。他说给我听，曾经有过一部绘图的《山海经》，画着人面的兽，九头的蛇，三脚的鸟，生着翅膀的人，没有头而以两乳当作眼睛的怪物，……

平时教这篇课文时我们怎么理解这句话？我想到的是，它明明白白告诉了我们名著对孩子的吸引元素是什么？就是趣味！

　　"哥儿，有画儿的'三哼经'，我给你买来了！"

　　我似乎遇着了一个霹雳，全体都震悚起来；赶紧去接过来，打开纸包，是四本小小的书，略略一翻，人面的兽，九头的蛇，……果然都在内。

这是什么反应？有的人就是天生的读书的料！

两个读书人足以让我们对读书作出有趣的考察，足以让我们获得对阅读指导应取态度的良多启发。

五、主张要读很多的书，拼命提倡阅读量

事实是量从来都不是读书的根本问题。余秋雨就反对要多读书的观点：你读的最必要的书不多，后来的书是根据你的心理结构选择的，所以整体说来，你读的书不会太多。一个人其实阅读量不用太多。[1]

澎湃新闻曾问 2017 年北京市高考文科状元的熊轩昂，"你是不是读了很多书"？熊轩昂回答："我读书也不多，但是读的书都还挺有用的。"[2]这个回答多少让人感到有点意外，也让主张多读书的人感到失望。看样子多读书的观点在现实中似乎也遭遇了危机。理论和事实都不支持书读得越多越好的观点，这说明我们对读书，读多少书的研究还远远没有达到清晰认识的程度，里面学理的揭示还远远不够。

---

[1] 阅读苑. 余秋雨：其实不用读太多书[EB/OL]. (2018 - 03 - 06)[2021 - 8 - 18]. https://www.sohu.com/a/224922562_488428.

[2] 澎湃新闻教育家. 北京高考文科状元数学满分，从小到大不在顶尖学校[EB/OL]. (2017 - 06 - 24)[2021 - 8 - 18]. https://edu.qq.com/a/20170624/002457.htm

我们在读书多少上的观点还基本上停留在经验和感觉反应层面。所以,从这个意义上说,读书多少很可能是一个个性化的事,因人而异。因此,对任何有关多读书的一刀切的说法,我们都需要保持一份怀疑和理性。

后记　路穷而后寻路，寻路而后有简练之路

也许是我简单的职业生涯里异常匮乏关键事件级别的起伏和跌宕，也许是对于应对一切繁复在能力上的短怯和不逮，我总是习惯甚至是下意识地在教学处理上做出简练的选择。时间久了，竟能累积些心得，练就些"独招"，就这样我走上了一条简练语文教学之路。平日里有所坚持，有所追求，渐成一种自觉，沉淀下来，最后就是我的简练语文教学主张。

我是个非常健忘的人，再丰赡的东西，一多，到头来都忘得一干二净，武功全废，根本走不通别人繁复的路径。什么磨课，磨得无一处不是机巧，无一处不灵通，别人行，可对我不合适，再用功也做不到。

还有，我自认为自己是个批判主义者，骨子里是批判型思维。这样的思维类型有它很悲哀的地方，就是慢慢会觉得没什么东西能入你的"法眼"。这很糟糕，糟糕到最后就成为自我折磨。

这些缺陷让我痛失良机，我很苦恼。不调整怎么行？于是想到另辟蹊径。那时，我没有意识到，当你无路可走时，也正是一条新路开辟的时候。

路穷而后寻路。

寻路后有简练之路。

这条路从我"锚定"的第一个工作单位母校江西省南城一中开始。我在母校一"锚"就是25年，中间未曾须臾离开，可谓经历简单。简单之人行简单之事，故投缘简练。记得网络名师工作室初兴，江西省也是领风气之先的省份。省教育厅把名师工作室作为教师研修的重要形式进行建设。策划设计，动员激励，让人热血沸腾。一向爱图"新鲜感"的我自然按捺不住，挟特级教师评定下来的爽气，积极申报，很快就获得了第一批认定。这让我迸发了从未有过的热情。于是凭着这股新鲜劲，昏天黑地地做起了网络工作室，几乎到了痴迷的地步。当时的反应至今

都还让我感到惊讶。我曾为此作过这样的解释："只为兴趣、乐趣而来,用兴趣、乐趣来催生动机。单纯的动机能让你充满激情,全身投入,沉溺其中,产生愉悦。因而它就能让你灵感充盈,创造无限。"这段过往常让我想到,把工作室创建当成一个修炼的过程,降低重心,沉潜下去,单纯做事,自得其乐,这是否无意揭开了简练语文的另一层含义?那时我并没有意识到这点,只是工作室做得顺风顺水,一时风生水起,工作室屡屡被典型推荐。由于网络工作室要开设栏目、提炼研修专题,这促使我去沉淀、凝练"简练语文教学设计"专题和"简练语文教学"课程。简练语文的论纲、精髓就是在这种驱动下提炼出来的。从这个意义讲,网络名师工作室的创建是简练语文的起点。

2013年,带着一份求变的追求,怀抱一腔再发展的热血,我离开了杏坛耕耘25载的红土地,调入北京市第十中学,开始了与首都基础教育的"零距离"接触。人生终于有了一个"像样"的起伏和跌宕,但我已经坚定了"简练语文"的探索,于是又开始了在自己确立的教学风格和主张上进行异地"移植"的尝试。有幸的是,"简练语文"不仅异地"移植"成功,而且还"大放异彩"。举办各类公开课时我示人的特色是简练语文,指导青年教师时我祭出的思路是简练语文,开办挂牌特级教师工作室时我提出的研修主题还是简练语文。

因此,我一直认为,简练是我教学的盛大遇见和发现,我职涯的每个关键节点都得益于简练语文,我感谢简练语文。

当然,如果说,简练语文仅仅只是自己教学道路的"发现"那就未免太简单了。简练语文这条探索之路启于我从教之初,贯穿整个职涯,延续至今,中间从未动摇,成为我个人事业主线和教学观的凝聚,我认为还有两个重要原因:

一是对核心价值追求的必然。这些年我越来越强烈感觉到语文教学的根基就是文本解读。文本解读越深,你就越接近、抵达文本的核心,越抵达核心,感觉越通透,其结果必然就是简练。这时你没有繁复,不会繁复。

简练拒绝繁复,但这不意味简练就是简单。恰恰相反,选择简练实际上是把自己放到了更费脑筋,更多思量的地方。为什么这么说?简练需要更多的思考,需要更多的筛选、取舍。它对文本解读和教学实际上提出了更高要求。简练促使你去接近、探寻核心,思考最核心的东西,否则,简练怎么得来?从这个意义上讲,简练是更深刻。简练会把你送到洞穿、通彻的地方去,你越是简练反而你越有发现。

另一个就是常态坚持的必然。坚持需要点迂阔和痴心,需要点单纯。而这一切,最好的办法就是让事情能够做得简单。越简单越容易坚持。

走在简练的路上你终会发现,简练不单启示你教学还会授给你简单的生活哲学。

非常喜欢这么一句台词:他做的每件小事就好像抓住一根救命稻草一样,到最后你才发现,他抱住的已经是参天大树了。

语文教学,简练以行,行至极简处,风景自然来。我始终坚信,风格出自于简练中的坚守。我更坚信,复杂永远敌不过简练。

当然,我的心态是开放的。虽然自恃简练,但这并没能减弱我对新鲜事物的先天"过敏"。对语文的动态我总是积极作出反应并率先付诸行动。比如,语文界倡导整本书阅读,我就努力让自己成为阅读思维系列指导课设计的涉足人;当自媒体盛行,我又努力让自己成为语文教育自媒体的尝鲜者。

正是由这些探索放射开来,才有了本书的七个章节。它代表和汇聚了我在语文教学七个方向的实践探索努力。之前这些心得或零碎固化于各种发表,或刀枪入库于电脑的某个文件夹。我平时懒散,这些心得未得系统捡拾、梳理。北京市丰台区教委启动"春晖"计划,大力扶持授牌工作室,受益于这一名师工程的支助,拙著得以结集出版,这让我非常欣喜;书稿在成书过程中遇到许多困惑,承蒙上海市教育科学研究院杨四耕先生拨云见日,这份厚爱和倾注必须铭记。

成书仓促,力有不逮,纰漏甚至是错误难免,希望读者批评指正,在此表示衷心的感谢。

张 挥
2021 年 8 月

"品质课程"阅读书目

书名	ISBN	价格	出版时间
学校整体课程规划	978-7-5760-0423-6	48.00	2022年1月
推进育人方式变革的区域教学改进研究	978-7-5760-2314-5	56.00	2021年12月
学校整体课程规划的七个关键	978-7-5760-0424-3	62.00	2021年3月
课堂教学的30个微技术	978-7-5760-1043-5	52.00	2020年12月
教学诠释学	978-7-5760-0394-9	42.00	2020年9月

品质课程聚焦丛书

书名	ISBN	价格	出版时间
自组织课程：语文学科课程群新视角	978-7-5760-1796-0	48.00	2021年12月
数学作为学习共同体：一种新的数学课程观	978-7-5760-1746-5	52.00	2021年12月
学科育人的整体课程范式	978-7-5760-2290-2	46.00	2021年12月
聚焦育人质量的学科课程设计	978-7-5760-2288-9	42.00	2021年11月
活跃的学习图景：学校课程深度实施	978-7-5760-2287-2	48.00	2021年11月
学科文化：英语学科课程新视角	978-7-5760-2289-6	48.00	2021年12月
课程联结：学科课程群设计方法	978-7-5760-2285-8	44.00	2021年12月
数学学科课程决策：专业视角	978-7-5760-2286-5	40.00	2021年12月
特色项目课程：体育特色课程的校本建构	978-7-5760-2316-9	36.00	2021年12月
进阶式探究课程设计：学科整合视角	978-7-5760-2315-2	38.00	2021年12月
赋能思维：中学数学学科课程群设计	978-7-5760-2593-4	42.00	2022年4月
语文学习维度与学科课程设计	978-7-5760-2592-7	42.00	2022年4月
提升学校课程品质	978-7-5760-2596-5	52.00	2022年6月
活跃学校课程实施	978-7-5760-2595-8	50.00	2022年6月
确定学校课程哲学	978-7-5760-2594-1	44.00	2022年6月
建构学校课程框架	978-7-5760-2597-2	48.00	2022年6月

特色学校聚焦丛书

书名	ISBN	价格	出版时间
儿童是天生的探索者：360°科学启蒙教育	978-7-5675-9273-5	36.00	2020年2月
做精神灿烂的教师：教师自我成长的5个密码	978-7-5760-0367-3	34.00	2020年7月
让教育温暖而芬芳	978-7-5760-0537-0	36.00	2020年9月

快乐教育与内涵生长	978-7-5760-0517-2	46.00	2020 年 12 月
故事教育与儿童发展	978-7-5760-0671-1	39.00	2021 年 1 月
美好教育：学校内涵发展的循证研究	978-7-5760-0866-1	34.00	2021 年 3 月
把美好种进儿童心田	978-7-5760-0535-6	36.00	2021 年 3 月
倾听生命的天籁："天籁教育"的实践与探索	978-7-5760-1433-4	38.00	2021 年 9 月
为了每一个孩子的美好心愿	978-7-5760-1734-2	50.00	2021 年 9 月
向着优秀生长："模范教育"的理念与实践	978-7-5760-1827-1	36.00	2021 年 11 月
让个性自然发荣滋长："引发教育"的理论寻源与实践探索	978-7-5760-2600-9	38.00	2022 年 3 月

跨学科课程丛书

大情境课程：主题设计与创意评价	978-7-5760-0210-2	44.00	2020 年 5 月
社会参与素养的培育模型与干预机制	978-7-5760-0211-9	36.00	2020 年 5 月
大概念课程：幼儿园特色主题活动设计	978-7-5760-0656-8	52.00	2020 年 8 月
项目学习：进入学科的课程智慧	978-7-5760-0578-3	38.00	2021 年 4 月
STEAM 课程的设计与实施	978-7-5760-1747-2	52.00	2021 年 10 月
幼儿个性化运动课程	978-7-5760-1825-7	56.00	2021 年 11 月
幼儿园特色课程的框架与实施	978-7-5760-2598-9	48.00	2022 年 3 月

核心素养导向的课堂教学丛书

转识成智的课堂教学：核心素养导向的历史教学	978-7-5760-0164-8	40.00	2020 年 5 月
学导式教学：学会学习的教学范式	978-7-5760-0278-2	42.00	2020 年 7 月
高阶思维教学的关键技术	978-7-5760-0526-4	42.00	2021 年 1 月
会呼吸的语文课：有氧语文的旨趣与实践	978-7-5760-1312-2	42.00	2021 年 5 月
高阶思维教学的核心指向	978-7-5760-1518-8	38.00	2021 年 7 月
磁性课堂：劳动技术课就这样上	978-7-5760-1528-7	42.00	2021 年 7 月
核心素养导向的作业设计	978-7-5760-1609-3	40.00	2021 年 8 月
语文，让精神更明亮	978-7-5760-1510-2	42.00	2021 年 9 月
"六会"教学法：基于核心素养的课堂教学	978-7-5760-1522-5	42.00	2021 年 9 月

深度教学的内在维度：数学反思性学习的六个策略			
	978-7-5760-2590-3	36.00	2022 年 3 月
具身学习的 18 种实践范式	978-7-5760-2591-0	38.00	2022 年 6 月
课堂是照亮彼此的地方	978-7-5760-2621-4	46.00	2022 年 7 月

特色课程建设丛书

教师，生长的课程	978-7-5760-0609-4	34.00	2020 年 12 月
学校课程发展的实践范式	978-7-5760-0717-6	46.00	2020 年 12 月
丰富学习经历：如歌式课程的愿景与深度	978-7-5760-0785-5	42.00	2020 年 12 月
学科课程群设计方法	978-7-5760-0579-0	44.00	2021 年 3 月
学校美育课程的立体建构：菁华园课程的逻辑与框架			
	978-7-5760-0610-0	36.00	2021 年 3 月
关键学习素养与学科课程设计	978-7-5760-1208-8	34.00	2021 年 4 月
学校课程设计：愿景建构与深度实施	978-7-5760-1429-7	52.00	2021 年 4 月
生长性课程：看见儿童生长的力量	978-7-5760-1430-3	52.00	2021 年 4 月
"慧阅读"课程：儿童视角	978-7-5760-1608-6	42.00	2021 年 6 月
幼儿园特色课程的框架与实施	978-7-5760-2598-9	48.00	2022 年 3 月
课程是鲜活的："大视野课程"的旨趣与活性	978-7-5760-2599-6	42.00	2022 年 7 月
指向核心素养培育的学校课程图谱	978-7-5760-2624-5	42.00	2022 年 7 月